海外中国研究丛书

——

到中国之外发现中国

序"海外中国研究丛书"

中国曾经遗忘过世界,但世界却并未因此而遗忘中国。令人嗟呀的是,60 年代以后,就在中国越来越闭锁的同时,世界各国的中国研究却得到了越来越富于成果的发展。而到了中国门户重开的今天,这种发展就把国内学界逼到了如此的窘境:我们不仅必须放眼海外去认识世界,还必须放眼海外来重新认识中国;不仅必须向国内读者移译海外的西学,还必须向他们系统地介绍海外的中学。

这套书不可避免地会加深我们 150 年以来一直怀有的危机感和失落感,因为单是它的学术水准也足以提醒我们,中国文明在现时代所面对的决不再是某个粗蛮不文的、很快就将被自己同化的、马背上的战胜者,而是一个高度发展了的、必将对自己的根本价值取向大大触动的文明。可正因为这样,借别人的眼光去获得自知之明,又正是摆在我们面前的紧迫历史使命,因为只要不跳出自家的文化圈子去透过强烈的反差反观自身,中华文明就找不到进入其现代形态的入口。

当然，既是本着这样的目的，我们就不能只从各家学说中筛选那些我们可以或者乐于接受的东西，否则我们的"筛子"本身就可能使读者失去选择、挑剔和批判的广阔天地。我们的译介毕竟还只是初步的尝试，而我们所努力去做的，毕竟也只是和读者一起去反复思索这些奉献给大家的东西。

刘　东

1988 年秋于北京西八间房

致　谢

　　本书的论述得以展开,应归功于与高彦颐(Dorothy Ko)、王安(Ann Waltner)以及贺萧(Gail Hershatter)的多次长时间交谈,我非常高兴能有机会对我的诸位同仁表达我饱含友爱和敬意的感谢。在我为这个计划着手进行各项工作的这些年,施坚雅(William Skinner)一直在倾听我的想法并推动我进行了许多思考,对于本书定稿的某些部分他也曾提出过精辟的意见。我还受到斯坦福大学胡佛东亚文库(Lou Henry Hoover East Asia Collection)以及加州大学伯克利分校(the University of California,Berkeley)东亚图书馆的诸位馆员、国会图书馆的居蜜(Mi Chü Wiens)、上海市立图书馆古籍部工作人员诚挚的帮助。我也感谢台湾"中央"研究院诸位同仁,我有幸在那里参加过一个为期三年的关于近代中国历史上的妇女的研究项目。在我素常居住之地,加州大学戴维斯分校 Shields 图书馆东亚文库(the East Asia Collection in Shields Library at the University of California,Davis)的馆长汪时玖(Phyllis Wang)又给予我必不可少的帮助。

　　给予我各种批评、建议和帮助的人还有许许多多,我在这里仅仅能够提到其中很少的一些,其中我尤其要感谢的是刘广京(Kwang-Ching Liu)、白馥兰(Francesca Bray)、魏爱莲(Ellen Widmer)、柏文莉(Beverly Bossler)、司徒琳(Lynn Struve)、司佩姬(Margaret B. Swain)、罗威廉(William T. Rowe)、高居翰(James Cahill)、罗丽莎(Lisa Rofel)、韩启澜(Emily Honig)、包筠雅(Cynthia Brokaw)、罗友枝(Evelyn Rawski)、梅尔清(Tobie Meyer)、梁其姿(Angela Leung)、熊秉真(Hsiung Ping-chen)、陈永发(Chen Yung-fa)、于君方(Chün-fang Yü)和南希·普莱斯(Nancy Price)。我在不同时期曾得益于程玉瑛(Yu-yin Cheng)、黎志刚(Chi-kong Lai)、韩倚松(Chris Hamm),以及杜荣佳(Wing-kai To)在研究工作上的专业协助。Zumou Yue 和 Zhiyuan Lü 为妇女作家的地域分析专门建立了数据库。我的翻译很大程度上应归功于程女士百科全书式的汉学知识;Wang P'ei-chün、曹志涟(Tsao Jr-lien),以及我的同事奚密(Michelle Yeh)也帮助纠正了许多翻译的错误。此外,在书稿写作中途,我很幸运能在参加夏威夷大学东西方研究中心举办的工作坊时,利用会议的间隙与杜维明(Tu Wei-ming)一起重读并讨论了若干段文字。奚如谷(Stephen West)以他无比的厚意,陪我一起释读多首诗词,并且在匡正我错误的同时,肯定了我的内心感觉——就是说,至少在一部分案例里,我所读到的是天才的篇什。我于1992年夏季参加在台北的中国语言研究校际交流项目,学识渊博的吴逸仙(Wu Hsien-i)带着我读通了那些描写艺妓及其生活世界的难解文字。尽管有那么多人曾与我一起努力工作,但本书仍然存在诸多错误,这是应该由我自己负责的。

多年来,我得到过美国加州大学的两个分校——圣克鲁兹(Santa Cruz)和1989年以来的戴维斯(Davis)的学术研究委员会的研究资助。在本书写作初稿的准备阶段,是一个为大学教师中的人文学者捐赠的国家基金,才使我的工作成为可能,这项基金资助了加州大学戴维斯分校在 1992—1993 年间惠予我的学术休假年。我还要特别感谢费侠莉(Charlotte Furth)对初稿提出的坦率而富有见解的批评。康无为(Harold Kahn)花费整整一个下午的宝贵时间逐页审读了我的初稿。王安对最终稿进行的校读如此缜密考究，每一位汉学家都盼望着自己的作品能够得到这样的对待。我还要感激斯坦福大学出版社埃米·克拉金(Amy Klatzkin)为我的书稿所做的认真仔细并满怀理解的编校。最后，我要感谢我的家人，他们始终是如此热情、急切并且充满信心地期待着有一天，他们能够将这本书拿在手中。

作者　S. M.

目　录

1

第一章 引 言

有关中国妇女史的研究,在中国境外各地还刚刚起步,由中国女性的作品汇聚而成的宝库也还在等待着各国学者的开掘。本书仅仅粗浅地叙述了在一段短暂的历史时期中,这些女性的感受、信仰,以及实际所做的一切。我利用的最重要的史料均来自女性作家的作品,主要是诗作。我也使用了一些习见的、出自男性之手的史料:纪传碑铭、地方史志和官方文献。这些涉及妇女及社会性别关系的文字既出现在男性的经世致用文章——官员们为管理地方事务拟就的一些有关政策的建议——之中,也见于男性以礼仪、艺术和文学为对象的学术文章之中。将这些习见的、由男性书写的史料与妇女自身的作品相参照,便推开了一扇通向中国女性世界的崭新的窗口。

在这些形形色色的史料中,以传记表文为最丰富。有关中国女性的传记,已经刊刻的就不下数千种。我们可以在地方志中、在学者刊刻的文集中所收录的碑传铭诔,或是短篇行述中发现它们——文集的作者总会写到他热爱和钦佩的女性。在这些作品中备受推崇的女性大多数是作者本人的或者亲朋好友的祖母、母亲、诸姨姑婶和继母,还包括那些在西方或可以称之为圣徒的有德之人(女道士或女尼),还有一些以勇敢著称的女英雄(为父申冤、虎口救母等)。到了帝国晚期,亦即可以宽泛地定义为明(1368—1644 年)清

(1644—1911 年)两朝的这个时期,所谓的列女传,事实上记述的已经全都是(因力拒强暴而死或自杀以拒辱的)烈女或拒不再婚守节终生的寡妇的事迹。

　　为这些被誉为楷模的妇女撰写的列传,给这种体裁的传记文章提供了最初的原型。① 现存最早的传记集是汉初学者刘向(前 77—前 6 年)辑录的《列女传》。传记中的那些故事阐扬了诗礼之家中的那些妇女合乎妇道的美德,对有嫉妒、报复和恶毒等诸种恶德的女人发出警告。另一部早期的传记集是由释宝唱在公元 517 年编著的《比丘尼传》,讲述的是六朝时期(220—589 年)道行高深的出家女尼的生平故事。② 女性传记的这两种传统,不管是儒家的还是佛教的,都被 18 世纪的学者继承,我们在下文将有论及此。

　　儒家学者之所以将传记视为史著的精华加以褒扬,是因为他们相信,他们可以用对这些人一生的褒贬,来阐发他们的基本原则,而这正是史书能够垂训后世的价值所在。正如崔瑞德(Denis Twitchett)指出的,中国的史学家撰写传记,为的是通过将文章主题与古代某位至善大德之人联系起来的方式来"阐释他们写作主题中寓有的儒家美德"。③ 儒家的传记人物中既有正面的也有反面的,刘向的《列女传》就是这样。但是随着时间的推移,反面典型从说教性的作品中消失了,与此同时,作为正面榜样的女性的行为也有了变化。自唐(618—906 年)以后,个性生动的禁欲主义者与神秘主义者的形象、大胆独立的孝女,都从历史记载中逐渐消退。取而代之的是千篇一律、数不胜数的公式化的叙述,反复讲述着女性以守贞的名义自裁或者在恪守节妇之道的名义下尽其一生侍奉公婆的故事。

---

① 参见 Sung 1981。
② 参见 Spade 1979;并见 Tsai 1981。
③ Twitchett 1962:108 页。

帝国晚期这种特色鲜明的女性传记风格,其形成的原因,一部分是对政府在百姓中竭力推行的那些推崇儒家道德模式的运动的呼应。蒙古人建立的元朝是第一个为表彰节妇而修建牌坊的王朝,也是第一个向节妇和烈女的家族颁发钦赐的旌表文书的王朝。官方正式提倡妇女守节的运动最早是在明太祖时期大规模开始的。尽管像其他所有的官方政策一样,这一运动也几经起落,但终于在盛清时期(约 1683—1839 年)达到高潮①。与此同时,经过明清时期的发展,理想的节妇典范也略有变化。例如,明代统治者表彰一种地方性习俗,这种习俗在某些地区特别盛行,其行为与孟加拉殖民地一带的 sati(寡妇殉夫)颇为相似,年轻的寡妇以绝食、自缢、跳井、投河甚至在公共场所当众上吊的方式"从夫于地下"。与此相反,清代前期的统治者对孀妇的自刎则深表痛心。雍正皇帝下诏谴责这种风俗,并嘲弄遵从这种风俗的妇女是不敢承受孀居生活艰辛的胆小鬼。作为清代这种政策的结果,尽管为守贞而殉死的事迹依然是18 世纪典范女性传记中的一个突出主题,但是在盛清时期的女性传记中,长年忍受痛苦守节的孀妇数量还是远远盖过了那些过激的自尽者人数。从妇女传记以这种方式发生的改变中,我们可以看出在帝国晚期的中国,女性的理想行为方式的历史性转变。

尽管这些传记对于妇女史的研究者来说弥足珍贵,然而,当我们试图去理解女性自身的思想或者信仰的时候,就会发现这些由男性书写的传记仍然是迷雾一团。出于这个原因,在盛清时期的传记著作中的女性似乎只代表着"男性的凝视"下的对象要素。她们是为特定历史目的而建构的文学主题。我们不能期望在这些故事中发现女性自己主体性的迹象。同时,对中国历史上社会性别关系的

① 本书中所用"盛清"(High Qing)一词,将在第二章给出定义并予以讨论。

研究，又说明了士族中的女性和男性对何谓儒家的美德以及什么是它们在女性生活中的适当表现，大多持有相同的观点。① 因此，即使是男性所写的女性传记，作为盛清时期社会性别关系的证据也具有不可估量的价值，并且部分地揭示出年轻妇女为何决计自尽或者否认她的性别身份的原因。何况更幸运的，是这些帝国晚期的史料已不再局限于男性书写的作品。在盛清时期，女作家的作品开始有了单独刊行的刻本。第一批由女性写作和编撰的文集也已刊刻出版。名门望族为了显示其博学的母亲或女儿的成就，往往竞相给她们的作品出版单行本，而不仅仅是将这些作品作为该家族男性文集后面的附录。这些闺秀诗文的刻本毫无疑问也是我们研究前现代时期的中国女性时，最有价值的史料之一。事实上，现存的女性作品都是诗歌。

在开始这本书的研究时，笔者在美国的一些同事已经启动了对这个领域的探索，并且将他们的一些发现笔之于书。他们中间，雷麦伦（Maureen Robertson）、高彦颐、魏爱莲（Ellen Widmer）和罗浦洛（Paul Ropp）几位最先给予笔者这方面的点拨，使笔者意识到从诗歌中了解往昔中国女性的可能性。然而即便如此，仍然很少有人注意到，留存下来的女性诗歌为数竟然如此之巨。1985 年，胡文楷关于女性作品的资料性著作重新出版，学者们直到这时似乎才首次认识到摆在我们面前的材料是何等丰富。胡的著作初版于 1957 年，这未免为时过早，所以未能引起美国汉学家的注意，因为对他们来说，社会性别关系直到 20 世纪 70 年代才成为研究分析的一个领域。而现在，至少是历史学家们和文学评论家们，人人都在辛勤地研究被

---

① 对这些相同观点表达最集中和清晰的是伊沛霞（Ebrey, Patricia Buckley）关于宋朝时期婚姻中标志性事件的研究（Ebrey 1993）。以及高彦颐，她将论述焦点集中于妇女的主体性，并且强调了精英社会中男女在利益上的共享（见 Ko, 1994：260—261 页）。

胡文楷在书中考证过的那些闺秀作家们遗下的数以千计的已刊和未刊稿,并且肯定还有不计其数的其他文稿等待着我们去发掘。笔者写作本书时,以孙康宜(Kang-i Sun Chang)和苏源熙(Haun Saussy)为首,一本大部头的闺秀作品的英译文集已在编纂之中。

尽管女性作品的数量不可谓不丰富,但这些作品作为史料,为研究 18 世纪中国历史的学者还是带来了特殊的问题。这个时代的中国女作者都来自人数甚少的精英阶层,她们所受的教育程度之高,甚至远超于我们今天的绝大多数人。她们许多人过着一种我们几乎无法想象的特权生活,闲适与饱学将她们与帝国晚期 99.9% 的妇女隔绝开来。更重要的是她们中的 70% 以上来自中国中部的沿海一隅,即地图 1① 和地图 2 所示的地区。因此,将闺秀作品作为了解"中国女性"生活世界的一扇窗户,其实并不尽如人意。

这就是本书采用一种折中的办法来对待史料和对待中国历史上的社会性别问题的原因。笔者依据于女性自己的作品来修正在男性视野中固有的偏差,并且以此来观察在一个儒家规范占据统治地位的社会中,女性怎样陈说她们心目中的价值和意义。而且,在把女性置于分析中心的同时,我也将她们置于盛清时代的语境之中。女性角色和社会性别关系是历史发展进程的产物,这些历史进程涉及 18 世纪特有的国家政策、婚姻市场和劳动力市场、学术趣味和审美感觉。复杂的国家组织构建了税收制度、福利计划、劳动立法、军事战略,它们直接影响到家族的组织和劳力分工、大家庭中制定决策并规定谁听命于谁的等级结构、依性别/社会性别而决定的资源分配以及男性和女性被分派的生产性工作和再生产工作的价值。帝国晚期的中国也概莫能外,何况中国的官方文献史料在全世界罕有其匹。因此,从盛

---

① 地图 1 标示长江下游地区在中国的地理位置。今从略。——出版者

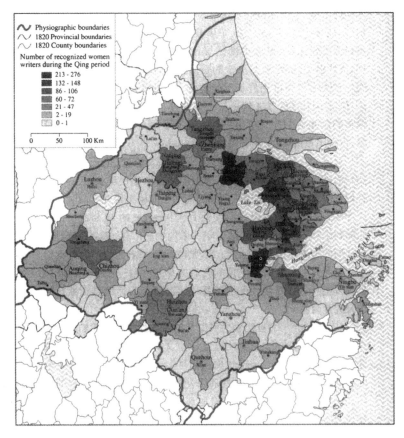

6　　　地图 2　清朝长江下游区域女性作者的分布。行政区划的分界线以 1820 年为准，地貌标志和城市位置据谭其骧《中国历史地图集》，1982 年。数据录自胡文楷《历代妇女著作考》，1985（参见附录）。地图由 G. William Skinner 设计，地理信息系统工作由 Jian Dai 承担，计算机绘图由 Chessy Si 完成。

清国策的制定者们的文章中可以找到大量关于社会性别关系的证据，也就不足为奇了。①

7　　　反之，盛清时期的政策、市场、趣味以及感觉，也无一不受到妇女

---

① 我能找到这样一条途径，更多地应归功于同时代一些有关女性与政治经济关系的著作，在社会科学家之中，是她们一直在关注过去和当前各种社会的国家政策与性别关系的问题。这些著作如 Sherry Ortner(1978)；Cynthia Enloe(1990)，以及 Nancy Folbre(1986；1987；1993)。

的深刻影响。只有将我们掌握的资料拿来相互参照比勘,并将妇女放在历史分析的中心地位,我们才能研究盛清时期的社会性别和文化。这已经不仅关乎对中国的 18 世纪及其前后一段时期产生新的理解了。将妇女置于任何史学探索的中心部分,都会导致对历史分期的常规模型产生质疑。要理解盛清时期的女性地位,就要求我们考虑到盛清时期之前和之后的那些时期——即晚明和 19 世纪下半叶——的社会性别关系,并且问一问,盛清真正独特的地方究竟何在。

高彦颐关于 17 世纪女性和文化的开创性研究为我们展示了在晚明时期,城市化、商业化以及印刷文化如何将妇女的声音带进了历史的记录之中。[①] 通过阅读和写作,精英阶层的女性将她们的影响扩展到了新的领域,将亲朋关系拓展到家居范围以外的空间,掌握了以前一直由男性专有的那些学习工具,并且在与丈夫、情人、父亲以及男女教师的不断对话中表述她们对于才华与美貌的观点。高彦颐强调指出,妇女生活领域发生的这些变化贯穿了整个 17 世纪,这抹杀了传统上以明清易代,亦即 1644 年的清军入关作为区分界限的做法。事实上,高彦颐将她研究的下限定在 1720 年,大约在雍正帝即位前后,仿佛是在认可盛清这个时期的重要地位。

高彦颐的研究聚焦于社会性别问题,我也一样,我的研究确认了她有关分期部分的结论,但是也带来了一些新的问题。盛清时期的女性作者所增添和拓展的学问与创造性的表达领域,是由 17 世纪的那些先行者率先发展起来的。但重要的是,我研究的盛清时期的女性作者与高彦颐的那些 17 世纪的女性作者之间,的确判然有别。这些区别中的大多数,就像我在本书第二章将要阐明的那样,可以溯因于清军入关。固然,中华帝国后期的王朝更迭并没有冲击到女性问学的轨

---

① 见 Ko 1994。

迹。这条轨迹从明朝后期开始似乎一直在稳定地上升，并未受到明清易代的任何影响。然而，如果把问题集中于社会性别上，就会发现清军入关标志着一个文化的断层，随着清朝掌握政权，社会性别关系也发生了转变。从这个角度看，清朝时期的社会性别关系史，标志着自晚明以来传统的破裂，这迫使我们重新评价满族的认同与价值在清朝社会形成过程中的重要性。换句话说，就女性的学问本身而言，清朝建立对此没有多大关系。但是当我们审视盛清时期女性的学问在社会与文化生活中的角色时就将发现，满洲的统治并不仅仅意味着又一次的"改朝换代"。相反，盛清自身是中国妇女史上一个独特的时间段，一系列的历史条件使得它自成一体，而区别于之前的晚明时期。

盛清时期的这种独特情况也可以从更晚近的时间来解读，以期为中国近代妇女史提供一些启迪。回顾清代，有一种观点采取 20 世纪的改革者和革命者们居高临下的立场观点将其和明代一起统统归结为"封建"或"传统"的时期，在那时中国女性是儒家式家长制下的受压迫对象。在 19 世纪后期，中国的改革者和外国的传教士简单地将女性裹脚和缺乏教育这两点提出来，当作明清时期中国落后的特征。自 19 世纪 90 年代开始，这些批评者更认为开展女子教育、反对女子缠足是中华民族走向强盛的具有重要意义的第一步。根据他们的逻辑，晚期的中华帝国再一次证实了黑格尔的预言：这是一个没有历史的文明，是一个不会变革的社会，只有引进西方思想，才能将其领入现代的民族国家之路。这种关于中华帝国晚期历史的持续多年的论调，现在会因我们对明清时代社会性别关系的新理解而破除。明清时期远远不是所谓女性受到绵延不断的压迫的时代，事实上，这是长达数个世纪的一个动态的、多样化的时代，社会、政治、经济的变化导致了社会性别关系的深刻变化，这就要求我们采用新的分析方法。

于是，就像西方的妇女史一样，中国妇女史也对传统的历史分期提出了挑战,这就需要我们对于社会性别关系的转化从时间和空间两方面予以细致的考察。所以,并非偶然,在解释女性为什么是我们理解历史性转变的中心时,治中国史的学者一直在从治欧美史的女性主义史学家那里汲取灵感。我的研究尤其得益于一位研究意大利文艺复兴时期的历史学家那些发人深省的论文,即已故的琼·凯利(Joan Kelly)和她的那些批评者。她向自己提出了一个问题,即女性是否也有过一个文艺复兴时期,这导致她重新写下了自己对文艺复兴时期的历史所作的结论。而我想知道的则是,如果我们将女性置于历史研究的中心,那么盛清时期看起来会是什么样子? 我们对于 18 世纪的理解又会是什么样子? 或者,用凯莉的话来说,女性确曾有过一个盛清时代吗?凯莉的工作令我确信,在将妇女引入传统的历史框架时,我们并不是简单地改变了框架的内容,我们或许还会摧毁这个框架本身。

至此为止,一切还好。但是当我们考虑到社会性别关系随着时空而发生的诸多变化,并根据有关的历史记录重新开始写作时,中国史的学者们又遭遇到了其他难题。我们发现我们自己似乎又一次跟随在欧美历史学者创设的范式和方法后面"穷追不舍"。格尔达·勒纳(Gerda Lerner),琼·凯利和琼·斯科特(Joan Scott)等人将熟知的史学题材再度陌生化的工作,启迪了主流的历史学家,随着我们把社会性别接受为一个分析的范畴,我们也终于进入了这一主流史学的行列。但与此同时治中国史的学者也深知,西方历史编纂学的范式对于中国史料的解释力总是非常有限的。就与社会性别关系相关的领域而言,使用西方的分析范畴尤其不能令人满意。在中华帝国晚期家庭结构之内妇女被赋予的角色和关系并不存在于欧美文化之中。清代的社会分层体系中根本就没有哪个阶层可以与西方的资产阶级相对应,更遑论头角渐露的"中产阶级",它的经济也从来就没有向工业革命发展的倾向。没有教会和政府在决定家庭关系和继承法的权力上进行竞争。毫不奇怪,作为这些显著差别的部分结果，那些男女人物在其中登场、同时又被年轻女性用来建构她们的性概念和社会性别关系概念的、讲述欲念和超升的神话故事，便都与欧美有着显著的不同，这就提出了一些运用西方的语汇无法对其进行架构的存在主义的问题。①

这个结论并不意味着对于研究中国的学者来说，在进行历史分析时，社会性别就是一个无用的范畴。恰恰相反，它表明有关中国历史上社会性别和文化的研究，正可用于揭示那些未曾明言的种族中心主义假设，这些假设曾被欧美历史学家在无意之中引入他们自己的社会性别研究之中。例如，他们借用人类学的术语设定一个或是夫妻（conjugal）家庭或是主干（stem）家庭的家庭制度。长子继承权、新居婚姻（neolocal marriage）、推迟的分娩，以及高比例的终身未婚妇女，这些都是在欧洲的女性主义史学家所假定的家庭制度中被普遍研究的部分。另外，西方历史学者还假设了一种语境，在那里，基督教会通过它对财产和圣界权威的控制，甚至对婚姻和继承权的控制，抵消了世俗政府界定家庭关系的权力。

要说明这个问题，我们可以看两个实例，即文艺复兴时期和欧洲近代早期知识女性可得而利用之的社会空间，那两个时期是在许多方面可以与盛清时代相比拟的时期。被玛格丽特·金（Margaret King）形容为"四壁环书的小室"，给那些终身未婚的知识女性提供了一个永久的庇护所，在那里她们可以自由地追求一种心智上的生活，那是受教会认可的，在她的同伴眼中是合法的圣所。② 还有一种公众的空间也存在，亦即

---

① 非西方国家女性主义的学者对于理论家关于所谓第三世界国家妇女的殖民地话语、研究和作品进行过严厉的批判，这有助于我在研究中国的妇女问题时对欧洲模式的适用性（尽管它们的确推陈出新而且发人深省）提出疑问，并作出重新的审视。这里特别要提到的是 Mohanty（1991）和 Abu-Lughod 1986；1993。

② King 1980.

宝拉·芬德琳(Paula Findlen)所研究的那些意大利大学,在那里像劳拉·巴斯(Laura Bassi,已婚并有 5 个孩子)这样有天赋的女性,可以教授哲学甚至享有荣耀的学衔。[1] 然而在中国的盛清时代,却根本没 10 有这样的空间提供给知识女性。教会是不存在的,儒家的家族制度更是排除了产生"小书斋"的可能性。没有任何宗教性的机构能够为受过良好教育又终生不婚的妇女提供一个合法的栖身场所,也没有任何家庭会允许一个前景光明的年轻女子逃避婚姻。[2] 说到大学中的位置,中国的学术机构从来不接纳女性,因为这些机构的唯一作用就是帮助男子应对科举考试,科举考试的目的则是为官僚机构选拔人才。

这样简单但是显而易见的不同,将我们的注意力转移到另外一些种类的空间,归功于特定的文化和历史条件,这是些不对欧洲妇女而仅仅对中华帝国晚期中国妇女敞开的空间。在本书中,盛清社会有一个特点会给熟悉西方女性史的读者留下极深的印象:这就是女性著作的出版乃至家族在刊印出版中扮演的角色所具有的重要性。刊刻的文本,以稿本、抄本或雕版印刷的形式,从一个家庭传到另一个家庭、从一个作坊传到另一个作坊,为盛清时期的知识女性提供了一个独特的位置,既是在家庭的私生活之内,也是在高文化层次的公众生活之中。在此,略微用几句题外话来说明盛清社会的特点,也许有助于读者理解那些闺秀作家身处的独特的文化语境。

我在本书中所讨论的女性都是一种联合大家庭的成员,这种制度视父系的"大家庭"为典范。[3] 这种大家庭一般都是三代同堂,同居共

---

[1] Findlen 1993.

[2] 只有为数极少的年轻妇女设法保持独身,但通常也是先"结过婚",她们不是已聘而未婚夫亡故,就是丈夫早夭。参见 Ann Waltner(1987)关于昙阳子之例的讨论。

[3] Arthur Wolf(武雅士)用 Maurice Freedman 造出的"联合大家庭"(grand family)一词来特指蕴含于中国家族制度中的一整套关系(参见 Wolf 和 Huang 1980:68)。论述中国家庭制度的最出色的文章是 Ebrey 1990。

爨,极少数情况下甚或有四代或五代同堂。血缘关系是以一个祖宗传下来的男性子孙计算的。所谓的继承就是平分家产。所有的儿子都有平等的继承权,所有的儿子按说都应该结婚,而且所有已婚的儿子,与他们的妻子和儿孙(包括已婚、未婚的儿子以及未婚的女儿)一起,都应该与依然在世的双亲共同生活。女儿则要"出嫁",成为另一个家族谱系的成员。在盛清时期,国家政策和儒家学说都强调,只有生活在这样家庭中的人才是一个健全的人。尽管除此之外,还有不同于儒家生活的另一种选择,即出家为尼,但是佛教寺庙收纳的女尼几乎都来自最贫穷的家庭,或者是孤儿、弃婴。在精英家庭中,若是年轻姑娘的行为实属罕有、实属怪僻,这也许会说服她的父母允许她去追求一种守贞的宗教生活。但是在大多数情况下,佛教作为一种宗教教育,对于精英社会的女性,它的作用仅表现在民间为处在育龄的已婚妇女举行的求子仪式,以及在绝经后的时期提供的精神安慰。事实上,"出家为尼"对于上层社会的女性来说并非什么得体的选择。正如小说《红楼梦》中王夫人所说:"只是咱们这样人家的姑娘出了家,不成了事体。"①

11   对于在这样的家庭制度下成长起来的女性,她们在心理上所受的影响,人类学者已经进行过充分的探讨。他们的著作强调儒家宗法制家庭关系对于男孩和女孩的不同影响。男孩子一生要通过恭敬的行为和生育子嗣来为双亲光宗耀祖;女孩子则要嫁到另外的人家,生儿育女,服侍丈夫,孝敬公婆。在死后,父母将会接受儿子、儿媳以及他们的后代子孙的祭拜,仪式中的供品就像是一次又一次地向他们重申他们的子孙始终不渝的孝敬,又好像是在向他们展示后代的成功。

在这样的家族制度中,女性既处于边缘也处于中心。作为女儿,

----

① 《红楼梦》第一一八回。

她将要出嫁,她们在娘家只是暂时的成员,但是作为养育了儿子的妻子,又是被长久祭拜的祖先之一。① 在中国的家族制度中女性生活周期的这种严酷性所造成的心理创伤,与欧美的精神病学家与心理学家所认识的那种社会性别模式恰恰相反。在大多数西欧与北美的社会,是儿子需要经历与母亲分离所造成的创伤,这种分离贯穿了他们社会性别认同的基本体验。与此相反,女儿与母亲的联系却从未间断,这种亲密的感情纽带早在童年时期就已形成了。② 而在盛清时代的家庭中,却是女儿而不是儿子需要经历这种分离之苦。女儿在成长过程中就知道她们早晚会"出嫁",而且进入另一个家庭;相反,儿子们却可以指望与母亲保持长期的、亲密的关系,直至终生。

盛清时期家庭制度中的夫妻关系,是又一个与欧美对比鲜明的模式。在西方大多数社会性别关系的研究中,典型的模式是组建一个"新居家庭",夫妻的联结在这个核心家庭中占据中心位置。夫妇二人会推迟婚期,为的就是使自己有能力建立起一个独立的新家庭,并且男女双方在婚前都要在经济上达到一定程度的独立。与此相反,中国人的婚姻却是父母之命,媒妁之言,每对年轻夫妇的结合都是父母作出的,或者有时候是几方共同作出的家庭投资。在士族大家庭中,儿女们大多早婚,并且在育龄期始终保持着对男方父母乃至祖父母的依靠。为了给儿子寻个好媳妇,上层社会的父母往往从门当户对的人家中挑选一个健康的姑娘,有时甚至在两个好友的妻子怀孕时就指腹为婚。

在这种情况下,人们并不期望已婚夫妇彼此会亲密无间,他们甚至很少共处。的确,中国的母亲往往将儿子对其妻的过分关注视为

① 见 Margery Wolf(卢蕙馨)1972 关于阶级分析的论述。
② 参见 Chodorow(1978)关于这种创伤性模式及其心理分析结果的权威性的研究。

12 一种威胁,唯恐这会影响到儿子对她自己的感情,最起码她会认为,这是身为儿媳而没能好好侍奉婆母的一个原因。在上层社会的家庭中,丈夫们的工作往往需"出门在外",无论是读书人、官吏还是商人,都需长期出游,或赴外地赶考,或逗留在教书处所、官府衙门,以及远离家乡的商业中心。丈夫的空缺,迫使新娘将维系与婆婆以及夫家其他女性的关系放在首位,她的大半时间是与她们在一起度过的。在这样的语境下,有关小夫妻间卿卿我我的幻想,表现出来的就不是对家庭中一种浪漫生活的追求,而是对儒家父权制的一种抵制了。

在盛清时期,上层社会的父母在为子女筹划婚事时,要媒人挑选的对方标准总是"门当户对",那就是说,双方家庭的社会背景应该大致匹配。为何非要"门当户对"的理由很多。首先,上层家庭会竭力避免给人造成一种印象,即儿女的配偶是靠送聘礼或者陪嫁妆买来的。因为照理说,聘礼(男方家庭给女方的)和嫁妆(女方家庭为女儿出嫁置备的陪送)在价值上应该约略相当。其次,没有哪个家庭愿意让人将自己子女的婚姻看作是"低就"。对双方家庭而言,婚姻都是一个扩大家族关系的纽带以维护利益和声望的机会。最后则是出于父母对女儿婚后生活幸福的关注,门户相当的家庭可以保证他们的女儿较好地适应新的环境,他们的女儿也可以比较容易地获得婆婆对她侍奉的满意和对她的喜爱。

无论父母多么希望自己的女儿能够找到"门当户对"的夫婿,但盛清时期的婚姻市场却将女儿们置于特别危险的境地。这种家族制度中的重男轻女造成的男女性别比例失调,导致了对新娘的需求无法满足的后果,一位人口学家曾将这种现象命名为持续不断的"婚姻资源紧缺"。① 其结果就是,按理每一个妇女实际上都会被嫁出,与门第高

---

① Telford 1992b.

于自己的人家结婚就像"门当户对"一样普遍,这就是说,嫁女之家可以期望他们的女儿能够"高攀"。与此同时,在科举考试中及第的机会越来越小,在商品经济中赚钱的机会却持续上升,这使有钱的暴发户与位居上层但财运下降的士大夫家庭展开了竞争。一个有着士大夫家庭背景的男子将女儿嫁给一个暴富的农民、工匠或者商人的儿子是很冒风险的,即使这种婚姻看起来很诱人。如果这个新娘受到过很好的教育,而新郎又不看重这些,那么她会为日后的生活而备感痛苦,就像我们在下面的章节中将要讲述的许多故事一样。对于嫁女的一方来说,所冒的再一个风险源于一种可能性,那就是财主一类的家庭往往会娶一个甚至两个妾,用来生育儿子和为厌腻了妻子的丈夫满足性要求。最后,既然婚姻是由媒人撮合的,而媒人对实话实说的兴趣远及不上她对从中能够拿到的钱财的关注,所以这种婚姻往往建立在不完整的信息之上。

  基于这些以及其他种种原因,包办婚姻,即使是高攀的包办婚姻,也是一种赌博,失败具有普遍性。在男人为女性编撰的传记和女性自己书写的诗歌中,不幸的婚姻都是一个永恒的主题。对于婚后生活的孤单、封闭以及感情生活的空缺,男性可以通过在外游历或寻求另外的性关系来躲避,妇女的方式则是抒发她对童年生活、对兄弟和父母以及其他家人的苦苦怀念,正是这些构成了她伤心离别之前的世界。一个已婚妇女的快乐和慰藉来自这样几方面:一是被她在诗词中一遍又一遍重构的回忆;一是与那些她眷恋而不在面前的人以及"诗歌朋友"(诗友)们相互通信和交换诗作;还有一个就是与她自己一样也将长大成人而后结婚的孩子们。

  门当户对的方面不论,对嫁女的一方来说,既然妇女的短缺给了他们更多的选择机会,他们在婚姻市场上还是能够略占上风。加上每个家庭都指望有儿子传续香火,因此下层社会的女孩便得以靠被纳为

13

妾而进入上流社会的家庭。

实际上，盛清时期的作者尤其是女性作者，充分地意识到正妻所享有的地位和特权、妾媵地位的低贱和脆弱以及妓女提供性服务的商品性质。因此，在婚姻中是正妻还是小妾，是判别女性身份的起码要素，对妻与妾作出的这种区分，导致在士人家庭中的诸多儿媳也排列出明确的次序等级，其中以嫡长子的原配妻子居首，而妓则被打上"走霉运的女人"的标记，因为她们商品化的身体玷辱了她们。① 于是，在盛清时期，每一个妇女都明白自己必须结婚，而且将在婚姻中得到正妻的身份视为她能够期望的最好归宿。盛清时期妇女的历史中，大部分的苦痛与迷茫都着落于此。

如果说中国的家族制度为我们提供了一个与欧美制度相比截然不同的例证的话，中华帝国晚期的社会分层对于西方人来说也是同样陌生的。在中国，就像在任何其他地方一样，婚姻市场能够对社会地位的等级体系进行再生产，但是与工业革命前欧洲的背景不同的是，中国的世袭特权仅限于皇族。在农村不存在世袭贵族地主的统治，在城市也没有新兴中产阶级的兴起，更不存在农民与手工业者等劳动阶层被阻止不得进入上层精英社会的事实。与此相反，在广阔的职业门类中向内和向外的开放与流动，正是界定名望和特权的基础。世袭精英阶层的不存在，社会分层体系所具有的流动性质，以及商品经济的充满活力，这都使盛清时代的人们比起以往任何时期，都更加将婚姻和工作看成为向上层流动的途径。明朝时，还有一些职业是世代相袭的（诸如工匠、屯田军士，在某种程度上甚至还有商人），但是到清代，劳动力市场完全放开了，人们为地位进行的角逐，在所有的前沿都是

---

① 有关妻与妾关系的论述，见 Rubie Watson（华如璧）1991；有关盛清时期妓女的论述，参见该论著的第五章。

残酷的。按最宽泛的划分,那些从事体力劳动的人(农民和手工业者)被视为"治于人"者,而凭自己的脑力劳动的人(学者和官员)则构成了统治精英。若能谋得财富和闲适,这幅图景也会有些许调整。因自身职业而被视为唯利是图的商人们可以靠着大量投资于像藏书或高雅艺术这类装点精英生活的东西,来模仿士大夫阶层,尽管农民和手工业者因从事的是正当的劳动,名义上的地位仍然比商人为高。各朝代的官方说辞都不吝对农民大加赞誉,是农民提供粮食,缴纳赋税,作为政策之"本",支持着士大夫们。

所以在清朝,无论是农民、手工业者还是商人,都抱着同样的希望培养儿子,这希望就是下一代中会有某个天赋高的孩子能够通过科举考试来光耀门庭,使家族得以跻身于官僚士大夫阶层。像在欧洲一样,盛清时代士大夫阶层的男人和妇女也为物质财富、荣誉和权力而奋争。但是在中国却没有任何等级制度能够提供一个社会安全网,能够把那些财富和权力正在流失的人们承接起来。更重要的是,商人阶级持续不断地捐纳功名和为儿子投资教育,这导致资产阶级无法发展成一个自我认同的独立阶层。[①]

这种分层体系虽然以男性的流动模式为中心,但也同样适用于女性。一个妇女的地位在婚前取决于娘家(亦即其父),婚后则取决于婆家(亦即其夫)。在盛清时期,社会分层体系对于男人和女人的主要区别,体现在他们与体力劳动之间的关系。对于男人来说,有机会远避体力劳动是他地位上升的第一个标志。对女人则正相反,闲暇或得以从体力劳动中脱身的自由,绝不是地位提高的标志。与此相反的是,勤勉地从事生产性劳动,尤其是纺线和织布——对于上层妇女而言还有刺绣——对于无论什么阶层的妇女来说,都是具备妇德的表现。懒

---

① 参见 Levy 和 Shih 1949。

惰的女人给人的印象是放荡，这有损于她在婚姻市场和家庭中的地位。娼妓和从事演戏一类职业的妇女由于不事纺织，则肯定属于最低贱的阶层。

15　　盛清时期的中国是一个流动的、竞争性的社会，显著不同于欧美的同期社会。即便如此，充斥于那个时代作品中的有关欲望的话语仍然促使我们把它们拿来与欧洲的情况作一对比。例如据 Nancy Armstrong 的论述，英国小说中女性作品的权威声音，是新兴中产阶级用来在社会中为自己界定位置，并将一个正在浮现的以女性身体为中心的家庭空间描述出来的过程中的一部分。[1] 本书的读者将会在盛清的文化中发现很多地方令人联想起英国的话语，特别是有关妻子道德的话语。他们也会从本书联想起 18 世纪在意大利和法国掀起的关于女性写作与道德失检之间存在何种关系的争论。但是他们还是会对中国人在家庭生活和公共生活之间构建出的关系感到相当吃惊，而这个关系是儒家的核心思想之一，也是平时争论的框架。在盛清时代，"内""外"——女性的内部空间和男性的外部空间——之别，颇不同于西方用来划分"家庭的"和"公众的"两个领域的界线。[2] 相反，盛清时代关于"别"的原则倾向于强调，道德的自主性与权威集中体现在家内妻子和母亲的身上，它们又是丈夫或儿子在外取得成功所必须依赖的。所有这一切都是一个家族制度的组成部分，这个制度构成了一种无间的、一元的社会秩序，以家庭为中心，以王治为疆域。

　　在盛清时代的上层社会，母亲和妻子具有的这种独特作用，令人

---

① Armstrong 1987.

② 我这里要说的是，盛清时代的解读方式也不同于高彦颐在她的研究中对 17 世纪有关"内"与"外"概念的描述，高彦颐研究了精英阶层妇女生活圈子的扩展，她们通过阅读、写作、在朋友式婚姻中显示出才气等方式进入了以前由男人主宰的圈子。参见 Ko 1994：12—17 页以及第三章 3—5 页。

联想到中国与欧美的相应时代间存在的巨大的文化差异,尽管它们表面上有着类似的历史经验。我们不可轻易假设,那些赞颂贞节妻子的篇章或者女诗人的浪漫魅惑,在盛清时期的中国、近代早期的法国与意大利,或是在 18 世纪末和 19 世纪的英格兰,会负载相似的文化信息。由于中国家庭的独特结构,也由于读书成为高于钱财和世袭的上品,盛清时期有关欲望的故事编码了一种特别的文化信息。在男人面前,这些故事许诺他们将来有机会遇到一位神仙般的女子,这个女子最初能点燃他的激情,但最终她又使他超越这种尘世的激情和欲念。与一位女性的多情约会只是一场转瞬即逝的经历,而不是至高至善的目标。男人将他们最强烈的感情倾注于终生伴他的母亲,或者与同性的同事们的交往中。对异性的感情只保留在他与那位非凡女性片时春梦了无痕迹的邂逅之间,她是他的"知己"或"知音",①通过知遇,她使一个男人了解到怎样战胜他那些尘俗的激情。

　　至于女人的情欲,在盛清时期的中国,罕见直接的表述。女性的 16作品中表达出来的多情善感,我们在年节仪式、民间故事和宗教活动中也可以找到,她们总是一再地拒绝男人的感情许诺,然后再将自己掩埋在悲伤、孤独和痛苦之中。家庭生活的种种戒律既然都是针对欲念的,她们便通过与兄弟姐妹、孩子和朋友的相处来寻求感情上的慰藉。再加上女性人到中年,往往会通过一些节制身体的技术克服欲念,并产生精神上的自主力量。像男人一样,她们也希望能够通过某种奇遇,比如遇到一个指点迷津的仙女,来寻求感情上的超越。或者她们会转而依靠自己和自己的身体修炼,来寻找一种超越世俗苦闷的力量。对 18 世纪中国小说传奇故事的研究已经为我们指出了在激情

---

① Li Wai-yee(李惠仪)将此定义为"无论在灵感、表情与表达方式上都了无痕迹和连绵不断"。Li Wai-yee 1993:263 页。

与超越之间，亦即一位学者所谓的"魅惑与解魅"之间存在的辩证关系，[1]这特别表现在伟大的小说《红楼梦》中，本书所用的一些证据就采自这本书。李木兰（Louise Edwards）对此做了最好的总结，她说《红楼梦》中的理想化世界是"将性欲与母爱混置于一个自外于社会伦理的王国"。[2] 就像读者将会看到的，尽管文学的想象视妻子为家庭王国中的权威人物，但事实上能够唤起最深刻感情的人却是母亲。换句话说，中国家庭的独特结构产生了一种必须将欲望限定于家庭空间之内的话语，这与英国的情况一样。而这种空间的结构又为中国文化所独具。

还有最后一个不同场景，那是任何研究盛清时期社会性别关系的人都会立刻面临的，即写作作为有教养阶层的标志所担当的关键角色。"写作者"或者"小说家"并没有作为特殊的一个社会类别而被认同。在中文中，"文"与"文化"同义，[3]这意味着所有精英家庭的父母都认为，一个充分实现了人类潜质的人不仅要会阅读，还要会写作，尤其是会作诗。[4] 在这种意义上，写作往往变得异乎寻常的复杂，要掌握文言文，就要从幼年开始死记硬背几百种古代经典、史学与文学的篇章。这种背诵过程会产生一个巨大的记忆库，[5]库中储存有学生在他们的读书生涯中将一再遇到并运用的大量含有名句和典故的散文与诗词。于是，读书便成为一种积累过程，在这个过程中读者会通过唤起对多年前读过的历代名句与作者姓名的回忆，来持续地强化童年

---

① Li Wai-yee 1993.

② Edwards 1994：59 页。

③ Bol(包弼德)1992 解释了"文"的观念作为一种文化或者如他所谓的"我们的文化"在唐宋时期的发展。他审视了它作为一种精英特权的多重意义，这在他们的写作中是被一而再再而三重新定义的。

④ 参见 Owen（宇文所安）1990。他对诗歌在中国文明和高度发展的文化中的作用进行了简要但精辟的比较分析。

⑤ "记忆的宫殿"这个概念由史景迁（Spence 1985）首先提出并探讨。

的记忆。同样地,作者的义学能量,取决于这位作者能在多大程度上通过引经据典在每个读者心中唤起他们曾经背诵过的经书和文史篇章。在以前,一个孩子到八九岁时,就会被认为已经可以写些简单的 *17*
习作来操练她自己用典的技巧。有天赋的孩子在这种年纪,已经开始试着写短的五言绝句(共四行,每行五个字)或简短的说明文了。换句话说,在盛清时期的精英家庭中,成长为读书人就意味着成长为会写作的人。精英家庭的女性在她们年轻的大部分时光都创作诗词,往往直到成年也如此,但并不一定把自己看成为"诗人"。

在解释写作在盛清时期精英文化中扮演的角色时,我一直用女性的人称代词,旨在强调在精英家庭中无论男孩女孩都同样地被要求学会读和写。然而还有重要的事要注意,就是对女孩的期望多少有些特殊。随着本书的陈述,造成这种现象的原因会变得越来越清晰,但要简短地说起来,那就是对那些有志于通过科举考试的男孩来说,写作是必须掌握的技巧,那就需要精通经典的古文。与此形成对照的是,女孩被剥夺了参加考试和出仕做官的权利,她们自己也无心于此,所以她们的写作并没有任何明确的用途。就是这一点使女性作品对前现代中国社会中关于社会性别的不同概念作出了强有力的揭示。一名妇女,只要她写作,不仅作品的优劣,连她写作的目的都会受到或褒或贬的审视与评价。所以,在中国历史的所有时期,我们都找到了被当作争论对象的女性作者。她们有的被赞扬为天才,例如汉朝的班昭;也有的被作为世家大族的文化象征,例如谢道韫,她对中古时期深奥的哲学领域也有涉猎。她们也可能会受到批评而被迫缄默,就像在宋代上流社会家庭中很多有志于诗词的女性。① 或者她们也会成为激烈论战的中心,就像盛清时期的诗人袁枚周围的"随园女弟子"。无

---

① Ebrey 1993:122—124 页。

论她的历史地位如何，女性成为写作的主体本身就挑战了中国上层文化传统的根基。

在盛清时期，这些挑战集中反映的是一系列的矛盾。作为一个人，一名妇女应该使她的风雅和道德能力得到充分发展，这就要求她写作。而作为一个女人，她又应该不断地用自己的双手去劳作，这就使得她的写作意味着放弃了道德责任。作为一个女人，她最基本的责任在于扮演好她作为妻子、母亲、儿媳的多重角色。而同时作为一名写作者，正因为她是一位女人，未被追逐名利之风污染，所以她能对情感作出男性作不到的既自然又单纯的表达。这就是读者将在本书中发现穿插了很多有关女性作者的争论的原因。她们比男性写得更好，但是她们却无权占用工作的时间进行写作；她们必须受教育，但是从来也不应该将她们的学识派于家庭职责之外的用场。

在18世纪实际发生的事，正如我们将要观察到的，就是写作使精英阶层的女性以各种方式强化了自己，使这些争论成为多余。通过她 *18* 们的写作，尤其是当作品被刊行、被抄录和交换时，妇女为她们自己创造了一个强有力的身份。这个身份对妇女置身其中的实际生活场景进行了再现、再造、审视和批评。在这种意义上，盛清时期女性作者的著作就很像是由贝督因妇女口耳相传的那些抒情诗：经典诗篇给盛清时期的妇女提供了她们可以用来模仿和创造的语汇。① 这样，她们通过对过去的回忆铭刻复铭刻——以此作为一种慰藉和生命连续的绵延不断的源泉，来批判现实，想象一个更好的未来。毕竟，中国女诗

---

① 见 Abu-Lughod 1986，特别是第 255—259 页。Abu-Lughod 识别出在贝督因社会中所谓的"对于自我与个人情感的两种文化阐述的话语"（255 页）。但是她也指出既然一种话语是诗歌，而诗歌是艺术，则两种话语就既不能够截然分离，也不能够亲密无间地合在一起。诗歌模仿着占统治地位的话语，它既从后者汲取激动人心的力量，又创造出一种话语与之相抗衡，自足自主，生生不息。

人与贝督因妇女尤其不同的一点就是,盛清时期的妇女诗人被假设为一旦长成,就肯定有作诗的才具。从笔者查阅过的文献看,尽管许多人悲叹她们的才学被荒废,甚至因为过度伤心怨愤,焚毁诗稿,不令它们在自己身后流传,但是,却还没有哪位受过教育的女性抱怨说她不会作诗。正因为她们假设凡有文化的人都能够写作,所以盛清时期受过教育的女性才有可能将她们的全部情感倾注于诗作,才为我们揭示了一个丢失的世界。

要理解这个世界,我们就必须通过对盛清时期的一些最重要特征作再次介绍,来重新考察这个时代,这些特征是中国史的研究者们长久以来视为当时的时代标记的。第二章对代表盛清时期历史最显著特征的三个方面作一概述,叙述的焦点则集中于长江下游地区,并以社会性别关系作为分析的范畴。而其中我们将探讨的最重要的几个问题,都直接或间接地关系到清朝政策对于妇女与社会性别关系的影响。紧接第二章之后我们要对女性的人生历程进行分析(第三章),然后是讨论女性在写作中的位置(第四章),以及在娱乐中(第五章)、在工作中(第六章)及在宗教活动中(第七章)的各种位置。最后结尾的一章,我们会转回到一些广义的历史编纂问题上,这些问题包括女性在空间和时间上扮演的角色,以及我们在书写历史时为什么不应该将她们排除在外。

第二章　社会性别

初，吾师恽珍浦太夫人选国朝闺秀诗，名之曰《正始集》，盖以闺房贤淑性情为正。圣人删诗，《关雎》为首。故集中雅尚风格，不重词华，为女史之箴，意微而显。积数十年，搜罗几及千家，虽海疆外域，有才必录。斯真推盛世之雅化，不仅萃兰闺之韵语也。

——金翁瑛《国朝闺秀正始续集序》，1836 年

金翁瑛是女诗人、女画家、文集编纂人恽珠①的弟子。恽珠辑录

了成为后世经典的清代女作家诗歌总集，金曾为其续集作序，以上引文就出自这篇序言。金翁瑛将闺阁诗看作是"盛世"辉煌的标志，因此，在我们论述盛清时期妇女角色的这一章中，她的这段文字便成为一个再贴切不过的引子。

有清一代，女性作家有作品传世的超过三千人，其中半数以上生活在"盛世"时期（1683—1839 年）。"盛世"是对各朝代中鼎盛阶段的美称。因此，"盛清"（High Qing era）指的就是清朝统治的高峰时期。习惯上，此称也用来指称中国"广义的 18 世纪"。② 所谓的

① 恽珠的夫姓为完颜，谈到她的学者常常将这一姓氏省略。她嫁到满族完颜家族一事在第四章"写作"中将有论述，她的《正始集》及《续集》在该章也会多次引用。

② 盛清（High Qing）一词出自何炳棣（Ho Ping-ti），在诸多论著中，他将清朝理解　（转下页）

"高峰"，事实上是一条弧形的曲线，以 1683 年清朝彻底荡平残存的明朝抵抗力量为起点，然后逐渐上升，到 1720 年及其后的数十年达于顶 20 点，自 18 世纪 70 年代中叶开始呈下降趋势，到 90 年代后骤然下滑，当时的白莲教及苗民起义正在震撼中央王朝的统治。尽管有些学者认为盛清阶段结束于 90 年代，即乾隆驾崩的 1796 年前后，但还有一些人（包括我自己在内）却宁愿将盛清时期向后延伸到 19 世纪 30 年代末，鸦片战争的前夜。这是西方军事势力在中国旧势力范围内兴起和一个时代真正终结的标志。金翁瑛在 19 世纪 30 年代初写这段话的时候，还以为自己沐浴在盛世的清光里，丝毫未曾料到等待在前面的会是些什么。

不论对分期有何见解，对于哪些事件足以构成盛清时代的标记，学者们的看法还是一致的。这包括人口的爆炸性增长、经济的剧烈变革，以及在社会不同阶层和地域之间人口的大量迁移与流动。[①] 盛清也是在学术上大规模复古的时代。[②] 最后，18 世纪还有一个突出的特

（接上页）为在中国历史上具有独特重要性的王朝，而 18 世纪又是清朝统治的顶峰（参见 Ho 1967；1959）。他将中国这个"广义的 18 世纪"称为"*pax sinica*（中华太平盛世）"，这个盛世发端于 1683 年反满势力的被平定，而以 18 世纪 90 年代抗清斗争的兴起以及行政腐败为结束的标志。在他对中国人口史的研究中，引用了定性的证据表明当时的期望寿命正在上升，他也给出了生活在日趋黯淡的 19 世纪初期的学者们所作的回顾评价；例如俞正燮对 18 世纪中叶作为历史上太平与繁荣的顶点的回忆（引自 Ho 1959：214 页）。在较后发表的一篇关于社会流动的论著中（Ho 1962），何注意到盛清人口顺利增长背后的事与愿违的代价：在人数日益扩大的受教育阶层中流动率的下降，生活水平的降低，以及"经济增长的张力"，他的观点是，这些现象导致了马尔萨斯式的人口制约，通过太平天国起义而实现。对于盛清的另一场讨论，可参见 Wakeman（魏斐德），1970。本书沿用了魏斐德对于时间界限的划分。韩书瑞（Susan Naquin）和罗友枝（1987）采纳了施坚雅的分析结果，但又认为在王朝循环中的"盛"与"衰"仅仅是区域性的，在 18 世纪的社会骚乱中对其他地区发挥了戏剧性影响的一些问题，并未波及长江下游地区。她们采用区域性分析视角的依据，可见 Skinner 1985 和 Skinner 1977。正如读者将看到的，本书采用的也是这种区域性的研究方法。

① 代表性的著作可见 Ho 1959。

② 参见 Elman 1984；Guy 1987。

点,即帝国的官僚机构在这一时期最直接地介入了普通人的道德生活与婚姻生活。①

不过,近年来的学术研究却为这幅繁花似锦的光辉画面抹上了几笔阴影,也点染出了几个标记性事件的破绽。孔飞力(Philip Kuhn)有关1768年长江下游妖术恐怖现象的研究——焦点集中在漂泊无定的社会底层——就是对盛清"太平盛世"阴暗面的讽刺性注脚。孔飞力为我们揭示了充斥在官方文书及文学作品中的焦虑和紧张感,尤其是对于"游走四乡的危险陌生人"②的恐惧。这种紧张和焦虑感在那个时代最伟大的小说《红楼梦》里也有突出的体现。依李木兰(Louise Edwards)的分析,《红楼梦》通过剖析钟鸣鼎食人家男性和女性之间最密切的关系,追溯出一个大家族行将败亡、一种生活方式行将灭绝的始末。③ 盛清时期,许多领域都有女文学家崭露头角,④既然金翁瑛把我们的目光吸引到关于她们的论争上去,那么,探求当时种种紧张感的根源所在,或许能够使我们从另一个角度认识她的那些颂扬的文字。关于有清一代妇女角色的论战早已吸引了一些学术研究,尤其是在研究小说话本传奇故事的学者中间,盖因清代的小说家最喜以两性角色作为调侃的对象,⑤但是,却很少有人注意与作为作家的妇女或妇女亲自执笔的文学作品相关的争论,而这两件事其实常常是触发论

---

① Will(1990)、Will et al(1991)以及Perdue(1992)都指出了,在粮食生产中国家成功的干预,阻止了饥荒的发生并增加了价格的稳定以及各地区间价格的一致性。萧公权(Hsiao, Kung-chuan, 1960:184—258页)则证明,满洲统治者制定了一种他名之为"意识形态控制"的制度,并且凭借宣传、办学和各种公共仪式使这种制度深入人心。清朝通过教育来控制意识形态所产生的效果,可参见Elman和Woodside在各种文章中对此进行的审视。

② Kuhn 1990:30—48,引自48页。

③ Edwards 1994.

④ Mann 1992a,1992b.

⑤ Ropp 1976与1981均为此领域的经典。

战的根源。学者们也没有注意到,与此同时其他类型的文献里曾记录过一些讨论,其中尤其仔细地注意了盛清时代的妇女以及她们在经济生活与社会生活中担任的角色,[1]譬如论述应如何管理田庄的学术文章便是一例。这些被忽略了的讨论和论战尚有待史学的解释。18 世纪时,为什么妇女及她们担任的角色会如此重要,又如此富于争议?带着这个问题重新审视盛清时代,将着眼点放在长江下游地区,并以社会性别作为一个分析视角,若干关键场景便会立即浮现在我们面前。

在这些问题中,最重要的当推清朝的国家政策。从一开始,清朝的核心政策就针对着家庭关系以及被 20 世纪 90 年代的美国人称作"家庭价值观"的一些东西。许多这一类的政策专门针对妇女,而且出现在盛清时期以前。比如,清朝统治者提倡妇女守节,对女艺人在公开场合的演出厉行禁止。他们还广泛支持各种破除民人通婚界限的手段,进一步严格自由民与奴隶的界限。自 1645 年颁布的圣旨开始,清朝历代皇帝有系统地将明代遗留下来的父子相袭的职业集团和地位集团逐步拆散。[2] 这些政策显然来源于由满族民族背景所促成的一些考虑,而这些考虑不可避免地又要渲染清朝统治者在入主中原的同时带来的一些价值观念,尤其是他们对待社会性别角色的态度。掌握满语的学者们目前也在探讨这些价值观的重要意义;[3]囿于本书篇幅,我只能强调一句:我们将会看到,这些观念对于我们最终理解盛清时期的社会性别关系是至关重要的。

研究盛清时期的社会性别关系,还有一个领域是任何时候都不妨

---

① Mann 1992c.

② 见 Ho 1962:54—67 页,对于明代各种不同身份集团的叙述。

③ 见 Crossley 1987,1989,1990;Rawski 1991;有关婚俗以及非汉征服王朝的必读著作,见 Holmgren(衣若兰)1991 以及其中征引的文学作品。

予以探求的，这就是地方官向皇帝报告他们为当地农户造福的计划时所上的奏折。这一时期地方官的奏折集中在两个关键的社会性别问题上：一是妇女的工作，二是妇女的宗教活动。他们推行了各种措施以扩大女劳力在家庭经济体中，特别是在蚕桑、棉纺和棉织等方面的作用，而且还开展了一些劝喻运动，来杜绝俗家妇女中间那些在他们看来是危险的宗教活动。

第三个领域是大规模的复古现象，此处有关盛清时期妇女的各种问题可谓车载斗量。复古一事本身与清朝的国策相关，因为清朝诸帝奖掖经史之学，鼓励学者把精力贯注在对古代典籍的研究之中。不过，无关乎国家保护政策的纯粹学术趣味也在整个18世纪不断地将中国士大夫引向对经书的训诂与考据。研读经书使人们注意到了古代许多饱学的女性——最终导致的结果颇有戏剧性，其一便是用贤妻身份来不断强化女性作者的存在意义，让她们成为盛清时期日益增强的、我称之为人伦道德的一种话语的一部分。这种话语把清朝盛世与高彦颐研究过的晚明，即对"情"——激情、爱恋、思慕——的痴迷风靡了多少吟诗作赋的士人淑女的明之季世，清晰地区别开来。盛清时期，除诗人袁枚、剧作家李渔等少数持异见的声音外，对情的崇拜受到了压制。色情作品和才子佳人故事在市面上仍有出售，但插图本的春宫画越来越难找到了，[1]而且"淋漓尽致的写实"让位给了"更理性"的讲述方式。[2] 按马克梦（Keith McMahon）的说法，摒绝人欲的清代夫妇"把性换成了言语：诗章、书简、客气的交谈"[3]。

从两性关系史来探讨盛清时代的突出特点，还有一个途径是从人口统计学的角度，把18世纪的人们所面对的日益激烈的地位竞争和

---

[1] Gulik 1961：334—335.

[2] McMahon 1988：130—144，特别见131—133页。

[3] McMahon 1994：229.

旦暮升降沉浮的人事纳入考虑范围。为成功所作的奋斗尤其给男性和女性之间的关系施加了张力，创造出丈夫与妻子间、母亲与儿子间欲罢不能的绵绵对话。

最后，我们在下文将要看到，在中国历史的这段独具风貌的时期里，有教养的妇女作家已开始把她们自己看作是身处的大时代的象征，是朝廷教化人民的计划全面成功的活证据。[①] 她们的一个代表就是金翁瑛。

尽管盛清有着这样的特点，它在很多方面仍然承继和发展了高彦颐在她开创性工作[②]中指出的、在社会性别关系方面已有的变化趋势，而使"帝国晚期"在中国妇女史上成为一个独立的分期。高彦颐在分析晚明出现的妇女写作文化时着重强调了联系盛清时期与前此一个世纪的那些一脉相承之迹。她揭示了晚明如何开始了一个从根本上改变了晚期中华帝国两性之间社会关系的经济转型进程。这一进程几乎没有被清兵入关的事件干扰，而继续带动着肇始于明的愈益加深的都市化、愈益繁荣的印刷业、愈益可得的妇女读物、愈益多见的女性作品和愈常听到的关于夫妇志同道合、关于女性之间和男女之间以文会友的讨论。一言以蔽之，高彦颐的研究结果阐明了中国妇女在前现代的历史时期里经历的最最巨大的变化：女性作家作为受认可的、有强烈美学影响甚至是哲学影响的声音，已在文坛上崛起。

女性作家的声音在帝国晚期的力量之强，与它在宋代（960—1279 年）的微弱形成尖锐的对比，这是伊沛霞最近在她研究宋代妇

---

① "教化"一词借自 Stevan Harrell（郝瑞，1995）最近的一篇论文。郝瑞将这种教化仅仅理解为"儒化"，但读者们将会看到，我与柯娇燕（Pamela Crossley）同样深信，满洲统治者实施的教化计划立足于他们对于儒学的独特理解。

② Ko. 1994.

女与婚姻的一丝不苟的工作中注意到的一个问题。[1] 虽然研究晚期帝国史的学者们认为宋代在大多数的方面是中国"早期现代化"的源头,宋代世家大族内缺少杰出女作家的现象却促使我们关注隔开宋朝与晚明及清代的深刻的文化沟垒。换言之,就女性作家的崛起这一条标准来衡量,帝国晚期在中国的两性关系史上已足可划分成一个清楚一致的阶段。然而,仍有若干很重要的差异拉开了盛清社会与它所由之产生的晚明市民文化之间的距离,下面我们就来谈谈这个问题。

清朝国家政策对妇女和家庭的影响

1644 年清军入关之后,便立即开始颁布有关社会性别关系和妇女行为标准的各项条例。因其中一部分政策是对历朝制度的承袭和发展,所以很像是在标榜清朝统治者接受儒家治国理想的热切决心。伊懋可(Mark Elvin)就指出,为在百姓中推行儒家伦理,清廷把前朝建立已久的旌表贞妇烈女的制度推到了极端。[2] 清代最著名的妇女政策即是他们对"节妇"崇拜的热心支持。意味深长的是,由朝廷旌表节妇的制度发轫于 1304 年,即更早的一个非汉王朝——元朝,又由明代继续实施。[3] 迄至清末,"节妇热"以及堂而皇之的石牌坊已经变成了清朝统治的一种标志,尤以江南一带为甚。[4]

自明代开始积极推行的由朝廷出面提倡贞节的措施基于如下的

---

[1] Ebery 1993.

[2] Elvin 1984. Elvin 认为由国家旌表节烈妇女的做法应始于汉代。

[3] Elvin(1984:123 页)认为最早的记载为 1304 年。Holmgren(1986)则对这些有着收继婚习俗的征服者们何以对寡妇守节产生政治兴趣的一些原因作出了解释。

[4] 见 Elvin 1984。Mann 1987,以及 T'ien 1988。有关盛清时期各地成功厉行守节的统计学数据,可见 Mann 1985,1993。

奖励体系：地方长官有责任将堪为表率的妇女提名，并将她们的姓名连同简要的生平事迹一起提交知县，审查可否受朝廷旌表。盛清有资格受旌的妇女必须是在 30 岁前丧夫然后到 50 岁不改节操的。若她作为节妇的各种材料通过了礼部的审核，她的家族便可获得皇帝御笔亲题的一份表彰书，这张文书会被高悬在家宅的正厅之上。一些情况下，节妇的家族，有时也许是地方长官，可以领到一笔款项为她建立贞节牌坊。所有这样受到旌表的妇女姓名都铭刻在专门的牌位上供在龛中，与受到彰显的"名宦"与"耆旧"列在一起。①

24

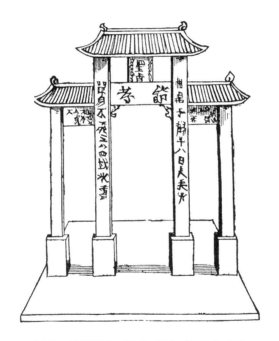

图 1　贞节牌坊。据 Doolittle 1867，1：111

18 世纪间，朝廷每年要审阅几千份来自全国的申请旌表的奏折，颁准为节妇的江南妇女达数千人。1644 至 1736 年间，有 6 870 位从

---

① 1644 年皇帝颁布一项诏令，要求每个县都要建造和维持这样的祠堂。

一而终的江南妇女受到朝廷表彰。① 1733 年,仅在苏州一地就有 120 名妇女受到旌表;1749 年江苏省有 200 人以上得到朝廷的旌表文书。② 清廷念念不忘地要将旌表制度推广到民人百姓中间,对士族官宦人家独擅这一待遇的现象十分恼火,为此他们特地设置了一些计划敦促县官们去街坊巷里搜寻品行堪彰的民人寡妇。③ 大户人家的妇女,朝廷说,因为丈夫和儿子的缘故,本来已有了受封成为命妇的机会。④

　　尽管清廷在民众中间提倡妇女守节的决心不容置疑,他们对前朝的先例却不盲从。实际上他们对于欲予鼓励的妇德颇有拣选。比方说,他们明确反对汉地一种夸大妇女忠贞的风俗:青年寡妇以自尽表明"从夫于地下"(殉死)之志。这种做法在明代被当作妇女守贞不二的崇高行为。⑤ 而以清人的批评眼光看,寡妇殉夫其实更经常地是因绝望而不是受贞节的驱使,这一点事实上也被不计其数的传记所证明。再婚的妇女按儒家教导是"失节"和可耻的。因此之故,倘若年轻寡妇的夫家决定将她再嫁,她便面临着三重的风险:她的子女可能失

25

---

① 见 Mann 1993:97 页,其中已将江南和浙江省的数字列表。

② Mann 1993:91 页;Row 1992:19 页。一个关于日期的说明:在我所用的史料中,中国的年代一般都是某个皇帝的年号,例如乾隆四年就意味着乾隆皇帝即位的第四年。由于中国的阴历与西方的阳历并不是准确对应的,中国的年号有时就跨越了西历的两个年头(例如乾隆四年就始于 1739 年 2 月 8 日,结束于 1740 年 1 月 28 日)。在这本书中,我所用的都是西历的纪年,所以便无法得知其间的皇帝年号。所以,既然乾隆四年事实上基本与西历的 1739 年相符,这里提到的乾隆四年就是 1739 年,而不是 1739 年与 1740 年之间,也不是 1740 年。

③ 雍正帝和乾隆帝于 1723 年、1724 年、1749 年和 1755 年曾不断发布上谕对此予以重申。相关条文见《钦定大清会典则例》(1748)卷七一,页 1a—b,7a,16—17。

④ 参见 Mann 1987:50 页。一个有成就的官员的妻子、母亲和祖母有望获得一种荣誉头衔,通常在死后赐封,即根据她相关的男性亲属的品级被封赠以不同级别的命妇。有关头衔,参见 Mayers[1897]1966:69—70 页。

⑤ 有关孀妇殉死的代表性著作是 T'ien(田汝康)1988。田汝康提到三个地区,在明代,那里的孀妇殉死是经常的事而且公然受到褒美。特别见该书 70—89 页。

去父家的庇护；她本人面临显然所适非偶的前景，因为娶得起初婚新娘的家庭不会迎娶一名嫁过人的妇女；最后还要加上个人的耻辱感与道德的失落。其他很多促使寡妇自杀的动机也不难猜到：孤独寂寞、艰难困苦、不愿独力承担照顾亡夫年迈父母的重担、族人的欺凌，甚至是因为相信身后化为冤鬼便可以报复世上那些造成她痛苦的人。[①]

清朝初期，满族人对将妇女殉死的过激行为视为贞节象征的做法颇不赞同。事实上，在明清易代之际，汉族妇女的自戕曾被看作是自我牺牲的英雄行为和忠于故主的惊人表现，是激励男性抵抗清军的力量。[②] 与此同时，清廷在初得天下的几十年里对满族自己的从死旧俗显然也是聚讼不已；诸王贝勒的正、侧福晋在夫亡以后从死的做法到1660 年代之后才不复受到颂扬。[③]

但到了盛清，时代不同了。妇女自戕已与复明思想无关，清朝统治者们虽然一如既往地表彰为反抗强暴而死的烈女，但他们却声明坚决反对寡妇的殉节。清朝皇帝的结论是，寡妇自寻短见，实际上就等于她不肯为夫家克尽妇职。无论是被逼还是"自愿"，寡妇殉夫威胁到了清廷极力培植的家庭体系。雍正帝 1728 年在一道雄辩的上谕中谈道，寡妇殉节是逃避圣人教导的家庭责任的一种卑怯行为。他郑重强调，真正有节操的寡妇，应该继续活下去为她的婆家

---

① T'ien 1988：124—125 页，Margery Wolf(1975：113—114 页)都提到了在 20 世纪存在的类似信念。

② 最著名的一个例子，是顾炎武的养母，她在 1645 年为抗议满洲统治者对她家乡的入侵，绝食十五天身亡。Willard Petelson(裴德生，1968：144—145 页)注意到了这件事对于作为孝子和忠臣的顾炎武的深刻影响，他拒绝两朝出仕。有关禁止殉死的诏令，参见 Elvin 1984：127—128 页。有关政府对殉死的成功约束，参见 Mann 1993。关于晚明时期妇女的贞操和忠诚，参见孙康宜(Kang-I Sun Chang 1991)；关于满洲统治者对贞节问题的念念不忘，参见 Crossly 1989：88—91 页，并见 Wakeman 1985，2：1，115—124 页。

③ T'ien 1988：127 页。

恪守妇职。①

　　盛清的旌表制度是与清廷增进中国家庭物质福利和社会地位稳定的诸项措施互为表里的。除提供前工业世界里最有效率、最有影响的赈灾手段②之外,盛清时代的朝廷还奖励那些捐资兴建各类机构以维护和保障家庭关系的地方耆宿。1724 年颁行的一道上谕下令在全国的每个大城市中修建育婴堂普济堂,③1774 年,第一所收容贫苦无告寡妇的收容所在苏州建立,整个长江下游地区转瞬间便纷起效仿。④

26　　盛清促进和保护儒家家庭价值观的国策是依靠法律框架来实施的,这个法律框架的目的即旨在巩固家庭关系。《大清律》根本上说是一部刑律而非一般的民法,然而它的条款中既规定了亲属关系,也规定了两性行为。最广为人知的一个例子就是伍慧英(Vivien Ng)研究过的 1646 年的法律,该法设定新的标准严格了强奸的定义,要求受害一方具有抵抗的身体证据。⑤ 清朝的刑律并且保障正妻的地位,给父母以处置他们女儿生死的绝对权力。如果女儿的行为被认为有辱门楣,父母杀之可以不论。两名勒死自己女儿的人和另一名用斧子劈死女儿的人便根据这一条文没有受到任何惩治。⑥ 该法律也保护家庭单位,禁止典当、出卖、劫持、诱拐民户的妻妾或未嫁之女。⑦

---

① Elvin 1984:128 页所引的 1728 年一道皇帝诏令。并参见 Mann 1985,1993;T'ien 1988:127—128 页。

② 参见 Will 1990;Perdue 1992;以及 Will et al. 1991。18 世纪的清朝政策致力于确保粮食贮藏,以使粮价避免因季节影响而波动,避免城市和乡村受到粮食短缺的威胁。

③ 梁其姿(Leung 1993b:154):梁评论说这道上谕的效果如何一直不清楚,事实上大多数育婴堂似乎还是私人办的。

④ 参见 Leung 1993a。

⑤ Ng 1987.

⑥ Ch'ü 1961:25 页。

⑦ Sommer(苏成捷,1994)对清朝法律如何影响社会性别关系进行了详细的审视。

汉族地方官与满洲的国策

　　清朝绝大部分旨在保护家庭的国家政策都赢得了汉族士大夫的积极拥护，但也有一些引起了争议。在节妇热遍地开花的同时，清廷发起了对色情和颓废的严厉打击，包括多次下令禁止女艺人在宫内表演色情的戏曲，这一禁令最终扩大到了各地的官署。对满文文献的深入研究或许能够解释起初遭汉族地方官吏拒绝服从的这些禁令究竟有着何种政治和文化的起因。也许满人是面对着明朝君主遗留给他们的宫廷生活文化，尤其是宫中数以百计，甚至可能数以千计的女伶感到震惊和反感；也许他们把这些女伶看作是对他们严格的军事化守则的污辱、对他们力求维持的尚武文化传统的威胁；也许后宫的歌女和舞姬们只是那个比所有威胁更大的威胁——是中国文化"阴柔化"效力的一个缩影。无论如何，迄至 19 世纪中叶，女歌舞艺人已经从每个县城的迎春赛会行列消失，世代供奉宫廷的艺人种姓（乐户）也已从北京被逐，流散到北方各地的乡间，许多人就这样作为贱民在风尘中生活下去，直至 20 世纪到来后的很长时期。本书第五章将考察上述政策及其对青楼业和娱乐市场的潜在效应。

　　清廷批评女性举止的政策唯有一项产生了反作用，这就是让汉族家庭放弃缠足习惯的徒劳尝试。尽管缠足经常被描写成（用李豪伟，Howard Levy，的话来说）"挑逗欲望的怪异习俗"，[1]当时的中国妇女大概却把它看成是地位、贞洁和良好教养的身体标志。结果，清初诸帝对摧折和紧绑幼女双足等做法的激烈抨击索性无人理睬，这与汉族家庭对朝廷旌表节妇做法的热烈响应恰恰形成对照。颇具讽刺意味

27

---

[1] H. Levy 1966a.

图2　泥牛迎春　据 Nakagawa[1799]1983：62—63

的是,被严格禁止缠足的满洲妇女开始养成脚踏特制鞋子的习惯,把她们的天足隐藏在小小的高底(花盆底)上面,高底露出裙摆的时候,便给人以"三寸金莲"的假象。[1] 学者们至今还未能解释为什么满人能够强制汉族男性剃发,却不能禁止女性缠足。在汉族官吏中遇到的阻力无疑是因为他们的妻子拒不服从;况且,缠足的妇女一般都足不出户,妇女缠足又都是在家里私下进行的,所以这条禁令也不可能得到贯彻。另一种解释是缠足的含义在清代已逐渐从挑动欲念转变成社会体面的象征。晚明妇女诗词总是委婉讽示缠过的纤足对上流社会男女的强烈吸引力,甚至是挑逗力。[2] 但在清代,或许是由于为"情"颠倒的风气已经销蚀而且为人伦道德所取代,大户人家妻妾的缠

[1] H. Levy(李豪伟)1966a：67—68 页。Levy 的书里还有满族妇女足登花盆底鞋的照片,下附几段着实有趣的注脚,引用了种种僻典显示满人一向以来是如何抨击这一习俗的。

[2] Ko 1994：150,169—171,263—264 页。据 Ko 的说法,对缠足的情欲满足感主要体现于妓女与小妾身上。

足多半已经消失了动欲的意义。这种意义上的转变，或许有助于解释汉族儒人士子中对缠足风俗的批评为什么正是在盛清这个时代开始。①

清朝有关妇女的国家政策是由汉官们执行的，如果置缠足不论，他们似乎充分支持清廷推行的价值观念。② 因频繁撰文讲论国策而闻名的几个地方大员尹会一（1691—1748 年）、汪辉祖（1731—1807 年）、陈宏谋（1696—1771 年）、蓝鼎元（1680—1733 年）和黄六鸿（1633—1693 年）都各自写过明确指导妇女行为和妇女品德的文章。尹会一在他 1748 年完稿的《四鉴录》里对四类人的品行作了指导：君、臣、士，以及——无分贵贱——女。列在第四的"女鉴"以汉代刘向的典籍《列女传》作为范本。他辑录了根据事迹分成懿范、贞德、贤明、节烈的妇女行传，注上他自己的训诫。他在女鉴的序中谈道，在为"宗"③作的规诫书里面应包括妇女这一部分，因为"乘时度势，建功立名，动关家国之大纲目"。④ 从这些话可见，尹会一收集的这些故事是提供给那些如有贤内助便可以成功执掌政柄之人的。故事里讲到执政者的妻子或后妃如何帮助他们免于声名的玷辱、在他们途穷力尽时给他们忠告、在危急关头为他们点拨、在他们判断失误时帮他们恢复明智。

在盛清学者中间素以精于律法著称的汪辉祖撰述了一本另一种类型的箴言书：效法前人而作的朴实无华的一集家训，其中满是种种的法则和建议，教人怎样管理一个成功的大家族，又怎样保证子孙繁

---

① 有关盛清的例子，可见 H. Levy 1966a：68—70 页；Ropp 1981：146，149—150 页。
② Kai-wing Chow（周启荣，1994：特别是 79—97 页）解释了汉族官僚为什么会特别同情满洲统治者强化宗族职能的政策，因为他们关心江山易主之际的宗族仪礼和亲属长幼关系。
③ 其懿范之宗。——译者注
④ Yin 1748：序，1 页。

衍。① 这本书的书名是纪念抚养了他的两位妇女，②正文分为几个部分，分别论述家庭中男女之间的关系。其中一章名为"治家"，讲述的内容完全是妇女，因为他说"齐家须从妇人起"③。尹会一和汪辉祖的这两卷训诫合在一起重申了同一个意思，即贤德的妇女对治国齐家起关键的作用。

　　封疆大吏陈宏谋著有五种《遗规》——从以往典籍中摘录下来的规诫和教训。其中《教女遗规》用整整一集篇幅来教导妇女。这本书29销路很广，清朝末年一直以范本形式多次重印供士大夫家庭购为己用。④ 陈宏谋这本大全式的箴言书里包含各种实用的建议，如怎样御下、怎样制怒等，并附有美化了的古代模范妇女的传记。⑤ 曾任知县的蓝鼎元写了一本书，名为《女学》，是仿照汉代女学者班昭的经典著作《女诫》而作的。这本书的自序反映出当时文人论及妇女的书中常见的感慨，说道："天下之治在风俗，风俗之正在齐家，齐家之道当自妇人始。"⑥盛清时使用颇广的、由黄六鸿为县官们撰写的名重一时的箴言书《福惠全书》又体现了另外一种风格，它表现出县官们非常关心妇女的问题，也许主要是因为规范和嘉奖妇女的行为是他们这些人的职责。⑦

　　这些箴言书为妇女制订了被盛清的朝廷和官吏们予以理想化了

---

① 参见 Mann 1991：216—219 页，该文中讨论了这篇文章。
② 这部讲家规的书名为《双节堂庸训》，书中褒扬了他父亲的续弦妻子和一个妾，二人都是坚贞的寡妇。
③ 参见 Mann 1991：217 页。
④ 该书撰于 1742 年，陈宏谋时任江西巡抚。此后它至少被两次重刊。我用的是 1868 年和 1895 年的两个版本。
⑤ Rowe 1992：10—18 页。亦可见 Mann(1991：219—20 页)所举的例子和讨论。
⑥ 蓝鼎元的著作在《清代名人传》441 页有记述，Mann 1994：21—22 页有讨论，引文见 21 页。对该序的完整译文可见 S. W. Williams(卫三畏)1900,1：574—576 页。
⑦ 对黄六鸿这本手册，本书第七章还将详述。对于妇女守节问题的议论，见黄六鸿[1694]1984：44,61,499,521 页。

的妇德标准：妇女的言行要绝对贞节、要用自己的双手勤劳工作（在农家勤事生产、在士大夫家负起管理下人之责），成为抚养子女和照顾老人的支柱——当然，必要的时候她们还得更进一步，挺身而出挽救或劝导没有主心骨的男人。箴言书的作者们，当谈到他们认为是旁门左道或是妨害儒家纲常的妇女行为时，一个个也都直抒己见。陈宏谋、蓝鼎元、黄六鸿都曾发起过查禁妇女们烧香拜佛的运动（见第七章"虔信"）。

地方官同样也在其他方面向农户推行清廷的家庭价值观。他们制订措施通过在农村推行教育、宣传和农业扩展经营以鼓励妇女的家庭手工劳动。正如清代的仓廪制度一样，这些措施目的在于保证农家不失去自己的土地（"恒产"），以此来拉平食粮和收入的季节性短缺。其成功的诀窍便是把妇女儿童劳动力的全年度价值扩充到最大限度，通过教妇女在家纺纱织布，吸收农闲季节的剩余劳动力（见第六章"工作"）。

复古与一场关于妇女的论战

清朝官方对寡妇守节的倡导和清廷的其他妇女政策使朝野上下都对妇女所应扮演的角色增强了认识。在学者圈中，对妇女角色的关注还循着另外一条途径发展，即 18 世纪的复古思潮，其时读书人对经书的早期文本进行深入细致的研究，追寻这些典籍的最初意义。这个向文献学的"考据"迈进的过程可能受若干因素的影响：对日见其失败的晚明哲学感到灰心、惧怕清廷的文网、越来越醉心于典章仪礼的最醇正的形式、再有就是异族统治时期国粹主义者在汉文化基本原则面前感受到的吸引力。① 无论汉族士人的动机如何，清廷在这一点上

---

① 特别见 Chow 1994。

是支持他们的。清廷主持了一系列规模宏大的学术项目,至编修《四库全书》时达到顶点。《四库全书》分为经、史、子、集四个大类,事实上收录了当时存世的所有著作。① 各省也开展类似的项目,帮助把赋闲家居的学者进荐到为地方官吏和富有的赞助人作编修、校勘、注解的工作中去。考订之事既竣,巨册煌煌,数千种古代文章,尤其是据认为纯正的没有受到后来佛教影响的汉代文章,有了标准的注疏本。② 以这个缘故得名为"汉学",又因在文字训诂上的缜密而得名为"考据学"的这一大规模的学术运动重新唤起了学者们对国学领域尘封已久的古典的兴趣。一时间,众人对三坟五典诸子百家重又趋之若鹜。

在研究经典的过程中,学者重新发现了古代那些杰出的知识女性。盛清最有才华的哲学家章学诚,一方面对这些发现印象殊深,另一方面震惊于他所知的古典时代与当时现状之间的悬殊距离,完全以他本人研究经史古文所得的材料撰写了一篇文章,讲述"妇学"在中国文化中的历史。章学诚在这篇独特的论文里列出详尽的证据来说明据他认为是失传了的妇人学而知礼的宝贵传统(见第四章"写作")。③

研究古籍甚至使得一些盛清学者开始批评节妇崇拜。学者们注意到,汉代并无朝廷旌表节妇的先例。(正如我们所知,最早的事例是从元朝这一外族统治的时期开始的。)在一些考据学家看,诸如忠诚的寡妇愤激自尽一类事情,或有更甚者,为死去的未婚夫守贞的青年女子那种自我节制,都歪曲了书中记载的古礼的真实含义。④

古已有之的才女形象对 18 世纪文人所持的价值观和假定还提出了

31

---

① Guy 1987.
② Elman 1984,1990.
③ 我翻译了这篇文章的全文,见 Chang 和 Saussy(即将发表,1997)。
④ 见第四章"写作"汪中对于寡妇守贞的批评;也见 Ropp 1981:128,141 及其他各处。
　　Mann 1991:211—212。有关俞正燮出于对文献的兴趣而展开的批评寡妇守贞的讨论。

另外的挑战。盛清士人家庭甚为看重的一些理想,如教育女儿的重要性和对母亲权威的推崇,明显是得到经书支持的。但是古代有才的女诗人却往往出身名妓而非大家闺秀。同样道理,名列五经之首的《诗经》虽然开宗明义就是赞颂后妃的淑德,但同一本书中的其他一些篇什在清人听来却几乎与诲淫无异,那些辩护式的注解,尽管极力阐发它们的微言大义,也无法再令人信服。当时的人们开始质询,也开始论述教育妇女的意义所在:既然有身份的妇女们受过教育并且通晓文墨,那么怎么样才是她们心声的适当表述? 哪些人才是她们的听者?

考虑到女性的勤学本身便体现着对于盛清时期学术政策的责难,重新发现古籍中的才女便带来了又一个问题。对于如章学诚这样的读者,以及对于在汉学勃兴的过程中对往日那些才学过人的妇女愈来愈觉熟识的女读者们来说,生活在古圣先贤时代的博学妇女代表着一种清高纯粹的学问,一种未曾被汲汲于功名和官秩——中国官僚国家体制在扩张的同时笼络吸取男性知识分子创造力的两种手段——的竞争所玷污的知识。于是盛清时期的男性学者会援引古代女学问家的形象来批判他们自己社会中的腐败和争名逐利。托身于至高至洁的学问里——至少看来如此——的女作家们,此时正在日益意识到自己品德的影响力,于是便因这种批判而立足愈稳。通过这种方式,复古思潮触发了一场关于妇女的论战(*querelle des femmes*),流风所被,盛清时期江南士大夫生活圈子的方方面面都受到了影响。①

商品化、竞争、流动

1644 年明亡以后很快继起的蓬勃的经济复苏以及 1683 年清廷平

① 参见 Mann(1992a)对这些争论的分析。并参见本书第四章“写作”。

定明朝遗民残余的抵抗,保障了盛清的学术复兴运动。尽管中间时有起伏,中国的经济在何炳棣命名为"*pax sinica*(中华太平盛世)"的一个世纪里仍然持续稳步地增长。正如何炳棣在论述盛清时代的权威著作里所揭示的,经济复苏激起了浩浩荡荡的转型过程,如:地区间的迁居和海外移民,粮食作物种植的革命及与其同步的农业生产的扩大化、集约化、专业化和商品化,在大城市的商业中心繁荣起来的由行会和钱庄维持的贸易网络,新的原型工业的兴起和家庭手工制品尤其是棉纺织品的兴起,从清朝赋税政策中得益的地主阶级一天天兼并土地的现象,还有就是物价缓慢而稳定的上涨。

长江下游,在明代已是全国商业化和城市化程度最高的一个地区,在清人的征服过程中受损失最少,也最先恢复到"太平盛世"的状况。① 韩书瑞(Susan Naquin)和罗友枝(Evelyn Rawski)在一部18世纪区域史研究的著作中指出,盛清的江南地区从以下几点中特别得益:手工业飞速发展、消费风气盛行、朝廷大举进行投资。② 长江下游经济的所有这些特点对社会性别关系都有着重要的潜在影响。

棉花种植业和蚕桑业的迅速复兴加速了纺织工业的发展,也缩减了种植水稻的土地面积。这一经济变化促使地方官们开始注意妇女纺织劳动在小农经济和国库收入中的重要地位。翰林学士们奉命起草上谕指导臣民经管田庄的方法时,举出江南地区作为皇朝心目中最理想的男耕女织的典范。(参见第六章"工作")。江南炽盛的消费经济致使主妇治家理财之道被当成家庭内部递相传授的法宝。事实上,女人们自己在扬州、苏州、南京的风月场间也已成了待售的精致消费

① 施坚雅曾经说明:"清朝的太平在苏州只不过是经济循环上升期的一点扰动,在长江下游地区,这种上升趋势早在一个世纪以前就已开始。然而在东南沿海,由于明末禁止沿海和海外贸易触发了经济循环的下降期,这段太平盛世就成了重要的插曲。"(1985:281页)
② Naquin与Rawski(1987:147—158页)对这些变化作了概述。

品,既受不惜重金与她们结交的顾客垂涎,亦被拿她们当"摇钱树"利用的家庭看重。消费主义抬头的另一个影响是一般人在婚礼上大肆铺张,嫁女的家庭需要花费巨资添置塞满了各种各样物品的箱笼衣柜,这些箱柜要抬着经过沿途的街坊送到女儿的新家去。如同陈宏谋在一篇痛斥奁资的文章中——显然他心里所想的是江南社会——所说:"贫家也要大笔借贷以显得富有,仅仅为了在人前炫耀一通。"①他还敏锐地注意到,有女儿的人家在这种趋势里必占下风,因为养男孩的家庭可以一边推迟婚礼一边攒钱,而女儿必须要早嫁。②

换句话来说,妇女在盛清时期的经济回升过程中居于家庭生产和消费模式的中心,快速发展的经济又导致了对妇女在生产和消费中作用的直接注意。妇女也是清廷对地区经济进行的投资的间接受益者。康熙皇帝和乾隆皇帝都举行过大规模的南巡,修缮他们途中经过的水道时不惜工本,由此获得的防洪工程和灌溉工程进一步提高了农户的生产率。主要因皇太后的缘故,也主要为了要表示孝心,南巡的两位皇帝对江南一带关系妇女切身利益的机构尤为关注。康熙帝的母亲和乾隆帝的母亲都曾下令在江南重修和扩建在盛清妇女精神生活担任中心角色的寺观庙宇。这一举措对于妇女的影响既是精神的也是实用的(见第七章"虔信")。当成群的妇女络绎不绝地拥向寺庙寻求精神安慰时,乡下女人也靠给香客制作纸钱赚取了些许收入。

盛清时期政治、经济和文化的转变把妇女问题推到了最前沿,特别是在长江下游地区。然而,不那么明显的问题是,另外的一些关键变化可能会以什么方式影响社会性别关系。本章的余下部分里我们

① 原文为:"又有产仅中人效罄富室,惟知六礼必周,不计家资厚薄,或称贷以备钗环,或废产以供花烛。"——译者注
② 见陈宏谋对此的抱怨。

考察三个这样的变化领域：人口增长、人口迁移、人口流动。

人口统计学的变化

　　盛清时期给人印象最深刻的特点即是它的人口爆炸。据官方最可靠的数据，人口总数从清初的大约一亿五千万增加到 19 世纪中叶的三亿八千万左右。[①] 这些非同小可的变化如何影响了妇女及如何影响到社会性别关系，我们只能出之以推测。改善了的经济条件可能意味着更多的女婴免遭溺死的命运，更多的妇女得以进入婚姻市场，更多的男性得以娶妻成家。[②] 换言之，女性预期寿命的提高可能导致普通百姓的总结婚率提高。对应于经济繁荣而产生的这种历史人口变化迄无法用硬数据进行验证。[③] 但新的、由微观人口学家利用从家谱得来的离散的个案资料及计量历史学家利用新的档案资料所作的研究暗示，盛清时期的人口增长因妇女生存机会的增加而实现，反过来又促进了妇女生存机会的增加。

[①] Skinner 1987：75 页。

[②] 李中清（James Lee）与他的合作者曾发表了一些证据，据他们的推断，生育率和死亡率与经济环境的提高有着"高相关性"。他们的数据表明，当粮价提高的时候，人们就较少生育孩子，特别是女婴（见 Lee，Cameron，and Tan 1992：167 页）。此外他们还证明，既然选择性别地溺婴是控制生育率的主要措施，所以这一决定往往是在孩子出生时，而不是在怀孕时做出的。他们举证说，家庭规模越小，越简单，越容易受经济压力的影响。而较大规模的、更复杂和富裕的家庭，即使年成不好，也不太情愿去溺杀女婴，除非他们一直无法养育儿子（169 页）。最后他们说，正由于这样，女孩变得珍贵起来，只要她们被养大，就不大可能被卖掉或者送人，因为既然这个家庭能够让她活下来，就说明他们有能力养活她（175 页）。

[③] 日本的数据显示了，在历史条件可比而家庭制度又明显不同的语境之下，这样的变化是如何发生的。Thomas C. Smith's 的研究令人信服地以量化的证据揭示出，在德川时期的日本，虽然溺婴是普遍实行的控制生育规模和生育时间的行为，但在前工业的德川时代，长时期的和平与繁荣、第二和第三产业经济的扩张都导致了人口中溺婴行为的显著下降。见 Smith：1977，特别是 147—156 页。

首先一条，人口的急剧增长是死亡率降低的结果。刘翠溶在研究江南以外某地区宗族资料的基础上强调指出了盛清时代富有的宗族在为整个社区提供社会服务和公共财物方面所起的综合作用。带着研究妇女福利问题的特定目的，刘翠溶注意到，随着生活条件的改善，在传宗接代的"家训"中列入了一些防止或减少溺女婴行为的办法。[1] 刘翠溶把这一趋势的终点定在 18 世纪晚期，当时终身未婚的人口比例及死亡率都开始上升，而出生率开始下降。[2]

34

Ted Telford 的研究也表明结婚率在盛清时期有轻微的上扬。在另一项研究里，Telford 还表明，处于婚姻市场底层的较贫穷的男性在盛清时期结婚略为容易。[3] 清兵入关后社会下层男性与社会上层男性的初婚年龄之差减少了两年之多（从五年降到三年）。[4] Telford 相信，导致供应婚姻市场的女性人口增加的经济条件在 18 世纪中始终在继续改善。与此对照，他将寡妇再婚率的上升作为 18 世纪以后条件恶化的衡量标志。[5] 即便如此，Telford 还发现，不论 18 世纪的婚姻市场向着有利于男性的一方发生何等的改善，女性人

---

[1] 在有关溺婴的一些报告中，将其归咎于嫁妆费用的高昂。一些当地文人甚至拿出自己的俸禄来扶助喂养女婴的家庭，否则这些女婴就可能被溺死。有关江南的例子，可见江苏省句容县曹志新的传记，乾隆《续纂句容县志》(1904)，1974 年版，卷十，页 13a—b，816。

[2] 刘翠溶（Liu Ts'ui-jung）1992b。

[3] Telford 1992a，1992b。

[4] 参见 Telford 1992b：926 页，表 4，从中可见 18 世纪的前四分之一妇女的初婚年龄最高，此后便逐渐下降，在 1820 年以后下降得更为急剧。至于男子，情况又略有不同，初婚年龄最高的时期是 18 世纪的第二个四分之一，然后平稳下降，1839 年以后才急剧降低。

[5] 寡妇从地位较高的初次婚姻降到相同门第中地位较低的婚姻，即作为再婚的妻子或妾，或者再嫁到较低阶层的家庭为妻（Telford 1992b：932 页）。Telford 以从未结过婚的男子比例增高的数字，作为 19 世纪人口状况恶化的进一步的证据。他在文中证实"有可能被迎娶的女性死亡率上升"（937 页）导致了男子的婚姻配偶短缺，这种短缺即使对寡妇"再利用"也无法缓解。于是，这种在紧缺的婚姻市场上还有幸能够娶到妻子的男人，便不得不更早地建立家庭。

口的供应仍是如此紧张,以至于总人口被禁锢在一种"婚姻资源紧缺"中,致使在帝国晚期的全过程里"绝大部分的女性一到人类女性的生理结构勉强可以容许的年龄便开始结婚生育子女",结果是"除了极个别的尼姑、使女、娼妓或'抗婚者',一般成年女性极其不可能到老不嫁"。①

至于长江下游士族缙绅家庭夫妇的生育率提高的现象,则是郝瑞(Stevan Harrell)在研究四个江南宗族的统计数字时揭示的。郝瑞的数字显示,当江南宗族随着18世纪的流逝而不断积聚财富之时,他们中间较富有的成员生育的子女越来越多。② 不仅如此,上层家庭生育率的提高还伴随着较贫穷家庭生活条件的改善,特别是社会保障的加强。郝瑞强调,换句话来说,人口学的利益不仅仅限于由富裕家庭享受。尽管较富有的房支倾向于与人丁不那么兴旺的穷房分家,宗族的纽带仍然有助于使同宗的穷困成员度过一些困难时刻。

散见于本书各处的一些取自江南的定性材料也支持这些零零散散的人口学证据,即在盛清时期,至少到18世纪末为止,死亡率是下降的,且妇女的生存机会有所增加。在妇女身上的"社会的投资"可从以下几个方面来量度:文献记录中更常见到女性作家(家庭投资增多)、政府官员们越来越关注妇女劳动力(政府投资增多)、恤嫠抚孤的机构得到发展(社区投资增多)、女艺人的交易市场形成(商业投资增多)。对妇女的态度则反映出这些变化产生的影响。有才学的女孩成为大户人家的无形资产,在家中因聪明伶俐而备受宠爱,在外人中间

① 见 Telford 1992a:32 页,他在文中指出,在西方的前工业时期,欧洲"已婚妇女在年龄和人口比例上的波动是对人口增长的重要制约",在中国不存在这样的生育控制,事实上,在中国制度中的调节方式中,唯一可以制约人口增长的就是已婚男子的人数和比例的改变,而这种改变最多只是边缘性的。
② Harrell 1985.

则被当成家学渊源的明证来夸耀。一个刚满 12 岁的瘦弱小姑娘，虽然下地干活的价值是微不足道的，却可以担任纺线织布的工作，或者——假如她相貌好——靠跳舞唱歌赚钱。父母还能做到两不损失：女儿年幼的时候把她送去作婢女，然后到她成年时再赎回来嫁人，收取一份适当的彩礼。她可以带着前主人的赏赐、自己的四季衣裳，还有她在上流社会人家学会的手艺和经验嫁到婆家去。总之，即使没有大批的定量数据作参考，我们也能构造出一个可行的、将扩大的经济机会与人口学变化相联系的模型，其中在盛清的长江下游地区经历的转变过程中，妇女居于中心的地位。

人口迁移和人口流动

盛清的人口爆炸伴随着史无前例的人口迁移。随着轮作制度开辟了新的可耕地，人们从此乡移往彼乡；经济机会变化无常，角逐功名利禄的竞争日剧，人们因此也就在社会阶梯上节节上升或是节节下降。迄今为止，研究人口流动的工作仍集中在男性的方面，但是正史之外的证据也透露出人口流动对盛清江南地区的社会性别关系的一些影响。[①]

远走他乡的生活使得男性对女性的角色和品行持双重的看法。家乡的女人须守贞节、可议嫁娶、能传宗接代，需要小心卫护。但是在旅途或者在客中，女人却成了性交易的一部分、服务过程的一环。因此在有身份的民户中，父母把女儿留在家里，打发儿子们出外工作；丈

---

① 有关人口迁徙流动的最重要研究是 Kuhn 1990。他在著作中着重强调了士绅阶层对那个时代无家族可以依靠的漂泊之人的深切担忧（见 42—43 页）。

夫们和儿子们旅居在外的时候也把他们的妻子母亲留在家里等待。[1]

男性远游有许多形式。儒生和官吏游历风景名胜或者负笈书院、出行赶考,或按例行的轮换制度被派赴全国各地任职。商人、工匠和一般体力劳动者离开家乡去经营买卖或寻找工作机会。旅居在外的人首先设法投奔亲友,办不到的话,就去会馆住宿,他的各种需要在会馆比较有可能得到满足。会馆能提供铺位、伙食、医疗甚至是丧葬服务。它们还会出钱操办丧仪祭礼。虽然我们对在会馆任职的服务人员所知甚少,但几乎可以肯定他们——厨子、苦力、郎中、仆役——都是些背井离乡来此作契约劳工或合同雇员的人。这就是说,在作为江南盛清时代又一个标识物的同乡会馆里,寓居着来自社会各个阶层的旅客。[2]

男性人口迁移形成的这些庞大网络对社会性别关系产生了自相冲突的影响。一方面,它们刺激了为男顾客提供的性服务与娱乐服务,使这些行业在长江下游的日益增大的城镇里迅速地繁荣起来。男人们既已把妻子女儿稳妥地留在家里,自己便在旅途中花钱购买女性做伴。有钱人去挑选花船上寻常人不敢问津的名姝,穷人则光顾廉价妓院藏垢纳污的角落。[3] 与此同时,家中男性的远游又使妇女守贞和闭门不出的品性愈加受到珍视,因为留下的妇女有义务承担家庭的责任并照管家庭经济。母亲、妻子和儿媳们"掌管一切"。她们的责任是把田地出产和手工劳作得来的所有银钱实物收入合并在一起,再补贴上(假如有的话)家中男丁从城市寄来的汇款,用以保证子女得到抚

---

① Ko 1994(以及我自己的一些证据)都表明了精英阶层的女性的确有为家事和娱乐的双重目的而出门旅行的行为。但是也正如本书第六章强调的那样,即使是在乡村的家庭中,除在自己家的田地耕种之外,人们也不认为一个女人出门在外工作是件荣耀的事。很多史料都告诉我们,当妇女出门在外时总会有人陪伴而且通常需要避开公众的视线。

② 有关清代行会和宦游的论述,见 Skinner 1977:538—546 页以及其中引用的文献。

③ 参见 Wang[1933],1988;Yan 1992。

养,家业得到管理,老人得到照顾,婚丧祭典一一举办如仪。这也就无怪妇女传统的品德"静"如此受盛清的士大夫重视。"静"之德,犹如节妇牌坊一样,是代表妇女躬事夫家并且不会受到游子勾引的许多象征和表记之中的一端。

羁客行旅的形象屡屡在大家闺秀的诗文中出现,使我们能够瞥见女子如何想象着自己处在构成家庭的静止一点上。诗人汪纫怀念在远方做官的父亲时写了下面这首诗:

> 厌闻尘事扰,凝眺倚高楼。
> 云拥千山暗,风传万树秋。
> 雁行斜复整,[1]笳韵咽还流。
> 滴泪思严父,寒边独宦游。[2]

如第四章所述,题为"寄外"的一些诗篇常在寂寞感与他种感情之间委决不下。这些诗篇承接古代思妇诗的余响,一边责备出门的丈夫放荡无行、不念家小,一边又力陈妻子的自主性和她美德的感召力。对别离的这些既强烈又犹疑不决的情感在妇女过七夕时得到最充分的想象和表达。七夕节在农历七月初七,是纪念织女的节日,这位仙女注定要终生劳碌,终生与丈夫分离,只在每年的七夕节那天与她心爱的牛郎团聚一次。仿佛是为了应和思妇七夕的苦吟,正与离家在外的游子们相周旋的艺妓和歌女用自己的飘零身世谱成了伴奏,回环往复地恒久诉说着世事无常、好景难驻、红颜薄命、风雨摧残的旋律。后续几章将渐次告诉我们,盛清女性文学想象的世界就是在这一声声一

37

---

[1] 言其外出的诸兄弟俱已归家。
[2]《国朝闺秀正始集》卷十四,页 14a。

句句里被人口迁移的洪流逐渐塑造成形,围绕着因之咏出的诗词,盛清妇女构筑起她们的精神天地与情感天地。反过来,那些作为她们伴侣的男性,也就在这一道洪流的影响下形成了情感的和物质的生活。

假如说人口迁移是塑造妇女生活的可见的、持久的影响力量的话,人口流动则给士大夫家庭的男女两性一并罩上了忧心忡忡的阴影。理解这种忧虑,其实就是理解为人父母者在眼看子女投向炎凉莫测的婚姻市场和胜负难期的科举竞争时所承受的风险。至于这些风险现实到何等地步,当我们观察盛清统治者们如何有计划地逐步拆散中国社会最后残存的阶级壁垒,将文官体系和婚姻市场暴露在更上一层楼的竞争中的时候,它们便显得愈发触手可及。本章的余下部分我们考察清廷那些重新规定社会等级的政策,并考虑小说中的一个例子,借以说明等级制度对女性的心理影响。

对士大夫家庭而言,经科举考试晋身的情况在 18 世纪是减少的,①而且近年来研究的侧重点在于贫困化的人口向社会底层的下滑,将之视为对立于盛清物阜民丰一面的、很说明问题的反面。② 不过,人口最贫困部分的流动性在盛清可能确是增高的,这有赖于政府的两项政策。第一项是尽力从大清律中略去"雇工人"这一身份等级,第二项是将世代属于在籍贱民的家庭开豁为良的措施。

盛清的文献记载表明富有的家庭雇有大批使唤人口,其中数量至今不详的部分长年在依附性的关系下工作,实质上等同于奴隶。③ 皇宫是雇用奴隶和仆役的最大雇主,不过各处的仕宦之家也是僮仆成

---

① Ho 1962.

② Kuhn 1990.

③ 18 世纪早期日本文人太宰春台(Dazai Shundai,1680—1747)曾感叹过临时仆人(出替)的薄情无义,认为在中国一个人可以指望上长期的、几乎等同于奴隶的仆人,他们还保留着对主人的忠诚(Leupp 1992:23—24 页)。太宰春台的观察当然可以是不正确的,但它为18 世纪江南一带坚持役使长期奴仆提供了一些法律上和传闻上的证据。

"林"。州县衙门里有百十来个供奔走使唤的人是很平常的事,[①]一般富商家里雇用的大约亦在此数。即使是小康之家(手艺人、小生意人、小地主)也会拥有一小批仆人,数目从一、二个到好几个不等。据当时人的观察:

> 金陵之俗,中家以上,妇不主中馈事舅姑,而饮食必齍, 燕游惟便,缝纫补缀,皆取办于工,仍坐役仆妇及婢女数人, 少者亦一二人。……吾家寒素,敝衣粗食,颇能内外共之,而 妇人必求婢女……[②]

在这些依附劳动力中间,有两类人受到大清律的特殊对待:雇工人和奴婢。[③] 在清律据以量刑的六级身份等级系统中,雇工人与奴婢分别处在划分"良民"和"贱民"的关键界线的两侧。[④] "贱"在清代指的是在地方户籍册上登记为贱民的人口。它包括奴婢和据认为是从事脏污下贱行业的人(屠户、隶卒、娼优)以及受当地社会排斥的某些群体。虽然这些群体的定义标准不一,但在清初它们全都受到从明朝传承下来的法律的限制:首先,贱民的子孙不能应试出

---

① Wei, Wu 和 Lu(韦庆远、吴奇衍、鲁素) 1982:2—3 页。该书引用革职抄没官员的家产清单称,乾隆朝的宠臣和珅,"供厮役者,竟有千余名之多";曹雪芹的父亲被没入官的家人男女共 140 口,他的舅祖有仆人 270 名。

② 引自 Wei, Wu 和 Lu 1982:5 页。

③ 奴隶和被买卖的劳力在这个时期有各种时常混用的名称,包括世仆(Wakeman 1985)、奴、奴婢、奴隶、奴仆和家仆。经君健(Jing 1993:53 页)观察到大多数法律提到这些人时用的词都是奴婢,亦即将用于男性的"奴"与用于女性的"婢"并称,但一般所指都是男子。

④ 在人口登记中被作为贱民的不仅仅是奴隶,还包括有满洲雇用的奴仆,以白契典卖为奴者、衙门的皂隶,以及形形色色由于当地习俗和职业而被打上烙印的人群,如宁波与绍兴的"惰民"、珠江三角洲的"疍户"以及在宫廷、官衙中供人娱乐的"乐户"、演员、乐妓及一般妓女等。

仕,也不能捐纳功名;其次,贱民不能娶良家妇女为妻。习惯上贱民妇女也不应缠足,但从笔记轶闻来看明末清初的女性贱民始终都有办法实行缠足,至少在长江下游一带是这样。如第五章所示,淮扬一带的歌妓极少出身于在籍的贱民家庭,并且所有与士大夫往还的淮扬歌妓全都缠了足。

雇工人算作是良民的最底层,奴婢则属于贱民。从雇工人往上,依递升的次序分别是:凡人、绅衿、缙绅、宗室贵族、最后是皇帝本人。[1]

满族的政治制度本来依赖于奴婢和良民之间存在的严格界限,[2]他们努力想要将"雇工人"这一含糊不清的阶层彻底抹去。[3] 1587 年以大明律为基础裁决的一系列案例里,清廷极力想说清良民与贱民之间的界线究竟何在。1727 年的一份关键条例列明了依法应看作奴隶的雇工类别:汉人家里的家生奴仆、在官府具结的"红契"下价买为奴的人,为保证连贯性起见,还包括所有 1727 年之前以"白契"(没有官府印鉴的文契)置买为奴的人。这道条例声明,自兹以降,所有长年佣工,如果价买时没有经官钤印载明此人为奴隶的红契,则依法被认为

---

[1] Jing(经君健,1993)叙述和分析了这些分层。但八旗旗人属于另一系统,在法律上与此分层无关。

[2] 例如,在 1726 年的一道诏令中,雍正皇帝就明确表示了对汉族人的家主与奴隶之间没有保持适当界限的关注,这种界限在满洲习俗中是维持社会秩序的基础。参见 Wei, Wu 和 Lu 1982:19 页。满洲的大多数奴隶都是战俘的后代,但是在中原易主之后,也有无数人以受惩罚的罪犯身份下降为奴。满洲的奴隶包括一系列地位有别的群体,从上层的契约婢仆到最底层的庄丁。八旗制度是满族奴隶制的核心:旗人往往径称自己为朝廷的奴才(Crossley 1990:14—15 页)。

[3] 为划清自由民与奴隶的界限,清朝统治者在入关之后不久的 1646 年就颁布了一条法律,威胁说要惩罚那些将自由民作为奴隶的人(Ch'ü 1961:188 页注 93)。在清朝早期颁布的保护平民不至沦为奴隶的法律中,有一条 1658 年国家颁布的规定,要求无论任何人置买奴仆都必须订立文契并由官府钤盖官印。这条规定还追溯性地将 1644 年入关以来置买的奴仆均包括在这项要求之下。但实际上,这种规定的效果一直是有限的,地方官员常常被指控与不法分子合谋从事人贩生意(Wei, Wu 和 Lu 1982:49—50 页)。

是雇工人。[1] 在载明低薪和短期服役条款的白契下价买的工人仍保留雇工人的法律身份。[2] 1742年的规定重申了这些标准，并强调这与八旗条规下满洲奴仆的定义相一致。[3] 至1788年，"雇工人"这一类别已经从法律条文中彻底取消了，而且就连签了长年契约的佣工在这部法律下也属于良民的范畴。这样一来，贱民与良民之间的分野变得空前地清楚。[4]

　　雇工阶层社会地位的诸项改变并无一事影响到契买服役的妇女。实际上，奴役男劳力受到的法律限制可能抬高了男奴仆的劳动力成本，而使人们尤其愿意购买女奴。[5] 女奴一般都不是在红契下，而是

---

[1] 有些人是例外，这些人长期生活并依靠于另一个家庭，还有一些人，他们的婚姻一直由他们的家主安排，这些人虽然从没有过卖身文契，但在法律中也是被作为奴隶，而不是雇工对待的。见 Takahashi（高桥芳郎）1982：49—50页（按乾隆朝的新例规定，将恩养年限和曾否婚配作为奴婢与雇工区别的标准，见《大清律例》卷九"户律·田宅"——译者）。

[2] Ch'ü 1961：188页注93。这里谈到的关于雇工人的规定仍沿袭1587年的明例。雍正帝的贡献在于对以红契（官方钤印）买卖奴隶的限制，企图因此而将奴隶市场完全置于当地官员的控制之下。

[3] Takahashi 1982：73页。这样，正如研究中国法律的学者（高桥芳郎、瞿同祖、经君健）曾经指出的，贯穿整个18世纪，涉及奴婢家主的法律都来自两种相互矛盾的做法。一方面，法律禁止民人占有奴隶，而且对于将相关民人出卖为奴者，以及对将相关民人蓄养奴的行为明知故犯者均予以严厉惩处；而另一方面，在法律中的例和具体条文中，又详细规定了对于人口买卖的契约是否有效的验证标准，县官也不断钤盖官印来使这样的文契生效。不过，国家以签立文契的方式保护家主权力，不仅在有效的文契下置买的人口终身为奴，只要奴仆夫妻的婚姻是家主安排的，就连他们的后代也是家主的奴仆。

[4] 经君健（Jing）曾经分析了这些条例，他观察到这些条例都集中颁行于1760年到1780年之间，主要目的是将大多数雇工人陆续进入普通民人之列。参见 Jing 1981，1993。他概括道："清朝对于有关雇工的立法进行反复修改的明显倾向，就是让某些工人脱离开法律上的'雇工人'地位。然而，将他们从低贱的法律地位中解放出来是一个相当缓慢和极端曲折的历史过程，从1588年（明万历十六年）下诏让原来是奴隶地位的短期雇工成为自由民，到颁布令长期雇工获释（清乾隆五十三年，1788年），历时长达200年。即便如此，这个过程到清末也不算是被全部完成。"(1981：22页；并见1993：39页)按照经君健的说法，雇工人在法律地位上的变革，可以看作是这个时期经济关系变革速度的指数。Takahashi (1982)也曾简要地总结过这些法律变革，但他所用的词汇是"重组"而不是"变革"。

[5] 经君健简要叙述了对男奴仆的新的法律限制造成的后果，他也讨论了女奴的地位问题，说她们从未被当作"雇工人"。Jing 1993：165页。

在官府不予管制的白契下买卖的，无论何时只要有女奴被带上公堂，审案时也都将她当作白契卖身的情况处理①。② 1730—1740 年刑部侍郎张照(1691—1745 年)曾抱怨男女奴仆之间的不同。他注意到，女奴从市场上买来的时候和男奴一样是家主的财产，家主也就有义务为她择配。但男奴一般都娶同在主人家里为奴的女人，女奴却可以被放走，让她离开主家去嫁给不在奴籍的人。③ 张照于是论证说，应该要求所有买女孩做奴婢的人用印存照立下红契，这样买主的所有权要求才能在公堂上得到保护，女奴们在婚姻市场上的法律地位也才能够明确。④

张照对未婚女奴这种不确定地位感到的不安在 18 世纪中期的伟大小说《红楼梦》里有着具体化的描写。宝玉屋里的大丫头袭人是个极聪明的贴身侍女，她作为女奴的身份与她姨母的女儿，一个自由人，形成很鲜明的对照。⑤ 在小说的一幕中，袭人因为露面的两姨妹子吸引了宝玉的注意而着恼，尖刻地说道："我一个人是奴才命罢了，难道连我的亲戚都是奴才命不成？定还要拣实在好的丫头才往你家来。"当袭人隐约提到她要离开荣府嫁人的时候，宝玉方寸大乱。袭人说："我今儿听见我妈和哥哥商议，叫我再耐烦一年，明年他们上来，就赎

---

① 原文为："历来内外问刑衙门于白契所买婢女""俱作红契定拟"。——译者注

② Jing(1993：164—165 页)。

③ 女奴所出生的家庭，无论是奴仆还是自由民，对于她的婚姻都没有法律上的发言权(Chü 1961：189n98)，尽管主人可以征询她家庭的意见，或者允许她的家庭为她安排婚嫁。参见下文中从《红楼梦》摘引的一例。

④ 见 Meijer 的译文(1980：347—348 页)。

⑤《红楼梦》二十一回，290 页。一个服侍有钱的年轻小姐的丫鬟在某些方面往往居于劳动阶级妇女中被雇佣者的顶端，她既然是凭其学识、文雅和美丽而被挑选出来的，所以不得不照顾她的女主人的服饰、头发、化妆和举止，而无须从事繁重的劳动。这样一个女奴就其自身低贱的地位来说，可能要比她同阶层的一个农民的妻子过得更舒适更安稳。然而另一方面，即使是受过最高雅训练的女奴，其地位也仍与一个奴隶或高级妓女相似：所有未婚的女奴都被视为可供家主玩弄的对象，一些人还被指定为一个特定的家主提供性服务。

我出去的呢。"宝玉再追问,袭人便道:"我又比不得是你这里的家生子 40
儿,一家子都在别处,独我一个人在这里,①怎么是个了局?"宝玉表示
不满,但袭人提醒他王法在他家的府里也是管用的:"便是朝廷宫里,
也有个定例,或几年一选,几年一入,也没有个长远留下人的理。别说
你了!"②虽然蓄奴者希望自己为自己奴仆的"家生"子女安排婚姻,但
如果从外面买来的奴仆的家人自有主张,且他们表示出这些主张的
话,主人亦或许有听从的可能。

　　小说的描写还让我们窥见袭人在思索自己这种不清不楚的困境
时,内心对被质卖为奴的反应。她恼恨父母最初将她卖掉,她向他们
表示她过得心满意足,再也不愿回到父母家里去了:"吃穿和主子一
样,也不朝打暮骂。"然而这段倨傲的声明接着就被后来的情感爆发所
戳穿,在告诉母亲别再费心赎她之后,袭人哭了起来说:"权当我死了,
再不必起赎我的念头!"③

　　袭人的暧昧处境反映出她社会地位的暧昧:作为贾氏家族房中
贴身伺候主人的大丫头,她在下人们中间属于上层阶级,"平常寒薄人
家的小姐,也不能那样尊重的"④。而贾氏家庭同袭人间的关系,虽不
似她的地位这么苦楚,却也有同样的含糊不清之处。一方面,不管
她自己怎么说,他们是买断了她终身的。他们掌握着她的所有权,
并且理论上她的家人亲戚无论出多少数目赎她回去他们都(如宝玉
指出的)可以不答应。另一方面,袭人心里又很明白,贾家门第显
贵,又不愿显得倚势凌人,用她的话说就是拆散人家一家子,"这件

---

① 奴仆的家长希望为"家生子"的子女安排婚事,但对于被购买的奴仆,则会考虑他们所出
　生家庭的愿望,如果他们得知了这些愿望的话。
②《红楼梦》第十九回。
③ 同上。
④ 同上。

事,老太太、太太断不肯行的"。说不定连身价也不要,就把她还给她的家人呢。① 袭人的困境生动地表现了锦衣玉食门户中的女奴所面对的矛盾。她在贾家很得宠;贾氏觉得道义上有责任向她母亲的愿望让步,又不肯屈尊接受像她家这样下等人家的身价银子,即便是为她赎取终身也罢。袭人这一方面也很了解贾家的态度,她甚至拿她家人在她前途上握有的似是而非的决定权来奚落宝玉。但她其实也无法甘心离开生活优裕的贾府去嫁给一个平民百姓。袭人发作的那番没头没脑的怨气凸显出在上层家庭里服役的女奴那种令人啼笑皆非的处境。

归根结底,袭人的命运并不凭一纸文书,而须凭借贾府主子们"君子有德"的自律感来决定。如我们所知,官府对女性奴隶的卖身文契是不予管理的。然而,国家法律却保障奴隶主对女奴的强制权力。若贾家决定不放袭人回家而她逃跑出去,或者她的父母强行将她领走的话,她很可能就要大祸临头。女奴逃跑,捕回后处以杖八十的刑罚,私下结婚者加到杖一百。同谋民人处以相同惩罚,哪怕他们是女奴的亲生父母也罢。②

其他涉及女奴及她们的主仆关系的问题也吸引了盛清立法者的注意。如贾府那样的例子姑且不论,大户人家的女主人虐待女奴已经成为屡见不鲜的事。一条康熙朝的法令,其中规定如官员之妻致奴婢死仅仅处以罚款,到 1740 年终于废止了,废止的理由是此一条款恣惠

---

① 《红楼梦》第十九回。
② 民人可以任意责打奴仆,但他们如果故意将一个奴仆杀死,就要被杖六十并处以一年监禁(Ch'ü 1961:192 页)。对官员的处罚还要轻些,一个官员如果用刀杀死一名奴仆,要被杖一百并被革职,但如果将一名奴仆打死则只需交纳罚金或者受到降级处分,见 Ch'ü 1961:193 页。

女主人残忍对待女奴。[1] 男主人对女奴隶和她们的女儿实行的性虐待也是公认的问题，虽然其中未婚女奴被看作是男主人的性资产，他与她们发生性关系不在应罚之列。[2] 从理论上说，一名女奴也可以抗拒强奸。但实际上，假如她抵抗的过程中伤到了她的男主人，她必会在处分家奴打伤主人的严酷律条下受到惩治。

　　盛清的法律禁止贩卖良人妇女为奴。良人妇女一律不能被合法地售为奴婢，无论是立契还是单凭口头约定。不过，既然官府允许在白契下买卖妇女（也就是说，不受官方监督），显而易见就有机会大批地租赁或购买从来没人会过问出身的一些年轻姑娘。举例来说，小说《红楼梦》里贾家曾派人到苏州去雇来十二个女孩儿在荣府唱戏。[3] 17世纪末苏州的学士唐甄（1630—1704年）就记道："吴中之民多鬻男女于远方，男之美者为优，恶者为奴；女之美者为妾，恶者为婢，遍满海内矣。"[4]

　　诸如下文的讽刺诗中描写了买卖一个女孩的事例：

　　　女姬姜，

　　　买自漳。

---

[1] 这一规定也适用于官员的祖母与母亲（Ch'ü 1961：192页）。有关女性家长虐待奴仆的连续性的关注，参见 Meijer 1980：334,348—352页。

[2] 1673年的一条法令禁止家主与已婚女奴或女佣发生性关系，并详细规定，如果违者系属平民，杖四十；如果为官，则处以罚金（Ch'ü 1961：199页）。Meijer 对于清代律例的研究指出，在立法上，一个由未婚女奴与其主所生的男孩，享有与其他妻妾所生子女同等的分割家庭财产的权力（Meijer 1980：333页），可是这种情况即使存在，也是极其罕见的。与此形成对照的是，女性家主禁止与男性奴仆发生性关系，无论已婚未婚。如果这种事件发生了，无论女主人还是男奴仆都一律被处死（Ch'ü 1961：199—200页）。

[3] 《红楼梦》第十七回，引自 Wei, Wu 和 Lu 1982：44页。一个人带一名工匠回家，这称为"募"，但这样被雇的人是享有长期的人身自由的。并见 Clunas 1991：67 所引张岱（1597？—1684）的评论。

[4] 引自 Wei, Wu 和 Lu 1982：45页。

去祂衣，

肤筑脂。

着眼看，

无疤痕。

买如一犊，

卖得一斛。①

42　　1707 年上报给康熙皇帝的一份密缮小折大段大段地报告了苏州一带买卖妇女的交易，其中涉及的既有官吏也有富商。这种被称为"出票强要"的强迫交易中，成年民妇有售至四百五十两银子者，民女有价一百四十两银者，婢女有至七十两银者。② 虽然朝廷严厉斥责"强卖"的行为，其间易手的大笔银子却使得这类案件很难审理。依清律，父母若能证明他们是迫于生计才出卖女儿的话，则所受的惩治甚轻。就连丈夫卖妻（依律本应杖一百）也有可能免予处分，如果作丈夫的实属贫困已极的话。③

　　笔记稗乘的资料显示，各个年龄段的女孩都有可能被出售或被迫去服侍别人。1744 年谷价飞涨的一轮风潮中，江苏按察使在奏折中哀叹道，饥荒已经使贫家和小户"或将幼小之儿典于巨室，或将已许之女鬻于富家。"然一经典卖，事难自主，以为自己不过是把小儿子典当给人的双亲，往往待到境况改善时却万分沮丧地发现已经不能够再把他赎出来了。④ 据记载，乾隆壬申科（1742 年）举人，曾任金（金华）衢（衢

---

① 纪映钟：《女姬姜》，引自 Wei，Wu 和 Lu 1982：50 页。
② 引自 Wei，Wu 和 Lu 1982：45 页，也见 46—47 页，对于这种伎俩有详细的叙述。买人者愿意付高价购买一名特别的仆人或奴隶，他们说服当地官员去强买人家的妻女。
③ Meijer 1980：331 页。
④ 引自 Wei，Wu 和 Lu 1982：39 页。

州)严(严州)巡道的吴恩诏曾有禁浙东溺女锢婢(凭强力得来的婢女)恶俗之举。① 苏州"囤户"阶层中有些专事买卖人口的人,他们终日留心哪些穷人家有长得标致的女孩可以谋买,买来后先蓄养在自己家里,日后卖到远省给人为妾为婢。②

精心设计的人口拐骗网络给奴隶市场提供了货源。一些案例里人贩子用迷药制服年轻的受害者,然后迅速将他们运出省界。据陈宏谋 1758 年从苏州上呈的一份报告所说:"有一种外来拐犯,以药迷人,凡遇幼孩,用药一弹,饵以药饼,幼孩入迷,跟随而行,不复反顾。"③一部分拐骗犯的图谋是强奸妇女,另一部分则是绑架有钱人家的孩子勒索赎金。④ 是时对荏弱女子的这种暴力威胁已经泛滥得不可收拾,以至于当收容节妇的第一所社会机构成立时,创办人即明确声言他们的目的是保护寡妇们免受欺侮和拐卖。⑤ 最后,尽管强行被卖为奴的良民有终生"陷"落成为贱民的风险,⑥有钱有势的家庭仍可能提起诉讼赎回他们的女眷,⑦或他们自己也可以放弃对奴仆拥有的权利,如同别人所期望于贾府的那样。

总而言之,法律保障良民妇女不被贩卖为奴,但实际生活中为人妻女者仍然遭到亲属或遭到人贩子的变卖。虽然盛清律法创设的新的社会安全网使雇工人得以不被划入奴隶一方,防止良民妇女堕入贱

43

① 见 1937 年版《歙县志》中吴恩诏的传记,卷六,页 67b。
② Wei, Wu 和 Lu 1982:47—48 页。
③ 引自 Wei, Wu 和 Lu 1982:52 页;并见浙江、贵州、北京、四川和山西等地的报告。
④《红楼梦》第一一二回 542—543 页;《石头记》第五回 231—232 页描写了女儿身的尼姑妙玉被贼人劫走。另见《红楼梦》十九回 263 页及《石头记》第一回 378 页,宝玉警告茗烟说二人不可偷偷骑马出外,因为可能遇到"花子拐了去"。
⑤ Leung 1993a:6—8 页。
⑥ 见《红楼梦》开始时有关幼童被拐的情景,一个小女孩被拐失踪,再出现时已是远方一个家庭中的女奴。
⑦ 袁枚的妹妹就是一例,她被她的丈夫卖掉。见汪中:《述学》(1815),台北:广文书局 1970 年版,"内编"卷一,页 15b。

民阶层的屏障仍然十分薄弱，市场压力、贫穷、暴力、威逼——种种力量轻而易举便可以将它攻破。清律改动的结果，男性雇工在民人的婚姻市场上或许获得了更高一些的竞争力，但是对于被卖作奴隶或女仆的女性而言，她们的终身大事依然要听凭心血来潮的家主支配。

沦落为奴自是社会地位的剧跌，在 18 世纪，连体面人家的妇女也不免受到这一威胁。然而盛清一世又是低贱出身的女性有希望摆脱贱民身份，循着主要是嫁给良民为妾的途径在社会阶梯上攀升的时代。此外朝廷还颁布了豁贱为良的措施，使某些生为贱民的人能够升入良民中间。盛清开辟的这两条妇女社会地位上升的途径都很重要，因为当时婚姻市场唯一的法律壁垒就是良民与贱民的分界线。①

1723 年雍正第一次下诏"削除"隶属贱民、历来为宫廷和官署供应女乐的乐户之乐籍。② 在此后的一系列豁贱为良的公告中，他又加上

---

① 一个可能的例外是禁止满汉通婚的政策，尽管这个政策并没有被贯彻到底。在清朝统治的初期，满汉通婚是被允许的（参见 Wakeman 1985，1：478 页，尤见 n. 159）。在清初，为了促进满汉间的和解以及鼓励发展相互间的关系，清廷于 1649 年颁布了允许满汉官民互相通婚的诏令。作为对这一原则的戏剧性表示，1654 年皇十四女被聘给了吴三桂的儿子。然而，在 1655 年以后，满人就只被允许与汉军旗人通婚了（参见 Rawski 1991：175，181 页）。从那时开始，清朝关于在满汉之间通婚的政策就不再集中于我们所谓的民族界限，而更关注于将其划分为是服从于满洲或与满洲同盟、抑或是相反这一至关重要的政治问题。因此，满族男性可以自由地与八旗内的女性通婚，无论她是满洲、汉军还是蒙古。与此同时，据公开出版的《户部则例》的规定，京师旗人的女子不得嫁给汉族民人。安排这种婚姻的满洲八旗家族的族长要受惩处，对方汉族家庭的家长也同罪，许嫁的女子要被从旗册中除名。嫁给汉族民人的满洲妇女，或者汉军旗人妇女要被削除旗籍。据一条史料记载，某些民人妇女却被允许聘与旗人。按照陈鹏（Chen Peng 1990：496 页）的说法，若名人之女嫁与旗人为妻，该佐领旗长详查呈报，一体给予恩赏银两。如有谎报冒领情弊，查出从重治罪。

② 第一道诏令颁布于 1723 年，即雍正帝即位仅六个月之后。该诏令正式废除了世袭乐户的乐籍。以后又打开闸门（或许并非有意），发布了一连串诏令，削除了全国其他各种贱民的贱户户籍。在最初的、即颁布于 1723 到 1729 年的这批诏令中，七种当地的贱民被明确宣布"除籍为良"，他们是：乐户，九姓渔户（主要在绍兴一带），苏州地区的丐户，绍兴和宁波的惰民，珠江三角洲的疍户，浙江、江西和福建的棚户，以及徽州、宁国和祁州的世仆。有关这些诏令的代表性研究，参见 Terada（寺田隆信）1959。并见 Ch'ü 1961：130—132 页注 4。

了其他八种贱民,并具体开列了他们除籍为良所需经过的步骤。比较起来,颁诏与改律累积起来的效果也许倒不如经济与社会的变化在旧有的等级界限上施加的淘洗磨蚀之功来得显著。仆役与上等人之间的界限模糊,这早已被研究盛清的学者们承认为那一时代的特征。梁其姿的看法是,盛清代表着对贱民态度转变过程的一道分水岭,贱民从那时起不再被看作是"应予救济的穷人"而得到怜悯。她认为慈善机构的成功应归结于社会普遍对拯救堕入贱籍的良民感到关注,而不应归结于对"下等人"的同情。①

以上对盛清江南地区人口变化和社会变化的简要考察着重分析了三点。第一,经济的飞速增长,尤其是手工业部门的增长。使得朝 44 廷大员和普通民户都把有效利用妇女的劳动力当作首要问题来对待。第二,在一个残存的阶级壁垒趋于消失的社会里,家庭是向社会上层流动的基本单位。第三,虽然阶级结构本身对人口向社会上层或下层的流动并未设置法律的屏障,妇女在从良民堕入贱籍或奴档方面却较之男子更缺少保障;同样,妇女在通过嫁为别人的妻妾而从贱民升为良民方面又比男子有更多的机会。最后要说的是,等级界限的模糊化使坐享其成变得不太可靠,因而给这个竞争的时代平添了许多紧张和忧虑。

贤媛:"圣朝文教昌明"的象征

无论盛清妇女地位的易变性是否为当时人所认识,很可能它还是

---

① 梁其姿(Leung 1993b:154—155 页)注意到第一次将"富"与"贵"、"穷"与"贱"区分开来分别组合的是清朝的类书《古今图书集成》(1728 年刊行)。这部类书还将商贾与乞丐、娼妓、佣工等及其他技艺同列一卷,名为"艺术典"。她认为这件事确实可以用来量度清代中期"贫"与"贱"之间混淆的关系,也标志着贱民的社会地位未必总与相关的法律条文契合。

协助树立了士族妇女着意为自己培养的"闺秀"形象,并促使她们在诗词歌赋里表现出对自己的庆幸。官方文件中对贤媛的记载、学士们的文学创作、妇女自己的诗文,处处都有证据说明"闺秀"在盛清话语里的中心地位。由于清朝官员在执行政策和援笔为文的过程中不断向边陲地区的非汉民族传播他们对妇言妇行的看法,这种情况也出现在中原之外,这就使人印象尤深。举例来说,节妇旌表运动变成了盛清改土归流计划的一个组成部分。汉族家庭价值观的热诚提倡者陈宏谋在想办法使边陲地区的百姓归化这种事上最是身手不凡,在担任云南布政使的 1730—1740 年,他把一通向汉民和非汉民宣传持家之道的劝世文印发了一万多份,他在边境不遗余力提倡妇女守节之举也是有目共睹。① 换句话来说,盛清的文人判断少数民族地区的开化程度时,多以该地区的妇女行止作为依据。

随着盛清赫奕一时的官僚国家机构挟其政策向着各个等级各个民族的妇女中推广开去,也随着满洲统治者把提倡妇女守节当作其建立"天下一家"大一统帝国雄图中的一个有机组成部分,②女作家们欣然接受了当朝统治者的虚声标榜。女诗人完颜恽珠——亦即本章开头的引文里金翁瑛赞誉的对象,她辑录了成为一代之选的闺阁诗歌总集,其著作我们稍后还要详尽地引用——择以自任的角色就既是满洲教化边地人民的象征,又是中原文化中儒家道德的卫道士。

---

① 见 Rowe(罗威廉)1992:13 页,也见 18 页。罗威廉注意到:"陈(宏谋)在倡导贞节上的努力集中于他所供职的相对边远的省份,而不是他也曾任官的江苏、江西这样的核心省份了。"

② 有关清朝企图建立一个多民族的满洲帝国的计划,可见 Crossley 1987。她在文中富有洞察力地指出,乾隆皇帝一统万民的构想,是强制推行一个"以皇帝为统一中心的、立足于清国家政体基础上的全面的文化建构"。

第三章　人生历程

从现在起,我们要将目光从盛清时期的标志性事件转移到社会性别关系赖以成立的个人与家庭的语境,我们从个体的生命过程开始探讨这个问题。在盛清江南地区的士大夫家庭,儿女长大成人的每个阶段都有一些可为父母作为指南的特定标志。[①] 个人的传记也借这些标志来标绘人生的每一阶段,确定一个人与他人的相对关系。在 18 世纪,为安身立命和出人头地进行的愈演愈烈的斗争对男性和女性的人生历程有着迥然不同的作用。对士大夫家庭的男子而言,这种斗争使得人生的每一个转折点都隐然是未来失败的又一个契机。相反,对士大夫家庭的女子而言,渡过人生一个接一个的关口却意味着越活越有希望:卸下生育的担子、脱离繁忙的家务、获得精神上的新生。

女性,至少在 50 岁以前,经历这些转折点的速度比男性要快,因为按照惯例,女孩的人生是以 7 年为一单位量度的,而男孩所用的单

[①] 在中国社会中,对生活历程的计算标准不言而喻指的都是男子。可以 Solomon 1971 所述为例。在两个长长的脚注中(36—37 页注 14—15),Solomon 承认了这个问题。M. J. Levy(1949:63—140 页)注意了将男女区分开,而且特别关注了老年男子。M. Wolf (1972)将女性的生命历程置于她的分析中心,但由于她将家庭关系作为她的参考点,而且由于她访谈的都是农村妇女,未能审视女性生活历程中有关才学、精神和其他方面,这些都只有通过对精英阶层妇女的写作和节庆活动的研究才能呈现出来。

位是 8 年。① 因此,正常情况下男孩应在 8 虚岁②③脱去乳齿,女孩应

46 在 7 岁;男孩应在 16 岁开始发育,女孩应在 14 岁;男子应在 24 岁达到完全的性成熟,而女子却在 21 岁。江南士族家庭的父母密切观察着女孩的年轻身躯,看它是否有进入育龄的迹象,至于男孩的身体,他们早已料到会比女孩成熟得更慢。这一切使得男孩与女孩发育过程中那些可见的差别得到了解释。关于成年过程的这些观念有一本标准参考读物《黄帝内经》,江南人通过盛清时当地最有名望的中医权威徐大椿的著述熟悉了它。④

当女子达到她体质发育的高峰 28 岁时,大约正处在育龄的中点。相对来说,男子就要到 32 岁才达到他的盛年。因此从中年起,标记岁月的这两种不同方式就对衰老的概念产生了大相径庭的影响。女子的身体发肤之衰据认为是从她 35 岁就开始了。到 42 岁,她的双鬓开始染上霜色。49 岁,月事停止。而男子的身体直至 40 岁才开始荣华颓落,不到 48 岁,他的头发不会斑斑染白。56 岁上他的性能力才开始走向衰退。64 岁的男人才终于齿牙动摇、须发脱落。⑤ 与当代西方医学形成一种讽刺性的对照,中医对绝经之后的女性身体不再有任何兴趣,可是却详细标出了 40 岁以上的男性达到衰老的全过程。在 40 岁过后近 25 年的时间里,男子还要额外享受——或是额外忍受——十

---

① 以量化表示,男子的身体发育以八为单位,至于女子的单位为七,首先见于《黄帝内经》。见 Veith 1972:98—99 页。并见 Waltner 1986:684—685 页。

② 中国计算年岁的方法,系将某人出生时所值的农历年作为一周岁之年,然后每逢春节递增一岁。所以中国儿童的岁数较西历所计之岁平均约长一岁。以此,一名十三岁的歌妓实应视为十二"岁"。婚龄的计算尤其复杂,因在农历年较迟月份出生而在较早月份出嫁的女孩,按西历计算的岁数将较她的所谓"婚龄"年轻近两岁。

③ 以下年龄都是虚岁。——译者注

④ 关于徐大椿生活的论述,见 EC 322—324 页以及 Unschuld(文树德)1990。文树德翻译了袁枚为徐写的剧,见 37—42 页。

⑤ Veith 1972:98—99 页。

年左右富于成果的社会生活与文化生活。

标记男性和女性年龄期的这两种不同方式使得士绅家庭体系中的社会性别关系趋于复杂，因为从理论上说，这种家庭里结成夫妇的两个人理应白头偕老，如同他们经常取以自譬的鸳鸯鸟一样。士绅家庭配偶之间的平均年龄差在那个时期并不显著，大致是三岁上下：多数大户人家的女孩在 17 岁到 18 岁之间出嫁，男孩结婚略晚一些，约在 20 岁到 21 岁。[1] 但因为丈夫和妻子标记年龄期的方式不同，他们其实并未白头"偕"老。已到达绝经期的妻子很可能发现她 53 岁上下的丈夫正处在仕途上成败攸关的当口，而此时他年老的双亲正最需人扶持，他们的子女正开始经历自己的人生：束发就学、谈婚论嫁、生儿育女，或还有参加科举考试，等等。所幸，借着对男女双方人生各阶段分内职责与权利的坚定理解，也借着大家族内联络一气因而分担责任的人数众多，士大夫家的妇女一般能够应付裕如地度过人生这最末一个转捩。

对人生历程的生物学量度或医学量度也近似地代表了仪礼中和法律上对道德发展水平的量度，正如王安曾指出的那样。按《礼记》一类的书中记载，男性和女性是按着划分每一年龄段的生物学标志的指引，各自循一条特定的路线完成道德和智力的发育过程的。刑律规定，小儿（定义为青春期前的男女）判刑时给予特殊对待，不分是男是女。所以，王安精辟地认识到："天地化育之力在于别男女，男女之别始于童蒙混沌之时。"[2]人生历程每进一级，照例儿童便应该进一步地担负成人的责任和任务，而这些责任和任务是由特定的社会性别所决定的。

------

[1] Telford 1992b：926 页。

[2] Waltner 1986：686 页。

士族男子的人生历程

男子一生的经历,常州学者洪亮吉曾在 1793 年一篇洋洋洒洒的文章予以描述。洪亮吉下笔先将人的一生比作一日之飞驶,在阴和阳所象征的各种可能上面大做文章以展开这一隐喻,他谈到晨—日与昏—月、善—正与恶—负、强—少与弱—老。在对男子人生历程的这一解读中,一日——一生是从黎明开始的:

> 鸡初鸣人初醒时,孩提之时也,发念皆善,生机满前,觉吾所欲为之善,若不及待,披衣而起者。
>
> 日既出人既起之时,犹弱冠之时也,沈忧者至此时而稍释,结念不解者至此时而稍纡。耕田者入田,读书者入塾,商贾相与整饬百物,估量诸价,凡诸作为,百事踊跃,即久病者较量夜间亦觉稍减。
>
> 日之方中,饥者毕食。出门入门,事皆振作,盖壮盛之时也。夫精神者人之先天也,饮食者人之后天也。① 日将午正阴阳交嬗之时,则先天之精神有不能不藉后天之饮食以接济者矣。然先天为阳,阳则善念多,故有人郁大忿于胸,匿甚怒于内,至越宿而起而忿觉少平,怨觉少释,甚或有因是而永远解释者,非忿之果能平,怨之果能释,则平旦以后之善念有以胜之也,是阳胜阴也。
>
> 至后天为阴,阴则恶念生,好勇斗狠之风往往起于酒食

---

① "先天"与"后天"按字面的意思,可译为一天的"开始"和"最后",洪亮吉用这两个词有着双重含义,当他提到一个人出生时的精神,用的是"先天",谈到在世上的饮食,用的是"后天"。

醉饱之后,亦犹圣人所云壮之时。血气方刚,戒之在斗,正此时也,①是阴胜阳也。又一生之事业定于壮盛之时,一日之作为定于日午之候,过此虽有人起于衰草,事成于日昃者,然不过百中之一,不可以为例也。

至未申以后则一日之绪余,犹人五十六十以后则一生之绪余。力强者至此而衰,心勤者至此而懈。房帷之中晏晏寝息,是衰莫之时也。于是勇往直前者至此而计成败,径直不顾者至此而虑前后,沉忧者至此而益结,病危者至此而较增,视日出之时判然如出两人矣。

非一人之能判然为两,则一日之阴阳昏旦有以使然也。此一日之境也,即百年之境也。苟能静体一日之境,则百年之境亦不过如是矣。②

洪亮吉认为人生遵循一定阶段前进的想法反映出他研习仪礼和哲学,特别是研习《礼记》《论语》及《孟子》所产生的影响。他弱冠时就在母亲的督导下熟记了《礼记》中的这段话:

人生十年曰幼,学。

二十曰弱冠。

三十曰壮,有室。

四十曰强而仕。

五十曰艾,服官政。

六十曰耆,指使。

49

---

① Analects ⅩⅥ.7,并见理雅各(Legge)的译本(1893—1895)1991,1：312—313 页。
② Hong Liangji(洪亮吉)(1793)1969：1/：4a—5b 页。用莎士比亚研究的方式给康熙皇帝的生活历程分期的工作,见 Spence 1967。

> 七十日老而传。
>
> 八十九十日耄……
>
> 百年日期颐。①

在《论语》里,洪亮吉读到了孔子本人对男子人生经历的沉思。孔子没有谈到人过七十以后那些日薄西山的岁月,他只是着重谈到了德行的成熟:

> 吾十有五而志于学。
>
> 三十而立。
>
> 四十而不惑。
>
> 五十而知天命。
>
> 六十而耳顺。
>
> 七十而从心所欲不逾矩。②

洪亮吉自己的文章在开头的时候也表现出如孔子这样的信心。如他所用的"平旦"一语就让人联想起《孟子》中称誉人的仁义之心的一章。③ 不过,洪亮吉在这篇文章中所考虑的完全是当时当世的情形,而且亦不属于那种很乐观的考虑。他写这篇文章时,正值他险些以大逆罪获诛之前的几年。1799 年他辗转给当时登基未久的嘉庆皇帝上书,谴责他周围社会中的官吏腐败、物欲横流。他建议这些案件

---

① 《礼记》卷一。Legge 的译本(1885)1967,1：312—313 页。

② 《论语》,见 Analects Ⅱ.4,并见 Legge 的译本(1893—1895)1991,1：146—147 页。

③ 理雅各的译文对这段话略有改动。(《孟子》原文为"虽存乎人者,岂无仁义之心哉。其所以放其良心者,亦犹斧斤之于木也,旦旦而伐之,可以为美乎！其日夜之所息平旦之气,其好恶与人相近也者几希"。《孟子》卷十一,四部丛刊本——译者)。

都由朝廷亲自出面进行审理。以此看来,洪亮吉对男子人生历程的一番叙述其实是在勾勒清朝中叶的读书人一生事业注定要经过的黯淡历程,尽管他的行文用语仍然是那些终古不废的经典比喻。他为我们描摹了少年人起初的凌云壮志如何被咄咄逼人的竞争、堆积如山的债务、耽溺声色的生活——18世纪江南士大夫无法规避的人生现实——一步步地侵蚀殆尽。

在洪亮吉以及其他社会批评的领袖人物眼里,"闺阁"在这个纷纷扰扰的残酷世界上仿佛是一处世外桃源。① 士大夫家的男子必须逐日面对物质世界(或如他们所习称的"尘世")的腐败堕落,而女性却可以得免于此。女性端居在凝然不动的一点上,男性碌碌不已的生活全都是围绕着这一点而建造的。"闺阁"的形象,作为尘世之外的一方无始无终、无忧无咎的天地,作为男性心力交瘁时可以暂时避入或者彻底退居的一处休养所,变成了18世纪的男性文人写到女性时构建的一节强有力的诗章。② 对于许多在求学道路上身负重重压力的男性来说,妇女是稳定、秩序和纯洁的守卫者。家宅最深处被重门深院隔绝在世外的闺阁(图 50 3)给这个乱纷纷熙来攘往的污浊世界提供了一个避难的所在。男性年幼时由女性教养,疾病时由女性看护,衰老时由女性照料。当出仕的男性面临资财折尽的险境或者遭遇棘手的政治决定时,唯有夫人以局外人身份提出的建议和撙节而得的积蓄能够挽救他的前途。男性尽管常常会奉召结绶远赴千里之外,还可能会人寿不永中年夭折,但他总是能够

---

① 需注意的是袁枚所设想的一个男人的老年与洪亮吉颇为相左,作为一个80多岁的老人,袁根本无视闺中衰弱的妇女,他宁愿想象的是他在花园里散步,或由年轻而有才学的女诗人陪同在西湖荡舟,她们中许多人会写诗为他80岁的生日贺寿。

② 洪亮吉对于性别差异的描述,源于他认为在时间的循环中妇女是永恒的而男子却被封闭的观念中,这与 Emily Martin(1988)对丧礼中反映出的男女观念上差别的分析形成了鲜明的对比。Martin 文中将妇女的被玷污和死亡的世界叙述为暂时的,而男子的有社会秩序的世界被视为不朽的。我提出的证据可以说明,18世纪许多精英阶层的男子和妇女都相信,妇女的贞洁使她们比男子更易达到超凡的境地。

依靠他的妻子——或寡妻——来照顾他的年迈父母和弱小的孩子们。

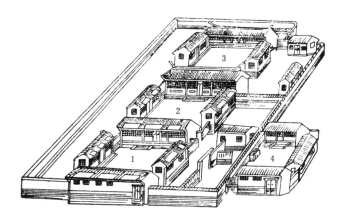

图 3　闺秀的住所。如图所示(1) 外院，接待客人；(2) 里院，进行家庭日常活动（读书、记账、商谈、休闲）；(3) 深藏在最里面的"内阃"，妇女专有的天地；(4) 仆人的住处。据 **C. A. S. Williams 1976 年**，第 **23 页**。

　　像洪亮吉这样的一些人（洪亮吉本人就是由寡母抚养大的）承受着少见的压力，因为人们期望他们既能功成名就，又能完成品格的修养，而他们生逢的时代却让人在这两个方面都越来越难有成就。[1] 盛清男性的自传性质的文章常常暗示他们有所弃取：放弃了品格方面的要求，换取事业成功的实际。[2] 18 世纪间，读书不被认为是修身养性的训练，而是一件实用的事情，它的目的原在跻身于贵官显宦之间。年轻人听到的教导是，他们的最大责任不在于人格的自我完善，而在于光宗耀祖，给子孙挣下一份家业。要达到这一步，首先要谋得一个

---

[1] 就如 Thomas Metzger(墨子刻)1977 显示的那样，在学习过程所教授的这些价值观会产生巨大的生理压力，墨子刻巧妙地将其称之为不可避免的"困境"。

[2] 吴百益(Wu Pei-yi)分析了晚明和清初由男人撰写的自传，他们仔细反省自己生活中在道德上的弱点和精神上的行为，注意到道德上的压力在 1680 年前后多少显得比较缓和。随着学究风气在盛清时期达到高潮，这种自省的语气逐渐过时，取而代之的是吴称为"年谱式传记"的作品(1990：235—236 页)。吴将这种自传的增多归咎于学究气的墨守成规，但这也可以被解释为学者对盛清时代竞争日益激烈的学术环境以及明朝忠贞风气显著衰落的一种实用主义的回应。

官阶，其次则是攫住一个职务。

《红楼梦》里秉性敏感的男主人公贾宝玉在他那位气急败坏的父亲拿他荒废的学业来折磨他的时候，向大观园的女儿国里追寻审美的知音与感情的安慰，渴望之殷使读者也怦然心动。盛清家庭的父母们同贾宝玉的父亲一样，随着科举竞争不断加剧，一年早似一年地把他们的儿子推往立身成名的阶梯上去。至 18 世纪时，男孩正规的古文教育早在四虚岁（按西方算法的三足岁）就已经在家庭成员的辅导下开始了，辅导他的经常是他的母亲，父亲不在家或已经辞世的情况下尤其如此。① 年幼的孩子们背诵一些朗朗上口的简单句子，也学习认字，这些都远在他们有能力理解不管什么样的古文之前很久。假如双亲自己没有能力教导儿子，那么一位近亲会负责他的教育，然后直到七或八虚岁——至晚到十岁的时候——一名有出息的男孩才被送到家庭以外的学堂里去读书。

在学堂里，脱离了家中女眷们妇人气的影响，男孩子开始与日后可能成为他同事的同龄伙伴们互相交往，也和日后必将担任他保护人的业师彼此熟识，在学习男性社交风度的过程中渐渐熏染出一个未来的儒雅君子所应具备的言谈举止。士大夫家庭的男孩子在学堂里建立交情和师徒的荫庇关系，为他将来踏上仕途以后可资利用的"关系"打下基础。课堂以及以后的考场，都是年轻士子有望赢得某位强有力的保护人青睐的处所，而处在同伴间他又可以有机会证明自己比哥哥弟弟和亲戚的孩子们更有价值。②

---

① 见 Hsiung(熊秉真)1992：204—211 页。在这篇经典的文章中作者详述了六到十岁之间的男孩子到正式的学校上学之前，应该在家中先受到有关举止和规矩的调教。熊发现在明清时期，四岁的男孩就在家中受到读书训练是相当普遍的。她将这种倾向归咎于父母因希望儿子在科举考试中获得成功而导致的压力。

②《红楼梦》揭露了上流社会家族办的私塾中的丑恶现象，在那里同性恋、辱骂与殴打盛行，有钱的伯父对年轻侄子下手，胆大妄为的学生勾引男仆，砚台砸碎茶碗，从书本到门闩都成了打架的武器。第九回：136—144 页。

　　每逢有男孩的家庭要掂量是否应该让儿子涉足仕途的时候，在孩子幼年举行的一些仪式最能表现他们内心挥之不去的忐忑焦虑。最富有戏剧性的一项仪式是在孩子一周岁生日时举行的"抓周"。仪式上，一个盛着各种物品的盘子放在男孩面前，很多东西是文房的用品：毛笔、砚台、纸，其他还包括一把算盘和一件木匠工具。一般的看法是，家里至少要有一个儿子把小手伸向笔和砚台，不过其他的儿子们就可以、也应该表现出另外的兴趣了。父母盼望成功的压力首当其冲总是落到长子的头上。①

　　即使是挑选出来准备悉心培养成学者兼官员的最有前途的青年人，在他没有成长到结婚年龄②的时候在人们眼中也一直是不甚可靠的。大家都很了解，他的肉体精力充沛而未完全成熟。不到至少三十虚岁，人们不会放心认为他像孔夫子和洪亮吉所说的一样，已经充分成"立"。他可能会爱上他挥金买笑时结识的美貌女子，或许还会一次又一次地重蹈故辙。他可能会大胆妄为、负气斗狠、惹是生非，极不耐烦书卷生涯设下的种种限制，须得允许他慢慢制服这些冲动。实际上在这时人们期望他获得一定的性经验，③也指点他怎样才能享受卫生的和有益健康的性生活。④

　　士族家庭的父母在儿子二十几岁到三十几岁的时候对他是既管

---

① Skinner 1992。在《红楼梦》中可怜的宝玉始终未能象他早夭的有前途的哥哥一样，通过高压的科举考试。

② 对男性而言，约当二十岁。可以确信其不若《礼记》等书中所载的三十岁之迟。诸家的注疏均赞成三十岁乃指男子理应已授室之年。

③ 学者生命历程中的这个方面在大多数标准的传记中都被忽略了。一个值得注意的例外是 Peterson 对这一问题的明智处理（1979：23—27，141—145 页）。

④ 这种指点适用于对所有的少女、同龄女性、老年人和妓女。高罗佩（R. H. van Gulik）对于中国人在性交时的洁癖发表议论说，他们在行房事之前和之后都要洗浴（Gulik 1961：311页）。妓院中为使妓女减少怀孕，也一直采用体外射精的方式。因为很多男人都被教导过，无节制地射精会消耗体内的元气。见 Needham（李约瑟）1956：149 页。

束又纵容。花在女子身上的钱,亦即养活妻子的用度加上眠花宿柳的耗费,是计在他的学费里的。富家子弟唯有度过了这一情欲旺盛的时期以后,家庭才期待他抛开风流韵事和少年冒险的生活方式重归正业,管理家中的银钱事务或者出外谋取一官半职,从那时起他才算开始取代父亲在家中的位置。① 上流社会男性的传记很少涉及他们寻花问柳的细节,并且男性如果在歌席舞场有所题赠,他们通常都只署化名在上面。② 当他们笔下总算谈起女性时,他们强调的只是在艰辛贫困中挣扎的生活怎样迫使当儿子的日夜苦读不辍,同时母亲怎样在旁一边监督课业一边辛辛苦苦地织布纺纱供给儿子读书的费用。但是,戏曲小说里的人物时时能展现男性的软弱多情一面,其间衍化出偏激脆弱到极点的形象便是《红楼梦》里多愁善感的男主人公贾宝玉。人届中年的一些士大夫笔下的记载则流露出,他们的足迹遍历全国,所经过的城市处处皆有以卖笑女子为招徕的声色场所。③

少不更事年代的那些性经验而外,士族缙绅人家的年轻男子按常规还要在年龄远未达到古书规定的三十虚岁之前就娶妻生子。在中国的家庭体系里,每个子嗣之存在都是为了家族的绵延。对他们来说,至关重要的一点是要做到尽孝,尽孝首先表现在学会服从父母的吩咐,或强令自己服从父母的吩咐,其次就是要有所成就,最好是成就在应试中举,除官授职这种方面。与借文章立身扬名比起来,通过经商致富倒也是一种差强人意的替代办法,只要这些财富最终有助于家族的后裔在学术上成功。不孝之中最不孝者就是没有儿子为家族传

---

① 对精英阶层男子的生活历程最好的说明,可见 Peterson(1979)的方以智传记。沈复 [1877]1983 记录了一个似乎从未能够到达这个阶段的年轻男子的生活,他与父母的关系 因此非常紧张。
② 见第五章"娱乐",它根据的是三个城市中关于歌妓生活环境的七份报道——当然都是匿 名的。
③ 见 Shen(1877)1983。

宗接代,由此可见结婚在年轻男子人生历程中的重要程度,这并且也可从男子成婚时在名之外取的"字"的一事看出,"字"在男子成人以后的全部生涯中将是他行世最广的一个称呼。①

　　这样,在理想的情况下,一个男子的人生从作学生开始,在求仕的奋斗过程中结婚,一面勉力任职(这意味着常年奔波在外,只在中间不时回家以期延续后嗣或丁父母之忧),一面设法将这种生活与家庭生活的需要相平衡,在所有这些经历里同时还掺杂着他与家族外或社会阶层之外的女性接触时所发生的社交关系或两性关系。这种双重的两性生活在许多男性卸官归里当上了教师或族长之后仍然继续着,到那个时候,他一般已经置下了一两房或者更多的妾媵,有时这还是他的妻子甚至(在他丧妻的情况下)他的女儿为他选备的。

　　总括而言,士大夫家庭男子的人生历程将男子对女子的关系规定成为两种互相冲突的方式,而清代中叶江南学子的生涯又引男子进入了两个迥异的女性世界。其一是凝然寂然的闺阁,大家闺秀的居所。其二是艺伎歌女的"浮荡"的世界。18世纪备受推崇的深居简出的妇女形象在行状和铭诔中表现得最为生动。这个形象颇为尴尬地列身在一连串争妍斗艳的家门之外的女子当中。戏剧和小说敷演的故事则是独处深闺的淑女先受到浪荡子或者蠢材的勾引,然后又被他们抛弃,以此惹动看客们想入非非。在关于"画舫"的各种记载里,充斥着坊间"浮荡"女子的形象,画舫当年在苏杭大运河的沿岸市镇里和明朝故都南京最有名的板桥一带是歌妓们招留客人的地方。

　　18世纪期间,青楼女子与身居闺阁的女子们所处的世界似乎一天天相去愈远。晚明时,名妓在文人学士及其家人的生活中占据着显要

①　Rubie Watson观察到,许多男人的生活周期往往因新的名字、新的角色、新的职务和新的特权的取得而被强调,与此相比,妇女的生活周期则不明显、不确定(1986:619页)。她将命名仪式作为这种不同的一个标志,我在结论的一章中将回过头来对此作一短评。

的地位，士人的妻女们也和这些秦楼楚馆中的女子自由自在地相互往还，盛清的时代却大异其趣，它在艺妓的处所和闺秀所居的"内闱"之间划出了一条鸿沟。虽然盛清时期的名妓有时仍然也像她们晚明的前辈一样，作些典雅的古诗或是纵谈艺术和文史，但她们早已退出了风雅之士的生活中心。反之，占据盛清时期中心地位的出色女性是闺秀们自己：随园女弟子、王谢门庭的早慧神童、诗歌文集的作者们。

于此，我们遇到了一个难题。因为这一时期写到女性而出自男性手笔的文辞每逢涉及受过教育的妇女应该何所归属的问题，便显得矛盾百出。这些矛盾之所自，一部分又是根源于男性们知道晚明的女作家常常是名妓身份或者是与名妓有过从的妇女。[①] 在盛清时代，随着名妓阶层与文人小家庭之间的界限加深，上流社会妇女作家的新地位正处在由女作家们自身，也由她们生活中的男性不断加以定义的过程当中。对于妇女角色的各种互相冲突的定义困扰着那些在他们压力重重的生活中需要女性支持才能达到目标的男性。第四章"写作"将把重点放在讨论这种种的异说歧见上面。

士族女子的人生历程 54

如果说教养儿子是为了让他成就事业并传宗接代，以此对父母也对家族尽孝的话，教养女儿却是为了让她离开父母的家去给另一个家族增添男性后裔。这点区别从幼子和幼女出生那天起就开始把他们分隔得越来越远，士大夫家庭尤其如此。

举例来说，上文叙述过的抓周仪式便允许儿子们以几种不同方式为家门尽孝，家长或许愿意帮助每个儿子开创不一样的事业，作为一

---

① 参见 Ko 1994：250—260 页。

种策略,这样可以在尽量广阔的范围内赢取财富和权势,使家庭成功的机会增加。只要每个儿子都有后嗣接续家庭的香火,他们于孝道便无所亏欠。与此完全不同,上流社会家庭的女儿们只是为了一个单一的目的而养育的,这就是:嫁入另外一个家族。① 在名门望族的中国家庭中,逾龄而未嫁的女儿丝毫没有一个自在的、合法的位置可以容身。老大不嫁的女儿不仅被社会视为怪象,在祭典中间她也是个异数。她死以后,她的牌位不允许存放在父母家里的祖宗神坛上,而只能放入她许嫁和成婚的那家人家的祠堂里面。

如我们在第一章所曾经提到的,除了嫁人一途,再也没有什么体面的变通出路为着盛清时期的中国士族女子而存在了。对照近代西欧社会早期有相当比例的一部分妇女保持独身并有很多人进入宗教界的情况看来,②18世纪的中国社会未尝给妇女留下什么净土,尼庵亦只不过是赤贫人家女孩子最末的投奔之处。在极罕有的情况下,士族家庭年轻女子虔诚或笃信的表现能迫使双亲放弃为她说媒的安排,许可她终身不嫁。但这种例外无非反衬出了一般的规律,即清代社会上层的年轻女子按惯例总是要嫁为人妇的。

嫁女所费不赀的准备过程,包括置办嫁妆的过程,从女儿一出生就开始了。连她呱呱落地的日子都很有干系,因为将来给她挑选女婿的时候要推算她的生辰八字和候选女婿的生辰八字是不是相合。调教未来新娘子的过程一切围绕着贞操二字进行。保持姑娘的贞操,并保证她的名声不受一丝一毫风言风语的沾染,其要求父母日夜怵惕的程度半点也不亚于督责她的弟兄们学习古文。大户人家的女性虽然

---

① Cormack([1922]1974:18页)叙述了一种"抓周"的初生仪式,在这个仪式上,给女孩的盛满物品的碟子与给男孩的是一样的,但增加了针线和其他小零碎等等。如果一个女孩取了毛笔、银鞋和官印等物,会被看作是她未来的丈夫事业有成的标志。
② 见 Wolf 和 Hanley 1985 以及在那里引用的文献。

平时不需佩戴面纱，但绝大多数人从生到死都在障人眼目的层门琐户、重帷、屏风后面度过。按士族家庭行事得体的标准，女儿一旦许人就必须矢志不二，即使她许配的那个人不待结婚就死去了，也是一样。束缚夫妻双方成为一体的礼仪的纽带如此之强劲，以至于在士人家庭里离婚这种事实际上乃是向所未闻。士大夫家庭里面，这种结发成枷锁的压力在夫妻双方是各用各的方法来逃避的。结了婚的男人通常给自己讨上几房妾侍，多生育几个子女，同时还到上至梨园行馆下至间巷娼家的一些所在，或是寻找异性的知己，或是满足肉欲的要求。结了婚的女人只能书写——写寂寞、写烦闷、写孤眠的凄凉、写内心的怨恨和身体遭受的虐待。有时候被说成是病状的这些身心两方面的痛苦驱使不知多少女人走上了自尽的绝路。[1]

女性人生历程总览

20 世纪以前由妇女自撰的传记非常罕见。[2] 18 世纪妇女生命过程的记录因此只能从男性为熟识或爱敬的女性写作的一些纪传行状以及妇女自己的诗篇、短序、题跋等文章中撷拾连缀而得。在第四章"写作"中所探讨的这些资料告诉我们，在士族家庭的女性仍然沿着古书描绘的轨辙走完她们一生路程的同时，她们也以自己的生花妙笔和博洽学问赋予这一段路程以它自身的意义，甚至是对它原有的公认意义提出了质疑。

---

① 有关中国达到婚姻年龄的妇女中历史上的高自杀率，可见 M. Wolf 1975 的论述。关于明清时期的自杀模式，见 T'ien 1988。至于诗中涉及的疾病与自杀，在本章的后面还要讨论。

② Wu Pei-yi(1990：64—67)引宋朝女词人李清照作为一个著名的例外。

脱卸乳齿

对于士族家庭的小女孩,第一次承认她与诸兄弟有所区别的时间是她换掉乳齿("慧")的七虚岁,①那时她的头发被系成髻鬌("鬌龄")。鬌龄是女作家们普遍用来记认她们人生第一个关键转折点的标志。到这一年龄,假如女孩正在读书,家里一般便把她与兄弟们分开单独教育了。父亲在家便由父亲教育,如果父亲不在家,那么母亲、姐姐、家中父辈的女性或是从声誉好的人家雇请的女馆师便会负责她的教导。

从其他的史料来源我们可以知道,大约也就在这个时候,女孩的双足会被布带紧紧地捆绑起来,骨骼因之折断并且变形地生长,这样,她将来订下好亲事必得依赖的一件法宝——一双纤小的"莲足"便造成了。双足的大小是婚龄少女社会地位的尺度;天足必然来自低贱的出身。在色情文学里,纤小的双脚象征性事方面的诱人程度:脚越小,脚的主人就越有诱惑力。士大夫家庭,对联系在他们女儿纤足上的色情性暗示虽然很可能是嗤之以鼻,却似乎还是把缠足看作是女儿的调教过程中必不可少的、虽然也是聊备不虞的一个步骤。士大夫家庭的母亲尽可能早地给她的女儿缠足,这与农家终日劳作的母亲们不同,农家女儿缠足是要等到开始发身时才进行的,而且一俟结婚往往就又把双足放开了。上层社会的女孩身处的位置因而使她们经受最严格而痛苦的缠足过程,笔记轶闻的证据也说明她们的家庭同时也搜寻最好的药方,施用最好的治疗来减缓缠足的酷烈痛楚。②

缠足这件事的周围环绕着强大的禁忌,以致几乎没有哪位女作者

① 在六岁时。对男孩子来说,"慧"要迟至八虚岁,也就是七岁。
② 既然在18世纪的任何阶级中间,对于缠足的态度和方法事实上都没有留下任何文字记录,我这些评论只能更多地根据较近期的人种志观察,除非还有其他证据。见本书第六章"工作"中对缠足的讨论。

会在文章里提到它。① 因此,所有出现在文章里的"慧"和"髫龄"等词也许应该读作一些委婉的替代语,它们从治史者的视野中遮去了这个永远遗留创伤的人生关口。我们至今不甚了了,为什么妇女们,尤其是 18 世纪的妇女,在同时代的小说和杂文都对缠足发出嬉笑怒骂的时候,②她们本人却对此闭口不谈。也许在文质彬彬的社交场合提到缠足这种事会被认为不雅驯不斯文,也许才女淑媛们写作时使用的诗的语言直接从她们作品中勾销了表现这一类人身经验的手法。归根结底,缠足在古书中并没有先例。

　　由于手边有关缠足的资料奇缺,我在这里只能把它作为一个载满象征意义的禁忌主题来处理。一部分的意义源于那种赤裸裸的剧痛,那是每一个幼女当作人生的既定条件来经受的。另一部分的意义在于通过致残从肉体上禁锢正当性活跃期的妇女。通过缠足,对他人的依赖性和社会的等级也得到了具体化:双足被裹得绝紧的上流社会妇女迈步便需要侍女搀扶。时尚与情欲的因素也在这里起着作用,因为缠过足的妇女据认为走起路来有一种优雅可爱的步态。鞋袜等物则是体现穿着的人是否富于教养的又一桩标志,到了出嫁年龄的女子一般都要用丝织品裹脚,并且亲手在弓鞋上面绣花。最后,我们也不能排除缠足作为一种文化象征在满人统治时期的重要意义,这个问题当前亦正在研究之中。③ 所以,缠足是蕴含着富有、闲适、美丽、娇弱、肉感、依赖性和身份等各种意味的人身记号。无怪乎它成了这样强有力的性别标志。

　　缠足以后在闺阁度过的时光,还有伴随缠足而来的与世隔绝的生活方式,常常给大家闺秀准备了十分舒适的环境。她们可以潜心钻研、阅读、写作、绘画、练习书法和音乐①、缝纫、刺绣,与闺中友伴呢喃私语。在很多世代书香的家庭,早慧的女儿是父亲的宠儿,也是母亲和兄弟姊妹们切磋学问的对象和温慰感情的伴侣。家庭成员培养她的学问,也珍视它,禁不住要向友朋辈炫耀女儿的父亲甚至会把她的才学拿出来向人夸示。

57 但是,尽管少女通常与她的父亲和兄弟们相当接近,在涉及其他男性亲属的时候男女的界限依旧很严格。在大户人家内部,家宅的宽大布局把女眷们遣到能避开外人眼目的院落靠后的部分去居住。在家人之间,男女大防也被看得很重要,因为上层阶级倾向选择的复合大家庭模式必然使得许多妙龄女子与两代到三代人的男性亲属生活在同一屋檐下。属于"闺阁"的那一个部分是妇女们抚育幼儿并且(依洪亮吉的观察)侍奉老人起居的地方,血气方刚的男人不应在闺阁出出进进。而且,事实上假如一位妻子在丈夫以她亲自准备的酒筵在她自己家里宴客的时候出现在满堂宾朋面前,此事便会成为众人的谈资。② 大家认为年轻妇女做手工或是研习文艺的时候最密切的伴侣应该是家中的其他女眷:亲姊妹、堂表姊妹、母亲、祖母、姑婶姨妗、娣姒妯娌。此外妾侍、婢女和时或有之的女馆师把这个伴侣圈子多少扩大到近亲的范围之外。

如果说女性在家庭内部受到的隔离足够严格的话,她们走出大门之外的活动更是备受限制。既经缠足,与外人和男性交往又受严格的规则管制,上流社会的妇女活动身体的机会已经微乎其微,像骑马这

---

① 高雅的年轻妇女掌握古琴但绝不会去跳舞;琵琶是妓女用的,只有她们才会在音乐伴奏下舞蹈。
② 见朱筠为章学诚之母撰写的祭文,当丈夫接待宾客的时候:"夫人坐闻,咨取则中,谦不外言"(朱(1815)1936:328页)。

类直至唐代还深受中国妇女喜爱的运动更毋庸一提了。跳舞被目为
下流的事,是歌妓、戏子、村夫村妇们所为。上流社会妇女出门上路的
时候只要路途不是太短都要乘上轿子,还要放下轿帘,好让街上的人
看不见她们。徒步旅行是不受赞许的,不仅因为疼痛和不便,也因其
不安全,因为遭人拐卖的危险随时存在。而且假如妇女被人看见不经
适当的人陪同便出现在公共场合的话,她的名声也会受到损害。

　　然而,盛清时期的年轻妇女其实也曾像晚明妇女一样大胆迈出家
门之外,这种出外一般是结伴而行,由女仆或年长的妇女从旁监护。
去庙宇寺观烧香是离家出门最得体的借口(见图4),其他一些机会也
能让妇女每隔些时间出去走一走。比如说,出嫁的妇女按理要定期回
娘家,特别是在过年的时候。去兄弟家或表兄弟姊妹家小坐也是常有
的事。因公外出的父亲有时带女儿一起去。兄弟们陪姊妹们回家探
望母亲。儿子奉母游览名山大川以颐养她的身体或愉悦她的心情。
有些成熟的已婚妇女甚至单身旅行并且将这段经历笔之于书,虽然我
们应将此种情况看作非常特殊的例子。最后,笔记野史稗乘的资料告
诉我们偶尔仍有士族缙绅的女眷结伴出外造访苏杭一带的花船,正如
这样出身的妇女在明代所常做的那样。①

　　考虑到上流社会妇女行动上受到的限制,并考虑到她们亲近的男
性尤其是儿子和兄弟们都是经常远游在外,不难想像她们会觉得落寞
无聊。平时幽闭在闺阁之中,略微快乐些也就是锁闭在《红楼梦》里贾
氏诸钗流连的那一类宽敞的花园里,这些女子们受到极力的敦促要她
们勤勉操作,不让时间闲度过去。据认为手工制作,尤其刺绣,是最适
合妇人女子做的事:又有出品,又实用,又能赏心悦目。此外,盛清上
层妇女还读书作文,程度甚至超过了同一阶层的明代妇女。绝大多数

───────────

① 见 Ko. 1994。并见本书第五章"娱乐"。

图 4　仕女进香。据 G. Smith 1847，第 169 页

人读古代名媛的传记，其中记载的人有苦守多年的节妇，也有为维护贞操自杀身亡的烈女。绘画、书法、音乐等这些高雅的艺术都为大家闺秀所娴习，她们雅知操琴鼓瑟，她们能吟出成卷的诗文，除了学习专为训诫妇女而作的那些文章之外，她们还坐在兄弟们的旁边与他们一起诵读古文经史。

对女儿的教育在盛清一世变得越来越重要。在婚姻市场上，博学标志着一个女子成为众人争相延聘的对象，成为一个不仅能生育子嗣还能为儿子们提供最优越的早期教育的未来母亲。[①] 再进一步说，她在亲朋戚友和整个社会的眼中还是她的"家学"传统的继承者。女儿的满腹诗书是她家书香门第深厚渊源的缩影，因而也是她值得聘娶的一个关键标志，本书中的第四章将有论及此。

59　笄　礼

女孩人生中第二件与年齿增长有关的大仪式标志着她开始进入

---

① 见 Rowe 1992；Mann 1994。

青春期,并兆示她已经适宜出嫁了。这一次可见的变化标志仍然是头发的式样。女孩进入十五虚岁,她的头发便可以结成发髻用簪子插起来了(及笄),这是她按预计将迎来月经初潮的之后一年。及笄也是尚未给女孩子准备嫁妆的家庭应该开始完聚嫁妆预备送她出阁之时(见图5)。① 少女通常在达到笄年的不多几年后就要结婚,18世纪士族家庭的女性嫁为第一任妻子的年龄在世纪之初平均略低于十八虚岁,至1800年已几乎下降到十七虚岁。②

对年轻女性而言,从进入青春期到婚后开始性生活这一转变是非常突兀的。当上流社会的男子按照惯例纵情放任他们年轻人的肉欲的时候,生在同一家庭的女性却自幼被训练去压抑或否认她们的欲望。柔和低微的嗓音、轻巧谦退的举止、魅力、机警、优雅——这些是据认为士大夫家庭豆蔻年华的女孩子应该养成的温良的品性。不过, 60大家闺秀们还是有方法接触到那些描写激情的作品,并有一些途径表达出她们的情感。女性之间,尤其是同一个大家庭复合体的女性之间存在的同性恋的迹象似乎表明这在当时并不算作反常或不健全的事情。③ 少女可能有一定的机会观察到同一户人家的一些已婚妇女(妻妾们)彼此之间产生性的吸引;其实,正室夫人可能就是凭着自己内心

① 根据从其他一些前近代化社会中采得的数据,在那些地方营养与生活的标准都是类似的,Telford认为在中国的那个时期,女子月经初潮的平均年龄在14—17岁之间(1992b:926,928页)。我们可以推测,精英阶层家庭中的女孩子,其初潮应该在这个年龄段的始点。Telford的年龄表采用的是西方的计算方式,而不是中国的,也就是说,他用的是"年"(即周岁)而不是"岁"(虚岁)。因此,十四周岁就是十五虚岁,十七岁也就是十八虚岁。

② Telford 1992b:926页。在清朝婚姻的法定年龄无论男女甚至都跌至更低:男孩是16岁,女孩是14岁。皇帝结婚时尤其年轻:顺治帝是14岁,康熙帝是12岁,雍正帝是13岁,而乾隆帝(对一个皇帝而言)相对晚些是17岁。见冯尔康(Feng Erkang)1986:308页。

③ Hinsch 韩献博,(1990:173—178页)对此提供了委婉的简单暗示。并见Gulik 1961:48,109,163,274,302页;以及Ko 1994:266页。虽然在20世纪的珠江三角洲地区能够找到女同性恋的可靠证据(特别见Topley 1975),但以此来作为18世纪江南也有此事的证据却是轻率的。

图5　送陪嫁的箱笼衣柜到新郎家。新娘未到新郎家以前,她的嫁奁要抬着招摇过市让众人观看并判断娘家有多大面子。据 Nakagawa[1799]1983 年,第350—351 页。

的好恶为丈夫挑选妾侍的。[1] 性事也不必尽属于私密之事:春宫画和线描春宫图经常画着一两个侍女协助或参加女主人与一个男人行房的过程,她们或是扶着她,或是分享她的乐趣。虽然图画所反映的更可能是男性的幻想,而非女性的真正经历,但也不能假定女性就不曾从这一类的两性接触中得到过快感,尤其若是她们觉得其他人在场能刺激情欲的话。直接间接有过一些性经验的丫环们和她们的小姐之间就性的问题传些闲言碎语或深入谈论一番,也是很有可能的事。

女性的作品清晰地表现了出现在她们幻境和梦想中的情欲。然而,这种想望总是系在一个遥远的爱恋对象身上,这个人不是遥不可及,就是只能在浮光掠影的瞬间匆匆聚首。吐露感情的诗意场合是小

---

① 见 Ropp 1985 的讨论。

心规定好的，总是与季节有关。第六章"工作"花费了相当多篇幅来探讨的七夕是这些场合中内涵最为丰富细致的一个，不过一年中几乎每个季节都能为这些相思之作提供一个传统的主题。春之花、夏之蝶、秋之霜风：一切的一切都馈送给作者诗语和诗境，让她们将思慕与痛苦交织而叠写，而即使在思慕之情正是光华弥满的时候，她们也遥遥预感着离弃和毁灭。

将思春的心情与伤痛感和独守空闺的苦楚交相敷写，确切地道出了绝大多数士族妇女人生中痴情终将化为灰烬的命运。成婚当日，年轻的新娘坐在被遮得严严实实的花轿里（见图6）迤逦去到丈夫的家，从此就要和这个她生平第一次相对的男人共寝处，并且今后的下半辈子都要在她大多数情况下亦是从来不曾谋面的他的家人中间度过。即使父母尽了最大努力，要把他们的爱女交托在可靠之人的手里，那也未必敌得过这个于幸福大大不利的局面。不幸是常有的事，灾难毫不足奇。妇女在包办婚姻下的悲惨命运在世家望族里已经是司空见惯，以至于此类故事在回忆文章里俯拾即是。兄长为出嫁的妹妹痛心慨叹，父亲为出嫁的女儿哀伤悼悔。少女们自幼受到的严格之极的教养并没有教给她们一旦生活在冷漠或是敌意的配偶身边将如何抵抗精神上的和心理上的压力，也没有教给她们在一个将上层妇女的再婚视为耻辱的社会里如何面对守寡生涯的自贬自抑。①

相形之下，新婚少妇与娘家的亲密关系便使得她婚后深重的孤独感和陌生感愈见加深。即使她与丈夫有感情，大户人家新娘子婚姻生活的早期阶段主要还是在婆母左右或婆家其他妇女中间度过的。尽管许多温情的回忆文章也说明在一些仁慈的婆母与忠心耿耿的儿媳

61

---

① 在清朝，也像在其他地方一样，妇女往往比男子的寿命更长。郭松义从33份年谱中抽取样本，显示出的模式是，男子的平均寿命在50岁到69岁之间，而女子则在60岁到79岁之间（Guo Songyi 1987：123—137页）。

图6 新娘坐轿上路去新郎家。据 Nakagawa[1799]1983 年,第 372—373 页。

之间存在紧密的联系,但做婆婆的一般仍是苛刻的,有些时候且很残忍。妯娌或小姑可能喜欢记仇或者娇生惯养,可能嫉妒大家对新娘子的注意或是担心自己的前途。无论如何,既然每对士族夫妇平均需要等待六年以上才能有儿子,[1]则新嫁娘在结婚以后的若干年里都无法指望从孩子身上得到安慰。

这样,也就难怪已婚妇女经常与她们的女仆建立起密切的关系。一个年轻女仆可能作为嫁妆的一部分陪伴新娘子从娘家来到婆家,另一个可能来为新娘子照看婴儿。贵族妇女在女仆的陪伴下度过很多时间,年轻的新婚妇女尤其需要有个可以推心置腹的女仆听她们倾诉痛苦、寂寞和孤立无援的心情。[2] 已婚妇女的真实处境也凭着婚前婚

---

① Telford 1992b:924 页。他并没有详细解释,但是这个平均六年的数据肯定有隐漏,隐漏的可能是女孩,可能是死婴或幼年即殇而未及记入家谱。

② 可参见《红楼梦》中宝玉宠婢袭人的例子。有关讨论见第二章"社会性别",尤见注 92。

后一直陪伴小姐的贴身侍女在必要的时候通知她的娘家。出嫁的姑娘本人是绝少抱怨的：大家闺秀们从小就懂得婚姻是终生的承诺,向父母诉说委屈只是徒然将不幸婚姻生出的痛苦又放大了几重而已。[1] *62*

中表婚在某种程度上可以缓解婚姻的压力,尤其是对女方。嫁到姑家或姨家的女孩进入的是她的双亲十分熟悉的家庭,他们可以通过这层亲族关系察看她的遭遇,保护她的利益。在女孩那方面来说,与表兄弟成婚意味着她进入了一个由相识妇女组成的圈子,哪怕她对这些人只是有所耳闻也罢。最后一点,中表婚耦可以扩大和加深将士族家庭联系在一起的学术关系网和亲族关系网,有助于巩固与保持舍此则必将面临竞争威胁的那些财富与特权。已有引用的小说轶闻的资料显示,名门望族常常把这种姻亲联络保持许多代之久。[2]

诞育儿女及孩子的早期抚养

盛清江南社会上层的已婚妇女在她有生育能力的整个年龄段里都要不断地生育儿女。生产的危险性与负担之沉重很可能使妾媵的出现变成了一种缓解之源而不是嫉妒的起因,或许亦使守寡生活不完全意味孤独,而更像是片时的喘息。婴儿的死亡率很高,而幼年夭折的子女是不在记录范围之内的,此外,在微观人口学家据以重建中国人口情况的族谱资料里,修谱者按一般成规将所有的女性后代忽略不载,因此我们无法准确地计算上流社会妇女的平均生育率。总的来说,若将亟望得子的文化压力考虑在内的话,则该数字似乎是惊人地

---

[1] 例如,见章学诚［n. d.］1922：20/16b。

[2] 《红楼梦》提供了一个著名的薛宝钗与贾宝玉之间姨表通婚的例子。亦见对 18 世纪常州的庄氏与唐氏之间婚姻联盟的讨论(Elman 1990：87 页,见该书第八章)。有关姨表(姑表)间通婚的盛行,从宋到清一直有人提出疑问,可见 Ch'ü(1961：95—96 页)所举的例子。他指出法律对表亲通婚的禁止被惯例忽视并且在实际上已成具文。

低,部分原因是守寡者占据了较高比率。一份研究资料说明浙江的士族缙绅家庭的已婚妇女有四分之一到三分之一在她们的育龄期间丧夫。被大户人家娶为正妻并且其生育年限未被死亡事件打断的妇女,估计每人约可生育子女五名。①

费侠莉(Charlotte Furth)阐明,明清时代中医师使用的妇科医书把重点放在孕产妇保健和如何成功生育的方面。② 她注意到,清代最通行的那些医书"被社会以这样一种方式编排:它支持儒家伦理观所要求的性别屈从的形式并且巩固儒家的伦理道德观"③。医书教导妇女如何正确地进行"胎教",以使母亲怀孕期间的品行甚至想法都能有助于塑造一个有价值的健康的婴儿。有些医书建议即将临盆的妇女练习静修以帮助自己忍受痛楚,④以后,在她们年龄渐老时,这种训练将应用于另外的一些目的。

一首不寻常的诗表现了分娩如何使年轻母亲生活中的精神危机分量陡增,在新生命诞生的同时唤起对死亡的恐惧:

次女痘殇,回煞之期又生一女

招魂适值女生时,一转轮回事可知。

识旧金环应认母,投怀玉燕倍思儿。

再来好证前生梦,皋复如逢七日期。

试听啼声看设帨,半为慰藉半含悲。⑤

---

① Liu Ts'ui-Jung 1985：28,31 页。刘翠溶注意到这个估计引人注目地与 1920 年代和 1930 年代初收集到的对婚内生育数据的估计相似。
② Furth 1994.
③ Furth 1987：8 页。
④ Furth 1987：16 页。
⑤ 戴兰英的诗载在袁枚《随园女弟子诗选》卷五,21a。正如 Emily Martin 富有洞察力地注意到的:在中国,即使有一种独特的关于出生的女性观念的话,很可能它强调的也是在同一个事件中生与死之间相对立的关联(1988：169 页)。

　　一些家庭仪式帮助年轻母亲们应付孩子幼年的疾病与死亡的威胁。以种痘来预防天花的方法 18 世纪就为人所知了，但这个方法仍有可能不起作用或引起继发性的感染。[1] 孩子被确诊是天花以后，痘花娘娘面前需要有人祈祷十二日。家中特别打扫出一间房间让患儿的母亲和其他女性近亲在那里向痘花娘娘祈求。她们缝制一件深红色的袍子给病儿穿用。病儿的父母禁绝房事，享用特殊的饮食，大家庭里的任何人都不能做煎炒烹炸的食品。在祀奉痘花娘娘的一系列朴实仪式里，年轻的母亲完全绝踪于卧室和厨房，一心一意地挽救孩子的生命。[2]

　　各种各样的仪典并不总是能够疏导早嫁的创痛。从少妇生活的记载中时时能看到情感的爆发，它展现了女子人生历程中付出的感情代价：双足被缠，童年的嬉戏痛苦地结束，与父母手足的心碎别离，在陌生宅院的陌生家庭中突如其来地与一个陌生人开始两性间的亲密接触，还有分娩和丧子的苦痛。 *64*

　　在成年妇女，疾病本身常常使得精神的骚乱与身体的不适夹杂在一道袭来。盛清妇女诗文中常有题为"病起"的诗，传达出女作家自料将常常缠绵病榻，又将养疴看作是身心从外界隐退的心情。[3] 下面这首诗中，胡慎容这样描写发烧：

病　中

惚惚魂无定，飘飘若梦中。

---

[1] Temple 1986：136—137 页；并见 Unschuld 1990：340 页注 1。"种痘"就是将患天花的人身上的痂接种给孩子。（Unschuld 1990：339—340）

[2]《红楼梦》第二十一回就描写了这样的一场危机，见 294—296 页；Stone 1：424—426 页。

[3]《国朝闺秀正始集》卷八，9a；卷八，10a—b；卷十，7a；卷十一，14a—b；卷十二，15b；卷十二，20b；卷十四，7b—8a；卷十四，13a；卷十四，20a；卷十六，22b；卷十七，18b；卷十八，6a；卷十八，17a；卷十九，22a。

> 扶行惊地软,倚卧觉头空。
>
> 放眼皆疑雾,闻声似起风。
>
> 那堪窗下雨,寂寞一灯红。①

即使是在这样一段明确的对流行性感冒的描写中,胡慎容的笔端也流露出孤单、寂寞甚至是哀愁。涉及病状较少,但与同类诗作在特点上更为接近的有这样一首题为"病起"的沉稳的诗②:

> 新春初见月纤纤,为怯春寒不卷帘。
>
> 怜取清宵扶病起,焚香端坐读周南。③

大病初愈可能昭示着一段新感情充满希望的开始:

> 病　　起
>
> 犹自恹恹懒下楼,凭栏闲弄玉搔头。
>
> 今朝风自来西北,东面珠帘可上钩。④

这些疾病很少对生命造成威胁。它们之所以发人深慨,是因为它们令人感触时节,也因为病症是一种短暂的、女诗人得以从中痊愈而"起"的状态。不过,由于意外原因或由于丈夫虐待妻子造成的早殇是

---

① 《国朝闺秀正始集》卷十,7a。
② 奚如谷(Stephen West)在与我的个人通信中指出此诗之本事显系一段不可复得的恋情,从作者毅然诵读以道德自警的《周南》及拒"春光"于户外二事尤可见出。《周南》十一章列于《诗经》之首,在本书第四章"写作"中将有更多讨论。
③ 《国朝闺秀正始集》卷十一,14a—b。
④ 《国朝闺秀正始集》卷十二,20b。

有案可查的。① 自杀——上吊、绝食、投水——在士大夫家庭，尤其是
青年寡妇中也时有发生。② 一位年轻的寡妇先是打算吞服石灰水自
尽，被亲友阻止了，但在两星期里就又绝食至死，给她的父母留下了一
首绝命诗。③

婚姻造成的其他压力在妇女间以家庭暴力的形式表达出来。大
户人家的主妇们虐待奴仆的行为是恶名昭著的，同时代的男性将之归
结为妇人的"妒性"。男人们撰写的闺训里包括有专门谈论这一问题
的章节。这些书劝诫妇女们要"养育"下人，要"宽、仁、慈、惠"，恰恰点
出了幽闭生活的压迫常会激起感情的爆发，此时，少妇们对自己的亲
族还能勉强不至于迁怒，但在仆人面前就一发而不可收了。④ 柳眉倒
竖、杏眼圆睁、泪尽春衫袖——这些出自女性手笔或描写女性形象的
小说与诗歌中间习见的陈词套语，为我们暗示着闺阁的重帷之下掩覆
着的感情生活的暴风雨。

盐米生涯

为夫妻房事、怀孕分娩和鞠育子女而劳烦的千头万绪的日子在女
作家的笔下被仁慈地轻轻带过，只称作是"盐米"生涯。在这个期间
内，士人家庭的妇女通常为了家庭成员的物质需要和管理家政的实际
要求而把文学爱好和审美的追求暂且搁置一旁，不在产后恢复期的妇
女则忙着管理帐簿和开支，监督仆人，操办宴饮，照拂老病，教导子女

---

① 例如，关于早夭的议论，见《国朝闺秀正始集》卷四，19a；卷五，7a—b；卷六，22a—b；卷九，
5b；卷十一，6b。一个年轻的才女被她患妄想狂的丈夫折磨至死，只要当他离开房间，就
会把她锁在屋里；见《国朝闺秀正始集》卷十，18a；关于痛苦的年轻妻子的故事，章学诚也
有叙述。《章氏遗书》[n. d.]1922; 20/16b—17a; 31b。
② 在恽珠于清朝中叶编纂的妇女诗歌集选录的许多诗词中，都表达了自尽的年轻寡妇的苦
闷与愤懑。其例见《国朝闺秀正始集》卷五，3a；卷十二，7a—b；卷十三，13a；卷十八，10a；
卷十八，14b。
③ 见《国朝闺秀正始集》卷十九，21b。这首诗可见于本书 218 页。
④ 见《王孟箕家训》，陈宏谋(1742)1895，"余暇"。

读书写字和应有的举止。①

这些劳作中间也有比较愉快的一类。绣花——被视为一种工作——既有审美的满足,又是社交的场合,也是那些困难辛苦的体力劳动间隙中的求之不得的喘息。女作家提到刺绣时,有些人把它看作不得不处理的事务,另一些人把它当成她们履行责任的标志;女性的作品常常用"绣毕""绣成""绣余闲草"等类的词句作为开篇。②

照料年迈的婆母、掩饰无能或无用的丈夫的短处,在耗费感情的同时也一样地耗费着体力。章学诚以敬仰的语气回忆一位年轻的当家媳妇怎样照料她的不能行动的婆婆:

66
　　君姑晚年,得口齿疾,已而转剧,食物义牙,入口狭隘。孺人每黎明起,跪抱进食,引匕俟咽,良久乃下。度一餐既需炊斗粟,多许时始得舒膝盖。半年之间,有虔无懈矣。③

衰　老

从婚姻生活和奉老育幼的操劳与感情动荡中,衰老把许多士大夫家庭的妇女解脱出来。士族女性人生历程的最大转折点是在月经停止的时候来到的,停经是多个标志中的第一个。对她们来说,另一个标志是闲暇的时间。如所常有的巧合,女性停经之时常常正值她们的长子成婚,这标志着多年的媳妇升成了高高在上的婆母,侍奉别人的人变成了受侍奉的人。若将士族妇女生育第一个男性后代时的平均年龄计为大约 24 岁的话,当她的长子在 20 岁成婚的时候她正在 44

① 关于妇女作为"家庭司库"的论述,参见 McDermott(周绍明)1990:15—16 页;McDermott 1991,特别是 49—52 页。
② 相关的讨论和例证,参见 Robertson 1997。
③《章学诚遗书》(嘉业堂本)[n. d.]1922:20/29a。

岁上下,当长子和长媳也有了头生子的时候她正接近停经的年龄。①
理想情况下,已婚妇女就会在生育年限预计接近终点的时候获得了一
个儿媳妇侍奉自己。

标志生育年限结束的正式转折点是 50 虚岁。② 尽管如我们曾经
提到过的,对男性而言从 50 岁开始的十年是仕途的巅峰时期,对女性
来说它却意味着人生历程开始了最后的一个阶段。50 虚岁对于妇女
的重要性,如我们此前见到的,已经在朝廷旌表节妇的上谕中得到了
承认,旌表的荣誉只能留给那些 30 岁前守寡并守节直到超过 50 岁的
妇女。③ 换句话说,清朝对待寡妇的官方政策很清楚地把妇女的生育
期间划在从月经初潮直到 50 岁的这段时间之内。

做了婆母的人表现她的这一人生转变的方式,可能是隐退到她的
私室里手持着数珠念诵佛经。有些妇女则聚集在一道同声诵经,或是
去进香朝拜。④ 有些人开始追求一种佛家或是道家的、需要全神贯注
(如抄写佛经)和打坐静修的精神生活。这种追求的内容也会包括用
丝线刺绣佛经或观音菩萨像,一些虔诚的信徒还可能用自己的头发作

---

① 这里说的年龄都是以初婚与婚后初次生育的间隔为平均 6.5 年来假设的 (Telford
　1992b)。据 Telford 1992ak 中的说明,6.5 年是清末结婚与生育第一个男孩子之间的平
　均年份。
② 我刚刚开始注意到在较早时期妇女故事中这种转折的重要意义。例如,12 世纪的道教名
　家和诗人孙不二有三个孩子,她转而崇信道家的沉思和实践时已经 51 岁,她是跟随她的
　丈夫进入道门的,她丈夫成为道教信徒时是 45 岁。故事使我想知道,是否女人不得不等
　待直到 50 岁才能实现这个转折,而男人则无论何时都可以作出自己的选择(见 Cleary
　1989：21 页),但是 Ann Walter 引用昙阳子及其她的弟子的例子,向我保证这不是通例
　(1995 年 3 月 21 日一次个人间的谈话)。
③ Mann 1987 对这些规律进行了概括。
④ 有关朝圣和妇女精神社团的论述,参见第七章"虔信"。直至今天,在台湾和大陆,诵经的
　团体也仍然是由中老年妇女为主组成的。(Sangren 1983：8 页以及本人于 1988 年十月
　在上海静安寺的观察)。

为绣线。① 记载中偶尔也会提到男性师父的存在。②

妇女的作品中常以内省式的章句和对自己精神生活、感情生活自主性的肯定来庆贺这一中年转变。③ 一位 50 余岁的妇女在思忖几个子孙的成功并无可奈何地接受其中一人的死亡时,用到了"放怀"一语。另外一位谈到将肩上的担子交给下一代。有些人喜不自胜地迎接暮年的来临。张淑莲把一首兴致勃勃的长诗题为"九十自寿"。年逾 90 仍执笔不辍的麦英桂为自己新取了一个别号"独醒老人"。④

作为妇女生命过程最后阶段的 50 岁过后的日子在所有女性都是值得庆贺的,唯独对于寡妇是个例外。守贞寡妇的事迹和行传一次又一次地提醒我们,当知书识礼的妇女寿命超过了自己丈夫的时候,她们绝不宜为此欢欣鼓舞。她们从古代典籍中学到自己只是那个"未亡人"⑤。她若比丈夫长寿,那么她有义务抚养儿子、侍奉公婆,但无论何时何地,她都不可单纯因自己的长寿而欣喜。图 7 画像中的韩夫人(1742—1781 年)是著名藏书家袁廷檮(1764—1810 年)之母。韩夫人25 虚岁守寡,守节 15 年,40 虚岁去世。据她的传记作者孙星衍记载,她四十寿辰时"子妇等用时俗礼为母以生日举寿觞,母举古称未亡人

---

① 《国朝闺秀正始集》卷八,18a。并见"示儿",《国朝闺秀正始集》卷二,5a。

② 例如,可参见第七章"虔信"。

③ 见一位 69 岁的妇女所作的诗"默坐",(原书 73 页引)。

④ 《国朝闺秀正始集》卷十三,14b—15a;卷十五,2a;卷十五,2b—3b;卷二,18a。

⑤ 此语来自《左传·庄公二十八年》的《传》,这个评注解释了楚国的宰相子元如何用佼舞取悦文王的寡妻,试图引诱她。但他的这种姿态传达了意料之外的双重信息:他本希望使她快乐而心意迷乱(欲蛊文夫人),她却将此视为对亡夫荣誉的有意冒犯。这位寡妇一边哭泣一边回忆文王出战前曾如何以佼舞分散敌人的注意,责骂子元说:"先君以是舞也,习戎备也。今令尹不寻诸仇雠,而于未亡人之侧,不亦异乎!"朱熹注毛诗时也引用"未亡人"一词曰:"女子之生,以身事人,则当与之同生,与之同死。故夫死称未亡人,言亦待死而已。不当复有他适之志也。"(译者按:原文出自朱熹《诗集传》卷三,四部丛刊本)

义却勿御"①。画像上韩夫人的仪容透露出女画家对她苦节的赞赏。同时,自称为"女史"(意为女学者)的这位画家也展示出了她圆熟的古典绘画技法。

与这位俭朴自奉的守寡人相反,丈夫还活在世上的已婚妇女在五十生辰的时候据认为应该大事庆贺。长江下游地区,做寿的人要在她的花圃里满栽各色花卉敬献给花神。② 祝寿的册页描绘了道家的花仙由两名侍女陪伴,侍女手中挽着花篮。③ 花篮代表八仙之一的蓝采和,她的形象一般是一位"常衣破蓝衫,一足靴,一足跣,夏则絮,冬则卧于雪,尝入市持大拍板"的妇女。④ 蓝采和口中自编自唱,絮絮数落着这种浪迹四方享不到一天福的日子。⑤

68

图7　陆淡容(松陵女史)所绘韩夫人(1742—1781年)像。这幅祖先画像描绘了一个不满40岁的寡妇形象。据 Zhou and Gao 1988：130页。

---

① 见 Sun Xingyan n. d.：15a—b(孙星衍:《贞节堂叙》卷一,载《孙渊如诗文集》,四部丛刊本)。还有一个类似的例子,可见第四章"写作"。

② 1988年在上海,一个73岁的宁波太太告诉我,她从她的祖母那听说,她应该在50岁的时候种很多花,这样花神就会眷顾她(1988年9月12日的访谈,受访者5)。

③ 在中国的一些地方,妇女和儿童要在阴历二月的第十二天将花神节作为一种祝愿丰产的仪式来庆祝。见 C. A. S. Williams 文林士,(1976：191—192页),他还引用了一段上海1902年出版的民间传说。

④ 见 C. A. S. Williams 1976：155—156页,尤见156页的图。

⑤ Mayers(梅辉立),在他的 Chinese Reader's Manual (1910)1974：338页中,翻译了18世纪江南学者赵翼(1727—1814)对于八仙和他们特点的解释。据他的考证,八仙传说的出现不会早于元代。见赵翼(c. 1775)1957：34/24a—26b(《陔余丛考》卷三四"八仙",商务印书馆点校本,1957,页744)。

　　五十岁过后,女性便尽可以去追求个人的精神生活。人类学家们有时将停经妇女的独立精神追求阐释为"父母角色的完成礼",它的实用目的是把妇女平缓地送进一个人生阶段,若不如此的话,她便可能觉得自己已经没有用处或被抛在了一边。学者们也已经指出过,佛教认为弃绝日常生活中的不洁行为尤其是性行为,会给妇女带来福德。① 长江下游地区的民间故事表达了妇女从分娩的污秽中抽身并跳出生死轮回的内心愿望。绝经以后,妇女用从道家丹书中学得的肉体节制方式来应对这些佛家的事务。强有力的调护摄生制度净化了女性的躯体,涤除经血带来的污秽,开启了通向心灵新境界的阳关大道。②

---

① 桑高仁(1983:12 页)多半不含嘲弄地评论说,这样的仪式"为中年和老年妇女"提供了一种"可以实践"的新方向,他强调佛教徒的虔诚给予过了生育年龄从而感到被边缘化的妇女一种精神上的慰藉:"佛教对于个人被拯救的关注,保证了它在宗教生活中扮演着重要角色。这种角色不仅对于与社会格格不入的人很重要,对于那些将此角色视为祭祖和地方仪典一类头等大事的必要补充部分的人,它也十分重要。"(17 页)。至于"父母角色完成礼"的观念,桑高仁采用的是 Sherry P. Ortner(Sangren 1983:18 页)的成果。类似的意见,可见历史学家伊沛霞的对于宋代妇女的研究。在宋代,当过了更年期的妇女在丈夫床上的位置被妾取而代之的时候,她就会转而信佛,以此来控制自己的嫉妒情绪,并在家庭以及儒家那些伦理世系、仪式等规矩之外,找到新的使自身得到满足的来源。

② 有关这些信仰的人种志证据是相当丰富的。尤见于 Ahern 关于"曾经生过孩子的妇女(或者,也有人说是因难产而死的)在地狱中因生育产生的秽物而被惩罚"的讨论(1975:214 页)。她详细引用了从 Johannes Frick 的著作中翻译来的一段说明,他的被访者告诉他:"在分娩时死亡的妇女被送到地狱中一个特殊的称为'血坑'的地方。在那里妇女的灵魂被拴在一个沉重的石头上坠下去。"Frick 引用 Ahern 的话,记录了灵魂的难以想象的经历:"灵魂呻吟着,是的,极痛苦地哭喊着,它的眼睛充满渴望地环顾四周,但看到的只有血,它吃的只有血块,喝的只有血水,而且不是动物的鲜血……而是污秽的阴道流出的血。灵魂无法忍耐这样可怕的折磨,它不停地呻吟和哭喊,但是根本没有友好的灵魂肯来接近和帮助它。所有好的精灵都躲避着一个因分娩而死的女人。"(Johannes Frick, "Muttetr und Kind bei den Chinesen in Tsinghai, I: Die Sozialreligiöse Unreinheit der Frau," *Anthropos* 50[1955]:特别见 341—342 页。最后那段引文见 358 页。译文见 Ahern 1975:214 页)Ahern 解释道:"有时候……一个妇女的儿子会表示对她的爱和怜悯,希望用举行仪式等手段来为她减轻或者解除这种惩罚。"(214 页)有关这个称为血盆祭的仪式,见 Doolittle 1867,1:196—97 页在福州的纪录;台湾的仪式见 Seaman （转下页）

死　亡

　　在儒家记认人生历程的各种仪式中,丧礼更重于婚礼。事实上,丧礼和祖先崇拜是大家族体系的聚焦点,它们不断地重新勾画 69 出家族的界限,并使同宗成员之间的关系得到再一次的证实。

　　然而,由于清代中期妇女在丧礼中间的角色有些含混,对于逐渐接近人生大限的女性来说,儒家的服丧之礼似乎便不如其他的尽孝方式来得那样重要。清代,孝子和待字闺中的孝女在父亲或母亲中的一方去世后应服满三年的孝期。① 但一当女儿出嫁,她就要转而为她的公公和婆婆服丧了。已婚妇女按例只应为她娘家的父母服孝一年。② 结果,已婚的女性,尤其是那些过门不满一年就有父母去世的新媳妇们,只得硬起心肠不去理会儒家丧礼的含义,因为已经嫁为人妇的她们没有权利为娘家父母兄弟姐妹的亡故而大悲大恸。③ 民人家庭的

（接上页）1981：388—389。关于香港的仪式,Elizabeth Johnson 写道:"据我访问的老人讲,当他们自己的孩子出生的时候,认为女人在生孩子后是不洁的观念还是非常严重的。她们如果出门,就不得不戴一顶帽子,以避免冒犯神灵。她们的婆婆让她们待在卧室里,不让她们坐椅子或与其他人一起进食,甚至不能自己动手盛饭。这些限制现在不再见得到了,但是在孩子出生的第一个月,产妇仍然不得祭神或祭祖,如果没有专门的邀请也不得进入任何他人的房间,因为她们还是被看作是不洁的。"(1975：234—235)

① 将为母服丧的期限改为三年是从明朝开始的,从此为母服丧的期限就与为父服丧的期限一样了,而且也同样称为"斩衰"。而在古代,母死仅服一年(期年)丧。在唐代经过激烈的辩论之后,也曾有将服母丧延长至三年的规定,但有一个特殊的名称为"齐衰"。见 Ch'ü 1961：31 页引《明史》卷六十,22b—23a。

② 见 Freedman 1958：45,101 页;Arthur Wolf(1970：201—203 页)从他在台湾得到的有关一个已婚妇女应该服丧的时间的材料中,发现了大量互不相同的事实。他将此种不一致现象归因于家族制度中,关于父母和公婆对于女儿或儿媳应该有什么样的期望,要求并不明确。有人可能愿意女儿婚后与娘家保持密切关系,这就会反映在服丧中,多半居住得较近的女儿会将为父服丧的时间延长得与她为夫家需正式履行义务的亲戚一样。

③ 妾虽为"已婚",但在儒家丧礼中却仍被排斥在外。妾与娘家的联系是完全断绝的,她所嫁与的家庭与她娘家也毫无礼仪与法律上的联系。这意味着她既不能礼节性地回娘家探视,也不能从她娘家得到任何合法的联络与支持。因此,虽然在理论上,一个妾即使在婚后也仍保留着为她亲生父母服丧三年的义务(既然她并不是第一个妻子),实际上她也无法履行这个仪式。再者,一个妾被要求为她丈夫的正妻服丧,就像她为丈夫服丧的等级一样。此外,她还有同正妻一样的为丈夫的父母服丧的义务。见 Hoang　（转下页）

葬礼上妇女们还可以咏唱着哭调来诉说失去亲人的悲苦和无依无靠。但妇女的哭丧歌从属的是口头文学的传统,它对儒家礼仪所卫护的那种父系家族的纽带,不是表示靠拢,而是表示疏离。

修炼长生

进入老年的妇女转而进行那些独处内省的宗教修炼。这类修炼求拜的是观音菩萨(见第七章"虔信"),但也同样注重道家的各位仙姑,例如西王母——司掌长生不老的女神。与观音娘娘一样,道教的女仙们在妇女的宗教想象中是永生的具体化身。

在妇女的宗教和审美的想象天地中铺衬了如此空间的、对超拔或永生的追求,随着年事的增长而愈见强烈。妇女们在过生日的时候祈求道家的仙人赐给她们长生。写在雅致的挂轴上的贺寿祝词,若是可能的话,总是伴有某一位仙人的画像。度过五十大寿的妇女会收到一幅东方仙人麻姑的画像(图 8),或是西王母的画像,并会在画像面前焚香礼拜,祷告数日之久。① 她的朋友们会用"麻姑献寿"这样的字句来祝贺她。麻姑让我们想起另一位仙人——何仙姑,道家的传说和历史

(接上页)1916"注释",36—39 页。一个妾如果在祖先祭坛上立有牌位,那只能保留到她丈夫的所有儿子都死去时。在她丈夫家庭的所有成员中,只有这些儿子有义务为她服丧。王安即将发表的关于明代法规的研究指出,一个妾,她丈夫的所有儿子,除了她亲生的以外,都要为她服一年丧。一场关于妾死后牌位应该置于何处的争论曾风行于清朝中叶,证明了妾作为母亲或者养母,儿子对她们的热爱在感情上的力量,以及妾在家族制度中地位的模糊不清。见 Chow 1994:119 页;《皇朝经世文编》卷六七,19 页。黄伯禄(Pierre Hoang)则说明,妾的子女(儿子与未嫁的女儿)只能为他们的母亲服丧 9 个月(第三等),而妾本人则必须为死在她之前的孩子服丧满 27 个月(第一等);见 Hoang 1916"注释"37 页。

① Werner 1961:16,218 页,535—536 页;Zong 和 Liu 1986:418—425 页。Suzanne Cahill 柯雅芝,(1993:229 页)谈到西王母是老年妇女特定的保护神。麻姑则是"宇宙时间的化身",每一轮时间都是沧海变成桑田然后周而复始。见 Schafer 1985:94—95 页;S. E. Cahill 1993:62,95 页。一部带插图的麻姑传记见 Kohn 1993:355—358。按照一个传说的说法,麻姑也是与七夕联系的纽带。在七月的第七天,她和她的哥哥,不死的王方平,会降落到地上,参加一个宴会,在那里她会表演一场纯粹的奇迹:遇到刚刚生产的主妇,麻姑便抛撒出米谷,米谷立刻就变成了朱砂。她停留的地点在浙江省的仙山——天台山上的一道悬崖(Schafer 1985:94 页)。

中八仙的两位女仙之一。据说何仙姑是唐代武则天皇后时的人,有人曾见到她足踏五色祥云,在麻姑祠前腾空来去,因此,她也出现在许多贺寿的画幅上面。

年长妇女潜心静修以求长生不老的各种方法中,尤其多见者是戒绝不净的食物。但食素的做法不仅仅限于年长的人。女性信佛者的俗家传记赞扬她们把持"长斋",不近肉、酒、大蒜和其他佛法有所规定的食物。苏州有一位母亲和她已嫁的女儿远离这些食物长达四十余年。有一对夫妇以及丈夫的嫂子全都守斋并且长寿。有时候夫妻也可能共守长斋。年长和中年的妇人们都会去"修净业",就是说她们不仅持斋而且还不行房事。①

正如观音菩萨一样,道家的仙人们也是洁身独守的。她们远离不净的食物。并且像观音一样她们是孝顺的女儿:何仙姑用她采自山中的果实供养母亲;据一个与妙善的传说(事见第七章"虔信")十分类似的故事所述,麻姑使她残忍的父亲恢复了视力。②不过,若说观音许诺的是死后可以脱离苦海,道教追求不朽的途径却是邀请生者掌握修炼内丹的法术,从而延长生命。修炼内丹的秘籍指引女性遵循刻苦节制和专心内守的严格过程,逐渐使精神和身体都达到脱胎换骨的境地。③ 在指导妇女抵达性生活的纯洁境地时,这些秘籍乞援于观音和西王母,有时更乞灵于儒家的妇德

① Peng Shaosheng(彭绍升)1872:下/31a,32b—33a。另(如下/33 b)所提到的词"长斋"和"修净业"看来也都是同义的。
② 关于麻姑的论述,见 Werner,1961:299—300;Zong and Liu(宗力、刘群)1986:719—724页。关于何仙姑的论述,见 Zong and Liu(宗力、刘群)1986:807—813 页;Werner,1961:347—348 页。
③ Judith Boltz(鲍菊隐)在她讨论妇女内丹的文章中,注意到文章中提到的胎吸、提精、辟谷都使"信道教的妇女可以通过绝经或厌食的努力而达到一种净化"(1987:156 页)。

图 8 改琦（1773—1829）绘"麻姑献寿图"。一幅用于赠送给过五十岁生日妇女的画作。据传说,麻姑是一位永生的道姑,她在西王母生日时向她敬献寿礼。画中麻姑为其他象征长生不老的物体,如鹿与松所环绕。她左手提着一篮灵芝和仙草,右手握着一柄牦牛尾做的拂尘,这使她能免于被污物和世间环境所玷污。头上戴着富贵之花牡丹。长袍上的金凤凰表示着她在文学上的才华,回头向她致意的鹿,身上也绘有牡丹和瑶草,象征着富贵与长寿。据 Shen Yizheng 1984：125 页重印。

理想。[①] 这个方面它们引述的是妇女在亡人的道场上遵行的宗教活动，以及与分娩或与女性身体联系的那些不净观念。[②]

内丹的修炼强化了导引加存想守一的效果。书面记载，从佛经（sutras）和道家学说中援引各种长生不老和清净无垢的人物，揭示出修习内丹的人们不仅识文断字，往往还受过极高的教育。炼成内丹的妇女听说她们以后会到达一个如《楞严经》、《莲华经》和《华严经》（Surangama，Lotus，Avatamsaka）中描述的那样的、大彻大悟的境地。[③] 她所得的劝告是每日背诵《道德经》和《庄子》里面的若干章节。[④] 在信奉道教的活动中，妇女的权威性既是精神的也是哲学的，这种权威建立在妇女创造和传继道家法典的清晰可见的角色之上。[⑤]

盛清读者都很熟悉一本修炼内丹的手册，题为《西王母女修正途十则》，自称得自西王母的真传。[⑥] 文章一开始就列出"九规"，重申每一位受过教育的女性都熟悉的儒家和道家的规诫：

[①] San-pao Li 指出，在新儒家有关纯洁的见解和道家在易经中阐释的纯洁概念之间有着共同之处："家庭的繁荣，按照易经，就是指'家中的女性举止有度'（女贞）……根据郑义对易经的评注，"'贞'事实上与'正'是同义的(1993：123 页)。

[②] Wile(1992：193 页)认为他所谓的有关性欲的瑜伽手册事实上可能是在尼姑庵里产生的。见 Paul(1985：170—211 页)有关中世纪佛教中性欲观念转变的讨论。Seaman(1981：385 页)解释了阻碍妇女向较高一级转生的肉体障碍"五障"。

[③] 《华严经》用普贤菩萨的例子说明什么是"于诸法相皆能通达"：他已经修成正果但仍留在人间普度众生。见 Cleary 1989：5 页。

[④] Wile 1992：211 页。

[⑤] 见 Schipper(施舟人)1993：124—129 页。Joseph Needham(李约瑟)对于道教的性交技巧作了这样的说明："承认女性在行事中的重要性，接受女性与男子是平等的观念，相信健康和长寿需要两性的合作，认为应该对某些女性的心理特点予以赞赏，……再一次向我们揭示了那些儒家和一般佛教中不存在的道教独一无二的方面。"(1956，2：151 页)

[⑥] Despeux(戴思博，1990：149 页)考订这个版本的刊行日期为 18 世纪末。她认为这部有关妇女炼丹术的专书的出现始于 18 世纪，说明了道教史的新发展(11 页)。(《西王母女修正途十则》，沈一炳授，中文原文载闵一得辑：《道藏》续编第一集，民国上海医学书局排印本——译者)。

101

72

> 孝敬柔和，慎言不妒；贞静持身，离诸秽行；惜诸物命，慈愍不杀；礼诵勤慎，断绝荤酒；衣具质素，不事华饰；调摄性情，不生烦恼；不得数赴斋会；不得虐使奴仆；不得隐善扬恶。以上共九戒。①

骤然离开社会行为的主题，丹书接下来转向了如何保养并调护女性个人的生命这一问题。它告诉读者，她在月经初潮到来之前处于她阳气的最盛期，这大约是 14 虚岁。在那以后，按文中的解释，她的阳气精华就稳步地消耗，这是一个只有通过繁复的修炼才可能减缓或者逆转的过程。首先，为了恢复月经中丧失的血气，她必须进入一种"寂虚而视"的境地以"修经"。在这样的悟境之中，她在导引推拿的同时练习存神定意，使气（亦即生命力）得以巡行周身，将体内津液化而为血，最终又化血为气。② 若她成功，她就可以"断龙"。③ 她对这种刻苦修炼可能带给她的猛烈的、有时让人欲火中烧的感觉必须心中有数。她必须降伏七情六欲，无论何时都与各种享乐远远地保持距离。换句话说，为了断龙——修成内丹——停经以后的妇女首先必须补足她失去的气血，重拾闺中的年岁，回返姹女之身。④

这样，通过修炼内丹，女性习得了节制情欲的手段，将性的渴望转化成对精神超脱自在的追求。断龙成功、业已化血为气的妇女，她所达到的境地犹如普陀山顶峰上光明洞彻的观音菩萨。⑤ 当她的修行

---

① Wile 1992：193 页。

② Wile 1992：209 页。

③ 关于"断龙"之事，参见 Despeux 1990：242—268 页。

④ 另一篇文章叙述了一个成功的实践者，她以男身出现，胸部平坦且无经血（Wile 1992：204 页）。

⑤ 在一篇文章中说，观音的每一次显身都是一种隐喻，是断龙之后阳的状态在形成过程中的一个部分（Wile 1992：204 页）。

臻于化境时,随着真气充盈全身,她会感觉到通体无限舒畅:

> 阳神出入自如,真我游行自在。且住人寰,广立功德。
> 德深缘至,真师来度。引见上帝,次拜诸天。后到瑶池,朝见
> 金母。授职为仙,是为超凡。[1]

内丹的修行中,飞升被理解为一种状态,其时女性达到了像观音
和西王母那样的女菩萨和女仙家们所处的纯阳境界。她从浸透污血
的阴境中脱身出来,进入了使人涤尽尘埃的气的阳境。

标准的清代文集中未见有收录妇女修炼内丹的诗作,尽管更早的
时期里这类作品确实曾经出现过。[2] 我们在盛清时期所能找到的妇
女修习内丹的证据最多也就是她们给自己象征性地冠以女道士的名
号。即使这种情况下,女冠的名号亦有可能只是一种标志,表示认同
鱼玄机、薛涛等盛清时深为时人看重的前代女诗人的行止。[3] 但女性
作品中偶尔有之的一些闲笔,如恽珠自言的"静坐",暗示着这种类型
的澄心定虑仍被看作是人生历程中一个健康的组成部分。

---

[1] Wile 1992:218 页。(中文原文出自萧天石辑:《道藏精华·第五集之五·女功正法》,台
北:自由出版社,1960。——译者)

[2] Cleary(1989)就翻译了许多从早期留存下来的关于妇女修炼内丹的诗歌,包括一篇 19 世纪末
修炼此道者写的诗,在这些诗中有一首,就将"断龙"归功于 12 世纪的道士孙不二(31 页)。

[3] 关于鱼玄机,见 S. E. Cahill 1993:234—236;关于薛涛,见 Nienhauser (倪豪士)1986:438—
439 页。完颜恽珠在她的妇女诗集中没有提到一首与内丹有关的诗,但她在 50 岁的时候却
为自己取了一个道教的名字。她在这个问题上的沉默可能出于自我检查,也可能由于官方
有禁止妇女内丹之类的书籍刊行的企图。对于这个问题显然还需要进一步研究。举例来
说,就在我写完本章的时候,我发现学者孙星衍曾撰写一部有关内丹的文章《素女经》,被叶
德辉作为参考文献收入 1904 年编辑的一部标准的近代出版物中。见 Li 和 McMahon 1992:
148 页。可能由于有关妇女内丹的文章被当作是扰害安定的东西,所以孙星衍在《中国名
人》的传记虽然评论说他对古代的文章感兴趣,却没有提到这篇文章(E. C 676—677 页)。
Needham(1956:147 注 c)回忆了他在中国旅行期间一个著名官员告诉他,在四川大约半数
的男人和女人定期参考这些文章,这些东西可以很轻易地从小贩那里找到。

与涉及内丹的文字不同,用佛家或儒家的眼光去观照人生迟暮,是很常见的事情。在下面这首诗中,寡居的王飞琼将入静形容为一种超脱:

默　　坐

默坐闲吟自笑予,行年六九乐贫居。

锦机漫织新花样,墨海尝游小蠹鱼。

室有儿孙惟课读,家无担石亦藏书。

人生适意为佳耳,眼过繁华总是虚。①

这种沉浸在内心世界中的满足同时即是飞升,而且它植根于人世间的善:劳作、孙儿、诗人一生勤苦换来的今后的家风重振。这首诗反映了老年女性笔下常见的"放怀"诸篇中所表达的同样情感。②

另一首有关精神世界的诗作描写了一位卓有才华的女子从研习古典向熟谙佛理的转变,尽管写诗人的年岁不能确知。触发这首诗篇的是龙女的形象,她又称为玉女,是观世音的侍女和徒弟。传说龙女是龙王三太子的女儿,当龙王陷入渔人的网罟,险些被当作一条鱼卖掉的时候,妙善救了三太子的性命。父亲得救以后龙女得到他的准许,跟随妙善学习,妙善转世成为观音菩萨的时候,龙女便成了她的侍女。③ 张因在题江碧岑的龙女抱经图时,哀叹这位少女的才华"天亦74忌",并谈到了她的目光:

题江碧岑女史龙女抱经图

已归净土结莲胎,更向尘寰见异才。

---

① 《国朝闺秀正始集》卷八,22a。

② 见《国朝闺秀正始集》卷十二,19b—20a;卷十三,14b—15a;卷十五,2a。

③ Werner(1922)1986:274—287 页,并见 Levering 1982.

读尽儒书千万卷，又从佛座授经来。①

张因提到的天上的嫉妒神灵说的是当时一种流传甚广的信念，即有才华的女性命中注定多病而且早夭。这里诗人是抱着希望写道，作为天妒才华的人物之一，她能在学佛中间找到逃避的去处，那里她的"异才"只会吸引住带她往生净土的菩萨那仁慈的目光。换句话说，习佛学道，特别是当妇女年迈的时候，可以为她们的智力追求提供一个安全的避难所，因为这种追求有可能在学者和家庭成员眼中过分具有威胁性，而使他们产生嫉妒，或竭力小视之。

随着妇女年纪老迈，她们多数完全从家庭抽身，为自己安排一个独处静思的去处，或诵读佛经作为恪尽相夫教子职责之后的一种休憩。② 盛清显宦田雯（1635—1704 年）的母亲张氏太夫人，当丈夫 1654 年殁于知县任上之后开始守寡，十年后她的一个儿子中了进士。到她临终时，三个儿子中间已有两个在朝廷担任高官。在一篇回忆录里，她的儿子们回忆她怎样一面纺绩一面课子读经。在她七十寿辰时，家人戚友决定举办一次盛宴以示庆祝。张太夫人听说这一打算后，据经史著文千言，对他们严辞训诫，说明寡妇的举止怎样才算得体，提醒她的敬慕者们，她只不过是一个"未亡人"。使设宴的计划全盘撤销。下面一首诗是张太夫人存世的少数作品之一，大约拟于上述事件的同时。

示　　儿

一部楞严户昼扃，木鱼竹杖③倚围屏。

---

① 《国朝闺秀正始集》卷十六，11a。
② 就在我这部书稿完成的时候，Beata Grant（管佩达）出版了她研究世俗的佛教徒诗歌的开创性著作，名为《陶善》。见 Grant 1994。陶善的许多诗都被恽珠收录在诗集里。
③ 伴随香客朝拜之物。

老人①自觉修斋好,不为儿曹讲佛经。②

　　追寻和重按男女两性的人生轨迹,我们看到闺阁远远不是男人心目中所想象的——其实毋宁说是他们所期冀的——那静如止水的一点。相反,闺阁是冲突时起、纷争连连之地,在那里,自己尚且没有一个倚靠点可以歇肩,却还不得不为男性创造一个倚靠的闺中人,发展出种种的技巧帮助自己抵挡一生中渡过的感情的惊涛骇浪,并且借助这些技巧,为暮年的安闲放怀和克己自制做好准备。男性与女性看待人生历程的角度之不同,从盛清时期江南地区的社会性别资料和文化资料中间体现得相当清楚。下面就让我们来考察这些证据。

---

① 诗人自称"老人"而不是"老妇",提醒人们她作为代理的父系家长已经有自主的权威。

② Xu Kuichen(许夔臣)(1804)1914:3a。关于张氏生活的故事,可见 Hu Wenkai(1957)
　1985:533页,以及施淑仪:《清代闺阁诗人征略》"补遗"卷四,3b—4a(628—629页)。

第四章 写 作

　　纵观盛清统治下的种种时代标记,唯有复古运动在社会性别关系方面为我们揭示最多,就如何看待诗礼世家女性的学问一事,它栩栩如生地展现出了各种互相矛盾的理念,这些理念经受着学者们的激辩。当时的这些争辩主要围绕两类影响深巨的形象展开,一是以女历史学家班昭为代表的严正不苟的女教师;另一则是以诗人谢道韫为典型的优雅的咏絮才女。(两位女性都将在后面的章节详予介绍。)这两人在中国人的文学想象中唤起的是古代传说中那些强有力的女神形象,风华绝代,柔情万种,既令人神驰,又玉洁冰清:"完美的母亲、完美的恋人和完美的教育者。"[1]在那些深为女性文人倾倒的盛清男性中间,这种既圣洁又能够激励人心的强大的女性形象有助于我们理解他们那种强烈的情感。一个能够用一清如水的语言直抒胸臆的女人,一个真正的红粉"知己",一个满腹诗书的异性,她在男性心中唤起的反应绝不止是智力上和审美上的。她令人想入非非吗?她使人感到威胁吗?曾经围绕着她展开的那些争论告诉我们二者都有可能。[2]

---

① 将女诗人拟作神女、视为情感所寄和精神升华的源泉,这在 S. E. Cahill 1993 的著作中有过优雅的描述(见 243 页的引文)。

② 李木兰(Louise Edwards,1994)在对小说《红楼梦》中的社会性别进行分析时对性别间紧张关系的分析循着与此处稍有不同,但同样具有挑战性的线索进行。她特别注意到母爱中所具有的破坏性潜力。直到本书的草稿完成之后,笔者才看到她的书。但她的想法对我启发甚多,尤其是在母亲作为道德指导者的权威方面——"仁慈的母亲同时是我的老师"(见第六章,"工作")。

77 　　无论清朝的男性或是女性文人，都极力在驯服这种强有力的圣女
形象，并力图将她置于控制之下。男作家做到这一点，主要是通过将
女性文学声音中间那种乱人心意的力量——它的热情、它楚楚动人的
柔弱——转移到女儿们、母亲们，甚或是歌妓们的身上，最后一种人卑
下的社会地位使得她们不那么具备威胁性。女作家做到这点的办法
则是申说寂寞、病弱和盼望，让这些家常生活的意象缓和感情的强度，
或者是超越感情，在道德和精神生活的方面发出主人翁的声音。我们
或不妨把那些女诗人作品中的隐喻读作一些惯用的套语、一些信手拈
来的段落。然而本书这一章中显示，才女们的诗歌中焕发出创造性、
私人性、独特的个性以及卓越的表现能力。江南闺秀的作品正如贝督
因妇女吟唱而由 Lila Abu-Lughod 分析的那些诗作一样。① 在一个父
权文化中，她们创造了妇女自己的话语，这种话语一方面唯礼是从，一
方面却又使得隐隐然将欲冲溃礼教堤防的心潮与情思声闻于外。她
们诗歌的声音携带着她们越出家庭和亲族的小天地，与皇朝天下的话
语的径流融合成为一体。

男人眼中的博学妇女

　　士族人家的父亲十分看重对女儿的适当教养。在盛清的江南地
区，看来大多数的士人父亲都倾向让女儿接受教育。但是识文断字的
女孩带来许多问题。如果一个男孩钻研经术，学会写作典雅的文章诗
赋，最终目的在于成为贤明的官员，那么一个天资不相上下、所受教育
相仿，而且掌握了同等的文学技巧的女孩，她的目标又在何处呢？她

---

① Abu-Lughod(1986)对贝督因女性诗歌的精辟分析，显示了在家长制家庭中，女性所表现
　出来的创造性或破坏性力量。

们为什么要学习写作？她们同男人之间应当是怎样的关系？

士族家庭为了缓解他们对于家中受过教育的女孩的担忧，想出的一个策略是：教导她们工作为先，写作次之。对于女人来说，写作是她们完成工作之后用来消磨时间的营生。正如我们在第六章将要谈到的，将工作摆在第一位是个让人安心的办法，来解决闺秀作家们带来的问题，因为在18世纪中国官员和学者的眼中，"女红"被认为是当时女性德行最精粹的标志。男作家们将"女红"——尤其是纺织——奉为妇女性格的标志以及她们道德高下的标准。[1] 为了努力将主妇的角色和艺术天才这两项互不相能的要求捏合在一起，有教养的女人总是明白哪个应该摆在第一位。当女作家在自己的诗集前言中告诉她的读者，这是"绣余之作"，她正是在这项要求的面前表示她奉命唯谨的态度。[2] 某种程度上，人生的周期本身也在缓解着工作的要求和写作的要求之间的冲突。盛清时代的江南世家大族中，女孩从小就接受教育，并受到鼓励去写作诗歌，（如果具有特别的天赋，她们还会被鼓励去学习绘画和书法）直到出嫁。一旦结婚，社会便希望这些年轻的女人收起笔墨纸砚，转而用心于柴米油盐。待到有朝一日升为婆母或者孀居，许多女人又得以重新拾起纸笔，而将家庭事务移交给家中下一代的女人们。

然而，关于女人受教育的目的究竟是为什么，这始终是一个问题。对于男人而言，接受教育具有非常清楚的现实目的：学习是参加科举、晋身仕途从而抬升身份的途径。此外，研读经籍还是一种品德的

---

[1] 辛勤纺织的孟母斩断布机的经纱，以此教训孟子荒疏学业会有甚么后果，这个故事在第6章"工作"将予以讨论。

[2] 例见本章接下来的部分谈到的金翁瑛对妙莲保的评论，第97页；袁枚对那位可怜陆小姐的评论，见第114页；以及恽珠为她的文集所写的前言中对自己的描述，见第117页的引文。

修养,它能帮助一个人通过自我培养、自我教育,充分地实现他作为一个人所具有的全部文明潜能。但是接受教育对于女孩子来说具有同样的意义吗?答案一部分是否定的,因为女性不允许参加科举考试,而且她们也没有在官僚系统中供职的可能。但同时许多政治家主张女性也应该接受教育,这是出于实用的考虑,因为她们需要帮助她们的儿子准备应考,另外也是出于道德的考虑,因为这些女性担任着教养下一代的责任。妻子和家政掌管者的身份也一样给女性赋予道德的权威。

复古的汉学潮流进一步加强了这些既有观念。对经籍文字的深入考订在盛清的学者面前推出了漫长的一卷历史,学识渊博的女人在这卷历史中扮演着各种各样的角色。值得注意的是,在为女人接受教育寻找楷模和解释的过程中,清朝的学者几乎完全忽略了一个事实,那就是明朝江南城市中的闺秀作家和闺秀读者们所造就的辉煌文化。[1] 他们并未追溯同著名学者吕坤、李贽和陈子龙等人联系在一起的明朝才学女性的传统,却转而重新建构了一种妇学的古典传统,并且给这项传统加上了一种时代的意义。

对于那些在文化史和文学史最富于创造性的时期中作出卓越成绩的才女们,经史记载给予了她们十分显著的地位。她们不再只是刘向在《列女传》中大事颂扬的那一类名媛,为了追求更高的德行而甘愿牺牲自己的身体和利益;复古运动中歌颂的女性都是文明的化身,她们既有"文"心也有"文"笔,这就是说,她们掌握着体现为书面语言的、文明的全部精粹美备之处。这些才女中的第一位,是无愧于史学家称号的汉代的班昭。

班昭(约48—120年)的家族世代都是宫廷学者。她的姑姑班婕

---

① 见 Handlin 1975 和 Ko 1994。

图9 金廷标:"画曹大家授书图"。这是一位最得乾隆欢心的宫廷画师对书房中的班昭的描写。画中在班昭前方的那个热心学习的男孩不是别人,正是少年老成的乾隆皇帝——与那些打闹不休的男孩相比,他的举止形成鲜明的对照。画家在这里对主题进行了一些变形,从再现妇学(女性教导女性)的场景,转为一种母教的隐喻。台湾台北故宫博物院惠允复制。

好,是刘向的名媛传记集《列女传》中的道德典范之一。身为汉成帝的后宫妃子,为了不使皇帝在思考国事的时候分心,班婕妤曾拒绝与皇帝同乘一辇,这一举动使她赢得了美誉。一幅据说出于著名画家顾恺之手笔的名作就是描绘这个警策人心的时刻,画中这位女性象征性地尾随在皇帝的御辇后面步行。班昭的长兄班固,是东汉名重一时的诗

80

人和历史学家,她的仲兄是镇守当时中亚边境的一位将领。遵照当时名门望族的风气,班昭虚岁十四便出嫁,但很年轻的时候便守了寡并坚决拒绝再婚(这使她在不经意间成为帝国晚期节妇崇拜热潮中的一个典范)。长兄死后,班昭继承他的未完之作,编成了官修的西汉史书《汉书》,其中她手编了《天文志》的部分。经籍记载说得很清楚,班昭的学者声望和她作为女学者的独一无二的地位,使她自然而然成为当时宫中后妃们的教师首选。①

依据自己在汉宫的经验,班昭写了一本《女诫》,概述了女性不可或缺的四项特质——德、言、容、工。这被后来宫廷之外的书香门第用来作为家庭教育的课本。到了清代,这本书自身已经成为经典,是所有上层家庭女孩子的必读经典《女四书》之中的一部。② 尽管这本书依旧是班昭学术成就中最重要的遗产,她的全部著作——至今已大部分亡佚不存——其实有十六卷之多,其中包括叙事诗、纪念文章、碑铭、颂词、解说注疏、诔文、书论以及回忆录。

班昭是在一群学识渊博的女性中间成长的,而且,她看来是将其中的几位视为自己的榜样。班昭的儿媳搜集并整理了她的著述,这个女孩对她的崇拜之情就正如班昭当初对自己的母辈亲戚一般。邓皇后曾经是班昭的学生,在她的指导下学习经书、历史、天文和数学。皇帝(曾由班昭指点绘画和书法)薨后,邓皇后摄政,班昭由此成为她在处理国事时的顾问。

汉亡后的几个世纪中,班昭在《汉书》编撰中所担当的重要角色及其作为博学女官的杰出成就,几乎完全被当时的社会抹煞。尽管她撰成了《汉书》中最具专业难度的章节,这些成绩却依着惯例被归在她的

---

① 这里对班昭生平的记述是建立在 Nancy Lee Swann 孙念礼(1932)的杰出研究基础上的。
② 为"女四书"(The Four Books for Women)研究建立了范式的是 Yamazaki(山崎纯一)的著作(1986)。

长兄班固的名下。她文集中的大部分著述在六朝的动荡年代里散佚了，只有《女诫》和一些回忆录、诗歌存留下来。然而，在 18 世纪文人的想象中，不仅仅是班昭的那本道德训诫著作，而是她担任的所有各种角色的总和，才真正说明了班昭在历史上的地位。对于她的同时代人而言，班昭代表了一个有学识的女人所能达成的一切：她是一位极 ⁸¹具影响力的道德训诫者；她继承了家学，并将其发扬光大；在她的兄长无法继续学术工作时，她出色地取代了他的角色。

对于复兴经学的学者来说，唐朝因为才名而被召入宫中供职的博学的宋氏五姐妹为他们提供了又一个妇人饱学的实例。德宗（780—804 年）时，她们奉召入宫，每个人都获得了"学士"的头衔。宋家最具才学的宋若华和宋若昭被提拔为宫中讲授经史的教师，并充当了德宗处理国事的私人顾问。虽然同班昭的情况相类似，宋氏姐妹据说是一部训诫著作《女论语》的作者——它是《论语》一书的女读者版——但是，此时仍然是这几位才媛在中国古代经典方面的不凡造诣和她们对"家学"的发扬吸引了清代经学家们的注意。①

其他的历史记载表明在传播经典教义过程中的一些关键时刻，即在社会大变动的时期，在家学面临灭绝危机的关头，女性便承担起维护家族知识财富的责任。宿学旧儒伏生（图 10）由女儿（一些史料记载为孙女）翻译了他对于《尚书》本文的口述，该书毁于公元前 213 年的秦火之中。这位女子在当时所起的作用至关重要，因为伏生所操的是先秦齐国的方言，而当时主管抄写尚书的官吏是无法理解它的。

---

① 章学诚也许比大多数人更不欣赏这一点——他轻蔑地谈到被传为《女论语》的作者宋若华的才智时，认为这没有使她摆脱"才识鄙陋"，即使"趋向尚近雅正"。他还说，"艺林称述，恕其志足嘉尔"。在脚注中，他评论说，自从宋若华以来，女性学术的古老传统长久断绝，"此皆古人妇学失传，故有志者所成不过如此"。Zhang Xuecheng（未注明出版日期）1922："妇学"5/34b。恽珠倾向于持褒扬态度，在她的文集中，有一首诗是用来纪念宋氏五姐妹的《国朝闺秀正始集》(8/22a)。

图 10　杜堇："伏生授经"。伏生的女儿（也可能是孙女）坐在他的旁边，正在翻译伏生用齐国方言口述的《尚书》。此画的年代可能在 15 世纪晚期。挂轴。绢本水墨设色。大都会艺术博物馆惠允复制。Douglas Dillion 赠。1991 年。

同样的,章学诚关于"妇学"的文章(本章稍后将有专门讨论)讲述了有关宋夫人的故事,这个女人同样从她的家族那里承袭了经学的传统。

> 又苻秦[1]初建学校,广置博士经师。五经粗备,而《周官》失传。博士上奏,太常韦逞之母宋氏,家传《周官》音义。诏即其家讲堂,置生员百二十人,隔绛帏而受业,赐宋氏爵号为宣文君。[2]

还有其他一些被清代学者颇为推崇的才女,她们除了吉光片羽的诗作,并没有涉足其他的文学领域。然而她们就像诸如班昭、宋氏姐妹、伏生之女和宋夫人之类的女性一样,所有人都是"文"——书于竹帛的中华文明——的承载者和发扬者,她们也得益于家学的优良传统。在那些出类拔萃的女诗人中,谢道韫是最经常被盛清作家提到的一位。象征谢道韫的并不是史家的如椽之笔,而是因风飞起的"柳絮"。这个"柳絮"的母题最早出现在一个故事中,它讲述了以谢道韫的伯父、南朝有名的太傅谢安为首的一次大家庭聚会。谢安以长辈的身份提出在儿女子侄辈中进行一场赋诗竞赛。他随手指向屋外刚刚开始飘落的雪花,要求他们就此联句。谢安的大儿子十分自信地写出"撒盐空中差可拟"的句子。但是他的堂妹谢道韫随即便将他比了下去,她写下"未若柳絮因风起"的名句,赢得了当日赋诗比赛的魁首。[3]

83

---

[1] 苻秦即前秦,是公元304—439年间匈奴与其他草原游牧部落在中原陆续建立的十六国之一。有关宋女士的故事见《晋书》96/17b—18b。

[2] Zhang Xuecheng(未注明出版日期)1922:"妇学"5/33b。

[3] 翻译所依据的原本,见Liu I-ching(刘义庆)(C. 430)1976:64页。早在唐诗中就可见将年轻又擅诗文的风流女子比作柳絮的做法,例如卓越的诗人鱼玄机一首诗前的序言。在章学诚眼中,她是一位很受争议的唐代女诗人。见S. E. Cahill 1993:236的译文。Zhang Xuecheng(未注明出版日期)1922:"妇学"5/33b。

在诸多方面，谢安年幼聪慧的侄女谢道韫都与班昭形成了对比。她很年轻，充满灵性又不失顽皮。她可以轻而易举地超越她的男性兄长。她给家里的长辈带来快乐，谢安视她为掌上明珠。在六朝这个谈玄论道的哲学家们主导着知识阶层话语的社会中，她甚至以使男人颜面扫地为乐趣。在这种意义上，她的行为是咄咄逼人、难以索解、变幻莫测而且还使人深感威胁的——但她却只是一个孩子。

对于一些盛清时代的学者，这两种经典形象——道德训诲者和早慧的神童——代表了在女性向学之道观点上的两种无法相互调和的理想。这两个形象成为爆发于 18 世纪末的、关于女性学问的性质与目的的一场争论中的象征物，这场关于女性的论战（*a querelle des femmes*）由两个意见相左而直言不讳的学者挑起，他们二人一是袁枚，一是章学诚。

复古运动和"关于女性的论战"（*Querelle des femmes*）

《诗经》《礼记》以及《春秋》的各种注疏本都向盛清的学者们揭示出古人生活起居和岁时腊祭的真实情况。古时知书识礼的妇女占据的显要地位——她们的高贵身份、她们在外间露面的寻常、她们的某些完全违背盛清时代公认社会规范的令人瞠目的行为方式——给学者们留下了深刻的印象。①

84　　学者汪中在学习经典过程中做了仔细的记录，进而整理成《述学》一书付梓刊行。该书中有两篇文章是以比较古今女性的差异为主要

---

① 见 Chow 1994，尤其是 204—214 页。Chow 没有追究女性学术兴趣的复兴，我认为这是一个与妇女节烈观的重要对比点，而他认为妇女节烈与古老仪式有关。

内容的。其中题为"妇人无主答问"的一篇文章被人认为足资重视,因此又被收入论述国家政策的经典文集《皇朝经世文编》的"户政"类中①。② 汪中不同意著名的儒学权威方苞的观点,他引经据典,指出妻子应该和丈夫一样,在葬礼中拥有自己的神主,在家族灵堂中也有牌位占据一席之地。为了使自己的观点更具权威性,汪中援引了《礼记》和《春秋公羊传》中关于葬礼的记述。这两个记载皆清晰地强调已故的夫妻应该有各自的神主树立在一起,接受后代的祭祀。

虽然汪中的文章并没有说明妻子享有适当神位的问题何以这样重要,但是它让我们注意到了盛清的复古运动提出的关于适当定位士族人家中妇女地位的各方各面的问题。在汪中另一篇名为"女子许嫁而婿死从死及守志议"的文章中,作者表达了对于纲常名分和妇女的尊严这些问题的关注。③ 文中汪中批评了清代节妇崇拜习气下奉为圭臬的守节原则,尤其是极力抨击了当时日益普遍的一种社会现象,那就是一旦少女订了婚,而其未婚夫在结婚前去世了,那么这个女人要么自杀,要么起誓为死去的未婚夫终身守志以维持其名节。汪中义愤填膺地指出,这种受到官方鼓励、社会推崇的对于子虚乌有的教义的盲目崇拜,实际上是在对古人经书误解的基础上产生的。通过对《礼记》的仔细研究,汪中指出,女人只有在亲迎成礼之后才开始对自己的丈夫履行妻子的义务,如果一方遭遇不测,订婚不能作为已经许下终身承诺的标志。④

　　　　昏姻之礼成于亲迎。后世不知,乃重受聘。以中所见,

---

① 应在"礼政"类中。——译者注
②《皇朝经世文编》67/16a—b。
③ Wang Zhong(1815)1970:"内编"1/14a—15b。
④ 见 Chow 1994:204—207 页的详细讨论。

85

> 钱塘袁庶吉士之妹,幼许嫁于高秀水,郑赞善之婢幼许嫁于
> 郭。既而二子皆不肖,流荡转徙更十余年,婿及女之父母咸
> 愿改图,而二女执志不移。袁嫁数年,备受箠楚,后竟卖之。
> 其兄讼诸官而迎以归,遂终于家。郑之婢为郭所窘,服毒而
> 死。传曰:好仁不好学,其蔽也愚。[1] 二女者可谓愚矣。本
> 不知礼而自谓守礼以陨其生,良可哀也。传曰一与之齐终身
> 不二,不谓一受其聘终身不二也。[2]

汪中提出了几个关于复古时代女性的论点:受过教育的女人必须学习仪礼并且根据它们本初的含义进行正确的理解。不能允许流行的做法和庸俗的做法贬低甚至颠覆对于古圣先贤的真意的理解。女人除非是有真才实学的,否则她们极易成为这种颠覆过程中的牺牲品。而一个有真才实学的女性为自己赢得尊严的方式应该是古礼所认可的婚姻。

考据经义时遇到的材料是如此浩繁,使得这种研究的结论自然而然地倾向于女子应该接受教育。章学诚发现《诗经》与《礼记》中满是有关妇女及其活动的记录。对于那些对女性在婚礼和葬仪中充当怎样的角色这一问题感兴趣的学者,就如汪中,《礼记》无疑是最好的史料依据。比较而言,《诗经》中关于妇女的大量记载则相对有些复杂。其中最能引起清代学者兴趣的描写能文女子的诗歌多数存于《国风》中。这些诗歌中触目皆是的是妇道观念同女性咏出

---

[1] *Analects* XⅦ.8. 我用的是 D. C. Lau(刘殿爵)1982:144 的译本。我还要感谢 Philip J. Ivanhoe 告诉我这个典故。

[2] Wang Zhong(1815)1970:"内编"1/15b。引自 Hu Shi 1931b:117 页;也见 Chow 1986:307 页。Waley(1956:36—38 页)讨论了这篇文章,因为汪的引文中有一条涉及了袁枚妹妹的婚姻悲剧。也见 Nivison 1966:262nj。

的心声两者之间的冲突。盛清学者们对这些冲突的看法也是犹豫不定。按章学诚对《诗经》的诠释，道德训诲者渐渐成为女性形象的主导，在《国风》开篇的两章中尤其如此，那里面塑造了一个对自己刚愎自用的丈夫进行劝诫的贤德后妃的形象。题为《周南》和《召南》——有时并称为《二南》——的这二章诗歌，极大地褒扬了生活在孔子心目中的人类黄金时代的文王之妃的美德。章学诚还十分喜欢《国风》的另外几篇，包括《邶风》的第一篇《柏舟》，它被解释成忠诚的寡妇坚决守节的象征。以及《齐风》开篇第一首《鸡鸣》，其主要内容是说妻子在清晨告诫自己的丈夫应当去奔赴职守而不是在床上缠绵。在所有的这些诗中，主角都是贤德的妻子，而不仅仅是贤德的妇女，而诗的主题则是妻子对丈夫的道德影响，并通过自己的丈夫再在更大的程度上影响整个社会。因此《诗经》成为指导女人通过诗歌的形式揄扬德行和解说正"道"的一个环节。

　　章学诚认可在《诗经》中道德女教师的口气，但他坚决反对这本诗歌经典中其他的女性声音，那些热情恋人的声音。他认为，说一个普通人家的女人可以出口成章是一桩很荒谬的想法。他批评《郑风》中那些桑间濮上的情歌是使妇道的真实意义受到蒙蔽的匪夷所思的作品。他认定，那些不检点的诗歌是政治的象征，而与妇女及她们的恋情毫不相干。这些诗文都是男人为了另外的目的而创作的。

　　妇女在古圣先贤的时代究竟具备何种学问，是章学诚的《妇学》一文的基本主题。[①] 这篇文章写于 1797 年，之后很多年一直是他最负盛名的著作。这是一篇篇幅颇长，语言犀利的论说文，精心地记载并剖析了在儒家思想的传统下才女们所挥写的灿烂历史。该文中提到的所有论据皆出自四书五经和官修史书，而且经过了缜密的考证，诗歌

──────────

① 见 Mann 1992a，1992b。

的材料绝少被征引。

章学诚认为,在周室的黄金时代,妇女扮演着教导者的角色,在朝中有正式的官职①。周室衰替后,经学从皇室转入私人家族和地方诸侯的手中。这时,妇女便成了家学的监护者和传递人。她们通过私人讲授或是通过自己的子女将学问从一个家族传给另一个家族。② 尤其在政治动乱的年代里,私家藏书和家庭教育成为"道"的绝续攸关的避难所,这时有学识的女人便起了极为关键的作用。当家族中的男人尽数死亡或是被诛戮净尽时,女性负责向下一代传播珍贵的家学。

章学诚发现,在六朝、唐、宋时期,也就是公元 2 到 13 世纪,这些学术功能逐渐被取代,有学识的女性被看作是诗人而不是经史学家。结果,周官汉制中妇学的传统被抛弃了。虽然在一些例外的场合中一小部分妇女依旧在进行经典的学习,但是这些女人对于以前妇女的学识一无所知。所以,纵然这部分成为特例的妇女在不经意间传播着"道",但是她们并没有认识到她们的知识仅仅是以前女子经学传统的一部分。在章学诚所写的这些妇女中,包括饱学的蔡琰和鱼玄机

---

① 原文:"妇学掌于九嫔,教法行于宫壶。内而臣采,外及侯封。"——译者注

② 见本章接下来要讨论的例子(见本书 101—103 页)。Benjamin Elman 对帝国晚期常州经学学派的研究,为"家学"一词赋了双重的含义。他认为,作为一个很笼统的名词,它用来指称某一学派的学术,这使其学者有相近的哲学取向、师生关系、籍贯,或者其他可以相互认同的因素(Elman 1990:2,4 页);它也可能是由某一特定家族提出的主张,如庄家(100,138,199 页)。无疑,当妇女们与"家学"联系起来时,该词始终是指她们所出生家族的"家学"。笔者认为这种联系非常重要,因为,它展示了在什么地方学术与家族结合起来。学术只能由男性一系薪火相传,然而,女儿们可以通过教育自己的儿子将一种"家学"传到另一谱系中。在这些例子中,如章学诚,一位男子的学问可能是因他母亲将另一"家学"传到本家的结果。Elman 在他的课题中认识到了那些有学问的媳妇在婚姻关系中的重要性(见第 57—58 页,71 页),但他没有认识到她们在参与传播特定"家学"中的作用。

（图 11、12）①,这两个人虽然在他看来私生活大有可议之处,但是她们 ⁸⁷ 的声名却随着古典的复兴而再次扬起。

章学诚还指出,由于古代妇学的传统从史籍中丧失得这样彻底,导致自唐以后有学识的女人错误地将男人学习的标准当作是自己的。某些男人为男人写作的经书,包括《论语》《孝经》等,都被改写出版了女读者的版本。在章学诚看来,《女论语》和《女孝经》按古圣人之世的 ⁸⁹ 标准来说,并不值得妇女去学习。这些专为妇女准备的作品充其量只是对原始经典的拙劣的效仿,它们恰恰证实了妇女自身的文化遗产遭受了多大的损失。

章学诚的注意力集中在一个矛盾:虽然在《周礼》中,"言"是女性必备的四种特质之一,但当其他的儒家经典论述这个问题时,它们却指出,妇女应该"内言不出阃外"。对经籍记载作了深入彻底的研究之后,章学诚的结论是,妇女不应该以女诗人的身份对外部的世界发言。在他看来,妇女作诗总不免带有轻薄佻达的意味,这些诗歌只宜让名妓借以吐露心声。同样,他坚持认为,在《诗经》中表现为女性声音的那些句子,应该是男作者为了表达戏剧化的强烈的感情,而模仿女人的口吻写下的。

---

① 蔡琰,十五岁出嫁,被掳后又被逼嫁给了匈奴的首领,并育有两子。现存三首诗归于蔡琰的名下,它们记录了她被放逐后又回到中原的经历,及她当时骨肉分离的巨大痛苦。这个故事以其被迫再嫁,外族入侵以及慈母离子之痛等内容,从公元2世纪起就成为各种作品反复渲染的主题。(见 Nienhauser 1986:786—787)章学诚被蔡琰再婚的经历深深困扰,但是他依旧十分佩服她在历史上的重要地位。

鱼玄机是一位很有才气的高级妓女,她与唐朝给事中李益来往。被李益抛弃后,她出家成了一名道姑。她生活在9世纪时的都城长安的一个道观里,在那里她接待来访的男性。最后在一场指控她谋杀的案件余波中,她被处死了。就她曾经扮演过的所有角色看来,她接近权力的中心,她的诗反映了她对于自己所处时代重大事件的看法以及自己对其中一些的参与情况。故此章学诚对鱼的评价亦是毁誉参半。(见 Nienhauser 1986:944)

图 11 "汉代学者蔡琰[文姬]"，金廷标（活动时期 1760—1764 年）绘。这是一位在汉代传说和历史中颇有争议的女杰。她被匈奴掳走，又被曹操赎回。这幅宫廷藏画中的蔡文姬身着清代服饰，图中可见珐琅彩绘的发簪。她正在二胡的弦上奏出自己的寂寞忧思，旁边陪伴她的是她在囚禁生活中生下的两个儿子。收于沈以正：《历代美人画选》。

国风男女之辞，皆出诗人所拟，以汉魏六朝篇什证之，更无可疑。

在注中，他补充道：

古今一理。不应古人儿女矢口成章，后世学者力追，而终不逮也。

图12 "鱼玄机赋诗图",改琦（1773—1829 年）绘。此幅为改琦所摹,描绘这位谤誉交集的唐朝著名诗妓的原图真本年代应在更早的时期。收于沈以正：《历代美人画选》。

为了向读者透彻阐述自己的观点,章学诚选取舞台上的场景作为比喻:

> 譬之男优饰静女以登场,终不似闺房之雅素也。昧者不知斯理,妄谓古人虽儿女子,亦能矢口成章,因谓妇女宜于风雅,是犹见优伶登场,演古人事,妄疑古人动止,必先歌曲也。

为进一步强调这个观点,作者在后面的注中写道:

90

> 优伶演古人故事,其歌曲之文,正如史传中夹论赞体,盖有意中之言,绝非出于口者,亦有旁观之见,断不出本人者,曲文皆所不避。故君子有时涉于自赞,宵小有时或至自嘲,俾观者如读史传,而兼得咏叹之意,体应如是,不为嫌也。如使真出君子小人之口,无是理矣。国风男女之辞,与古人拟男女辞,正当作如是观。如谓真出男女之口,无论淫者万无如此自暴,即贞者亦万无如此自衷也。①

通过这种方式,章学诚从在经籍中找寻女性声音的合乎礼法的先例开始,先是追溯到周官的女祝、女史,最后对于既能不逾内闱、又能不悖教化的一类"妇言"如何能够影响到公众的话语终于有了一种一言难尽的复杂认识。② 章学诚在古典文献里还找到了另外一些女性受教育的例子,里面记载有那些不一定是在朝廷担任正式官职的女性

---

① Zhang Xuecheng(未注明出版日期)1922:"妇学"5/33a。
② 他的第一个有关妇女话语的历史实例是《礼记》中所记"周官有女祝女史,汉制有内起居注。妇人之于文字,于古盖有所用之矣。妇学之名,见于天官"。Zhang Xuecheng(未注明出版日期)1922:"妇学"5/30b。

的活动：

> 　　至于典礼文辞，男妇皆所服习。盖后妃夫人、内子命妇，
> 于宾享丧祭，皆有礼文，非学不可。①

　　章学诚不仅钦佩这些女性的学问，他也很钦佩她们在自己著作中留下的生动的记录。他不但赞赏班昭的《女诫》，同时也对她为记录西汉王朝的历史所作的贡献赞不绝口。他赞扬了由妃嫔们创作的那些古诗，"唐山房中之歌，班姬长信之赋"。因为"起于宫闱，事关国故，史册载之"②。他认为，像所有的典籍一样，这些女性的著作事实上也算得是历史：它们拥有长久不衰的价值，因为它们描绘了古代社会的道统。③

　　尽管章学诚很哀悼古典的女性学问的消失，但他坚信它一定会复苏的。他本人就熟悉一些女性，她们把从事古典研究作为家学的一部分世代相传；事实上，他的母亲就是出身于这样的家庭。④ 更重要的是，他相信当时是妇女复兴她们妇学遗产的时候了。他写道，生活在这样一个不平凡的年代里，这完全是有可能的。

　　章学诚对女性学问的研究因此也影响到了他的史学研究，尤其是 91 在对女性的口吻和言辞的处理上。比如，他在记述当时女性生平的传记里，就极力强调了他自己的这种信念，即认为有学问的女性能够成为当今世界中天人之道的传承者。他煞费苦心地访问了他的传主们的家庭成员和女仆，以求能通过引述的语句和信件将他的女主人公描

---

① Zhang Xuecheng(未注明出版日期)1922："妇学"5/30b—31a。
② Zhang Xuecheng(未注明出版日期)1922："妇学"5/32b。
③ 见 Nivison(倪德卫)1966：201—202 页。
④ 见朱筠为她作的传记(Zhu Yun[1815]1936：327—328 页)。

绘得栩栩如生。①

　　章学诚对于女性的个人言论和公众言论之间的关系的理解很好地体现在他为朋友邵晋涵的母亲袁氏孺人所作的墓志铭上。他开篇即描写她的家世,这对于他下文的论点非常重要,因为她就像班昭和其他许多前人一样,使用"家学"来传播历史之道。她的母家是绍兴以东余姚镇的吕氏,先人吕章成曾在会稽的南明流亡朝廷任过职,年轻时与一些著名的明朝忠臣如顾炎武等交谊深厚。她的父亲袁苏升编纂过吕章成的选集。在颂扬了这个很有学识的女性和同样很有学识的邵佳允——邵晋涵的父亲——的结合之后,章学诚举例说明了袁氏的学识是怎样影响她担任母亲这一角色的。他描绘了这样一幅场景:邵家的孩子们围坐在他们的母亲膝下,而她则陪伴着她的丈夫一直阅读到深夜。他注意到尽管袁氏声称弄不懂这些鸿篇巨著,听任她的丈夫来作孩子们的老师,但一两盅酒之后,她每每就会在一些谈到学识见闻的地方欣然接过话题,给孩子们讲述她还在母亲膝下时听到的有关明朝历史的故事。所以,在评论吕章成和袁氏孺人的一处他总结说,他们可以算作是担任着历史传播者的角色,因为"虽家人语,俱有根底,异于委巷传闻"②。

　　对章来说,真正的女性声音都是道德的声音,是她们读史通经的产物。且更重要的是,尽管一个妇女的言谈只能在闺房之中,尽管她们按照礼节只能隔着布幛与人辩论,但在他眼里,她们是能够影响到公众的。有学识的女性能够传播道统,她的文章能够成为"公器"。③

　　在汉学的复兴过程中,人们还从宋代以前的文书发掘出另外一些

---

① 见 Nivison 1966:83 页。
② Zhang Xuecheng(未注明出版日期)1922:"妇学"16/70a—b。张的母亲与邵晋涵的母亲在 Mann(1996)中均已论及。
③ 见 Nivison 1966:128—130。

女性诗歌的合法形式,女性的这种诗歌才能受到了众多阶层的广泛赏识。18世纪的文人们尤其欣赏六朝时的女诗人。他们常常引用《世说新语》里记载的那些人物的文学生涯作为佐证。这些六朝的诗人提供了一些直接酬答女性声音的文字记录,因为《世说新语》里记述的女性诗人和雄辩家——尤其是以咏絮之才闻名的谢道韫,都是因为在分题联句或论辩驳难时胜过她们的男性亲友而获得盛名的。

甚至章学诚也认可谢道韫那令人折服的言谈论调,他认为这些六朝的女文人只是有点偏离了正统道德观念,而不是确实地堕落。

> 王谢大家,虽恣礼法,然其清言名理,会心甚遥。既习儒风,亦畅元旨。方于士学,如中行之失,流为狂简者耳。①

但是章学诚绝非站在女诗人的一方。相反,他的那篇关于妇学的论文是写来抨击盛清时期最伟大的闺秀诗歌鉴赏家袁枚的。袁枚心中当之无愧的完美女性是具有咏絮之才的那种,他喜欢想象自己被一群女诗人层层环绕,这些人的作品收集出版在他的《随园女弟子诗选》中。此外,在他的两册《随园诗话》及《随园诗话补遗》里,还收录了许多有关女性作家的故事,这就清楚地表明了在他看来,一个有学识的女性的最高成就就是写诗。他的读者也都是在古典文献里寻找典范,就像他在他的女弟子作品选的序言中提到的:"圣朝文教昌明,坤贞协吉,名门大家,皆沐'二南'之化。"②③

尽管在他的这部女性诗歌集的序言里引用的是一个古典的贤妻形象。但当他回忆起他所知道的女诗人时,他想到的却都是那些具备

---

① Zhang Xuecheng(未注明出版日期)1922:"妇学"5/34b。
② 袁枚:《随园女弟子诗选》,序。
③ 此序不是袁枚而是汪毂写的。——译者注

咏絮之才的人,尤其是那些颇具诗才的少年才俊。孙云凤就是这样一个,她后来成了袁枚的及门弟子之一。八虚岁的时候,作为一个"幼聪颖"的早熟的读者,她被引荐给了一个来拜访她父亲的客人。为了要测试一下她的天资,客人用《诗经》的第一句"关关雎鸠"(关关,水鸟的鸣声)来出对。① 无非是等着听她用下面一句应答。但是,小云凤却应声对了一句"嗈嗈鸣雁"(嗈嗈,雁叫)。② 这句不是《诗经》开篇的第二句,但却是诗集另一首诗里可以对仗的一句。由此,小云凤显示出了她的早慧,不仅是选择了一个对仗的句子,而且选择了一个连鸟鸣的隐喻都一致的句子——"关关"和"嗈嗈"都象征着丈夫呼叫妻子——且这里"关关"和"嗈嗈"都是和鸣之音。她的答句造成了语言学、美学和寓意上完美的对称。③

少年才俊之间常有书信往来,正如袁枚在记述吴兴县严静的这则故事里所展示的,作为一个甫及九虚岁的技艺娴熟的书法家和善画墨竹的画家,严静收到了一个来自莆田的 14 岁仰慕者给她的一幅画作的题词:"晴牕书破洪儿纸,谁识金銮未十龄。"④那些描写早慧才女的故事常常有意将她们心理、生理上的脆弱和创造力的旺盛作成鲜明的对比。张纶英的弟弟曜孙这样回忆他的姐姐——一个很有才气的书法家,她"性婉柔,体瘦弱","若不胜衣"。但一旦她拿起了毛笔,他写道,她就变得"刚健沉毅,不可控制"。⑤袁枚发现年轻的女诗人很有感染力,主要是因为她们那些孩子气的想法大多是发自内心的,措词

① 这首抒情诗是《周南》1。
② 这句引自《邶风》第九首。
③ 这个故事由于袁枚几年以后的记载而保存下来,在《随园诗话》中,袁枚将其作为孙云凤的两首诗的序言,见《随园诗话》卷 2,31 条,45 页。孙云凤的传记见施淑仪《清代闺阁诗人征略》6/9a—10a(325—327 页)。另一例见《随园诗话补遗》卷 2,61 条,615—616 页。
④《随园诗话补遗》卷 5,5 条,679 页。
⑤ 施淑仪:《清代闺阁诗人征略》3/3b—4a。也见 Liang Yizhen(1925)1968:230—231 页。

简朴而感情纯真:"诗人①者,不失其赤子之心者也。"②

袁枚有的时候也提到了这些有才华的少女诗人和那些为她们入迷的上了年纪的男人之间的相互影响关系,这将在第五章"娱乐"里进一步分析,那主要是讨论年轻的名妓和她们的庇护人的生活。这里只需要再次强调一下女性的学问曾引起男学者们迥然相异的反应,也就够了。一个极端就是章学诚心中的典范,一个道德的教化者,在家庭里扮演的角色(无论是母亲、妻子还是女儿)立刻使她的性别变得不再那么重要,并赋予她权威和自主性。另一个极端则是袁枚理想的典范,一个年轻多情的唯美主义者,其柔弱的体质和无邪的言行体现了她的脆弱和需要受到保护。③

当然,男人在盛清江南的学者世家里,在他们的女儿、姐妹、母亲中,这样两种典范都是遇到过的。写得一手好诗的年轻女子可以以一种更加有力的形式和她的父兄对话,而这能进一步加深他们的感情。面对女儿婚姻的不幸,一个父亲更能深刻地体会到传递在诗中的女儿的痛苦。袁枚,因为妹妹的不幸遭遇而激起了内心深处的呐喊,他通过描述这样的一幅场景,传神地刻画出了做父亲的对于女儿不幸婚姻所感受的苦痛,这位父亲在看完女儿的诗后,无尽感慨:"是儿清贵,惜福薄耳"!④ 而母亲们,那些每一位学者都将自身的成功归于她教诲的那些道德训诲者们,始终在背景上影影绰绰地徘徊,她们的身影盖过了其他一切。就是通过这些方式,青年和老年的能文女性们触动了各个年龄层的男性精英的心弦,并进一步引起了他们学术上的争鸣和

---

① 中文在此处对性别未加区分。
② 袁枚:《随园诗话》卷 3,17 条,74 页。
③ 就在我完成这部书稿的时候,Clara Lau Ho(刘咏聪)对这一争议的详细回顾引起了我的注意。见 Ho 1995。
④ 袁枚:《随园诗话》3,20 条,75—76 页。

94 感情生活上的波澜。为了进一步阐明这个问题,我们应该钻研一下盛清时最重要的妇女诗人文集《国朝闺秀正始集》,这将告诉我们闺秀作家们怎样在男性面前表达自己。

完颜恽珠和《国朝闺秀正始集》

《国朝闺秀正始集》的编纂者完颜恽珠(1771—1833 年),是常州辖下阳湖地方人。她是画家恽寿平(1633—1690 年)的后人,恽寿平年少时,在清朝入侵江南的时期被一家汉军旗人的将领收养。[①] 恽珠的父亲在衙门里作一名小官(典史)。她的丈夫,一个叫廷璐的完颜部满洲贵族,1820 年在山东泰安任知府时死在了任上,时年恽珠 49 岁。[②] 丈夫死后,50 岁的她开始了生命中一个新的历程。她取了一个道家的名号:蓉湖道人[③]。

恽珠生养了三个儿子,每一个都在官场任职。她最喜欢的,也是最成功的一个,就是既是文学家,又是治河专家的麟庆(1791—1846

---

① 在清军南下征服过程中,恽寿平的两个兄弟被杀。他的父亲参加抗清而幸免于被俘。1648 年,江宁被攻陷,避难在此的恽寿平被俘下狱。十六岁时,他被释放,因为汉军旗将军陈锦(1652)的夫人想让他为自己绘制首饰的图样,尔后又收养了他。同时,恽寿平的父亲又设计重新得到了孩子,最终,恽寿平回到了常州老家。见 Tong 1989: 210 页。对这些事情还有略为不同的记叙,见 Wakeman 1985, 2: 732, 749—754 页;并见《清代名人传》46, 960 页。Evelyn Rawski(1992 年 12 月 7 日与我的私下交谈)指出恽寿平与汉军旗人的养父养子关系,使恽珠后来与满人廷璐(1771—1820)的结合具有了合法性。廷璐是内务府镶黄旗人,见《清代名人传》507 页,并见 Rawski 1991: 175 页中所论的满族内部的"政治联姻"。满人与汉人妇女(作为妻子而非妾)的通婚,在 1648 到 1655 年的一段短暂时间内曾作为恢复和平的一种策略而被提倡,见 Rawski 1991: 181 页。

② 读者也许会感到疑惑,完颜是恽珠出嫁后的姓,而恽珠是她的本名(姓恽名珠)。所有的满族人都有一个传统的氏族姓氏,以恽珠的丈夫为例,他的姓氏就是完颜。但满人认为姓氏乃汉人所用,所以一般不使用正式的氏族姓氏。如 Pamela Crossley 指出的,无论在写作还是在社会交往中,满人都是称名而不举姓,甚至汉军旗人也都将自己的姓省略掉,并将此作为"与满人在文化上融合的一个方面"(Crossley, 1990: 38)。因此,完颜恽珠常简称恽珠,她的儿子则称麟庆。我这里也遵循这一惯例。

③ 恽珠字珍浦,号星联,晚号蓉湖道人。本书第 3 章"人生历程"解释了五十大寿对于妇女的重要性,并探讨了恽珠别号的一些含义。

年）。麟庆卓越的艺术和行政才华大部分应归功于他母亲的陪伴，这
也是他在刊印的文章中极力要表示感激的一份恩情。他最著名的一
部作品是三卷本的配有绘图的自传，里面详细记述了他的旅行经历。
从其中，我们可以看出一些他和他母亲之间相依为命的关系。一条记
载说的是 1816 年 8 月的某日，他在济南的大明湖岸边举行完宴会后
送他母亲回家。[①] 另一个场景是在他父亲死后若干年之后的 1824 年，
麟庆正准备从徽州地方官迁至颍州任地方官，这两个地方都在安徽境
内。恽珠喜欢徽州附近新安地区的景色。她那时正与儿子住在一起，
所以她希望麟庆赴任时能走那条崎岖的大洪山驿道，因为这样她就可
以欣赏到那里的风景。麟庆画了一幅表现旅途的画，从中可以看到他
坐在轿子里的 53 岁的母亲。(图 13)轿夫们正吃力地抬着轿子沿着险
峻的山路向上行，麟庆则骑马走在前面带路，不时回身告诉恽珠他们
路过的著名风景点的名字。[②]

恽珠编辑这套名重一时的诗选集，主要得益于她那孝顺儿子的鼓
舞。是麟庆发现了她儿时起就开始收集的三千多首女诗人的诗，又是
他鼓励她把它们刊行，并负责安排了最后定稿的镌版付印。恽珠在她 95
诗集的序言里深情地回忆道：

> 丙戌冬，大儿麟庆防河偶暇，检余旧箧所存，及闺秀诸同
> 调投赠之作，并近日所得各集，抄录成帙，计得国朝闺秀诗三
> 千余首。请付诸筑氏，以广流传。[③]

---

① 麟庆(1897)1981：148a/16。

② 麟庆(1897)1981：151b/4—5；151b/13。麟庆作品的年代跨越了 1806 年到 1843 年，从他
十七岁直到逝世前三年。根据房兆楹的说法，这部 1897 年的本子首印于 1839—1841 年
间，并没有插图(房为麟庆写的优雅传记见《清代名人传》506—507 页)。这里重新制作的
插图来自有着完整插图的《鸿雪因缘图记》，此版有阮元做的序，台北（未注明出版日期）。

③ Ellen Widmer(在 1996 年三月的一次私下交流时)指出，这一说法很不真实，因为恽珠自
己积极地收集甚至购买诗作以供她最终结集。

图 13 注:"桃溪奉舆",汪英福。这幅画描绘了完颜恽珠在她的儿子麟庆的向导下,途经大洪山的景象。麟庆《鸿雪因缘图记》第一卷下。

恽珠受到了鼓舞,但她并不打算答应她儿子的请求,除非她重新校阅了所有的诗文:

96　　余结习不忘,披读一过,翻病其繁。乃不揣固陋,自加点定。凡篆刻云霞、寄怀风月,而义不和于雅教者,虽美弗录。是卷所存,仅得其半,定集名曰正始。体裁不一,性情各正,雪艳冰清,琴和玉润,庶无惭女史之箴①,有合风人之

---

① 指班昭的《女诫》。

旨尔。①

《正始集》刊行于 1831 年,由恽珠的三个孙女轮流校阅辑注。② 妙
莲保是其中之一,她在恽珠死后,为了遵循恽珠的遗愿,继续着集子的　97
辑录工作。金翁瑛在续集的序言里叙述了这些事件:

图 14　麟庆《鸿雪因缘图记》第一卷下。胡俊声作品"再至侍选",画中恽珠在
书房里检查其子麟庆的手稿。她的两个孙女正在抄写编辑。麟庆再刊本(1897)
n. d,卷三,第二集上。

始集刊成后,仍多投诗及采访邮寄者。太夫人悉收查

---

①《国朝闺秀正始集》序,2a。
②伊兰保校阅了第 1、4、7、10、13、16 和 19 章;金粟保校阅了第 2、5、8、11、14、17 和 20 章;妙
　莲保校阅了第 3、6、9、12、15 和 18 章。

中，不忍遗弃，暇则频加删定，疾剧，授女公孙曰："此四方女士闻风投赠及文人采访见寄，恐病不起，有负来者之心。汝其续编，以承吾志。"呜呼，此痛心语也！天下才女当为太夫人一哭也。瑛写至此，能不涔涔泪下沾衣邪。

女公孙极慧，上承重闱之训，司礼敦诗。女红之暇作画，亦仿白云外史（恽寿平）笔意①。兹继承先志，潜心编次，踵而成之，得诗十卷，附录、补遗、挽言各一卷，共计一千二百余首，统名之曰正始续集。②

恽珠试图将她的集子编成一部前清时女性作者所著的优秀文学作品的总和。章学诚认为妇女应通过放弃诗歌来恢复她们在古代原有的学术方面的威信，和他不同，恽珠则认为妇女的学术权威正是寓于她们的诗歌写作之中。正如她的编辑体例所表现的，恽珠比章学诚更关注女性的才华，她也比袁枚更关注妇女在道德精神方面的地位。事实上，像许多和她同一阶级的女性——"闺秀"们——一样，恽珠认为在女性的诗的声音里，天才与美德是相映成辉、缺一不可的。同时，恽珠以自己的亲身经历说明，女性所学应当得到最广泛的运用。恽珠既不像章学诚那样，将妇女诗歌误解为受过教育的妇女对正规使命的背叛，也不像袁枚那样赞美妇女诗歌，视之为女性锦心绣口与至情至性的体现，恽珠相信妇女诗歌是她们道德权威的最真实和最完整的写照。

而且，恽珠还宣称妇女通过自己的写作表达了比这些更多的内容。无论是从她自己的作品，还是从为她作品作序的钦慕者的评论

① 白云外史（恽寿平）系妙莲保祖母一系的先人，此亦可证家学在父母两系都有传承。
② 完颜妙莲保：《国朝闺秀正始续集》，序二，1b—2a。

中，都可以清楚地看出，她认为女性拥有过人学识既是盛清时代的标志，更是这一朝代教化的成果。① 她惊喜地谈到，居住在帝国辽远边陲的妇女们也给她的选本增添了作品，这些作品有的来自湖南边界的苗族，或是广西濒临越南的烟瘴沼泽，还有的来自哈密的穆斯林地区，②在她的附录里，她还收录了朝鲜国妇女的诗作。③

即使是章学诚也不会反对恽珠关于诗歌标准的看法。她强调了正直的人品和畅达的文风；她推崇在学问上博古通今，在写作中引经据典。除了少数几个明显的例外，她坚持不收录名妓的作品。她显然不是一个会被浪漫的题材吸引的人。她的"例言"列出了一些形成决定的前提，实际上是清朝中叶江南闺秀们想法的一种经典描述：

> 是集所选以性情淑贞、音律和雅为最，风格之高尚其余事。至女冠缁尼，不乏能诗之人，殊不足以当闺秀，概置不录。然如夏龙隐、周羽步诸人，实有逃名全节之隐，故特附录以扬潜德。
>
> 青楼失行妇人每多风云月露之作，前人诸选，津津乐道，兹集不录。然如柳是、卫融香、湘云、蔡闰诸人实能以晚节

---

① 恽珠对妇女学术的兴趣以及她家中妇女的博学现象是否受到了满族文化的影响是一个有待解决的问题。Crossley 注意到在满族精英中，妇女受教育在 19 世纪是一个"不新也并不罕见"的问题（1990：155 页）。她还指出，在晚清的改良时期，杭州的满人家族是促进妇女教育运动的领导者（第 195 页）。

② 在她的集子中，恽珠写了这些评述作为诗的序言。为一位民族地区妇女的诗所写的，见《国朝闺秀正始集》5/3b；为一位云南民人妇女的诗所写的，见《国朝闺秀正始集》8/22b；为一个广西边地守节寡妇的诗所写的，见《国朝闺秀正始集》10/21b；为哈密、甘肃所写的，见《国朝闺秀正始集》17/1a；为湖南边地苗族地区所写的，见《国朝闺秀正始集》17/21b。

③ 《国朝闺秀正始集》"例言"4b。

盖，故遵国家准旌之例，选入附录，以示节取。①

尽管同章学诚的观点存在着很多共同点，恽珠的"例言"还是将我们对于汉学复兴的看法引领到一个站在女性立场的新视角。这些东西告诉我们，妇女们非常通晓当时人论辩中的概念，并使用它们作为自己评论文学、刊行作品、编选文集和执笔写作时手中的武器。恽珠同时还强调自己对于经典著作的权威，她将自己区别于晚明的女性写作文化，而树立起自己作为一名盛清作家的文学声音。

现在我们将目光转到诗人自身，看看女诗人的声音是怎样来表现盛清时代独一无二的价值观的，她们关注道德上的权威，尤其是为妻的权威，庆贺妇女能够有自己的声音。她们的诗作清楚地表明了在这个女性文学领域与被高彦颐描摹得美轮美奂的晚明文学之间的相似。但在盛清的语境之中，女性诗歌的声音又有了新的意义。它们更响亮，更多地引起争议，并且导致了有关女性作为作家角色而直接面对男性的争论。

恽珠所推崇的女作者常常在家研习经典，经常与她们的兄弟同塾受业，有时候会在一位女教师的指点之下学习。② 但是她们并不参与那类将男人都吸引过去的复兴汉学运动的流行写作，例如在复古运动期间，我们几乎就没见刊行过由女人写作的训诂学作品。③ 与此相反，差不多所有的女性作者都作诗填词。④ 她们心目中的读者往往都

---

① 《国朝闺秀正始集》"例言"5a。在上一节中提到的妇女是著名的情人，而非妻子。有关柳是（柳如是），见 Chang 1991 和 Ko 1994。

② 例如，见《国朝闺秀正始集》10/5a。

③ 据我所知，只有王照圆写了一部在"汉学"传统中值得注意的语言学著作：可以这样说，它是刘向《列女传》的注释版。见 Zurndorfer 1992 及其中所引文献。

④ 我对胡文楷的妇女著作考察结果（胡文楷 1985[1957 初版]）的分析表明：在其作品可考的 3 356 位女作家中，可知的只有 50 位有诗作之外的其他类型的作品。

是朋友或家人。不过,既然家庭成员中总会有人愿意编选、刊刻和抄录女性所收集的诗词,所以许多女作家都希望自己的作品在以后可以被更多的人读到。

女性作家经常根据人生历程的某个阶段来为自己定位,或者也可以说,是恽珠在她的序言里这样为她们定位的。与章学诚和袁枚一样,恽珠特别赏识天才的早熟诗人。她用"早慧"一词来形容一个在七虚岁和十四虚岁之间就写出值得称道的诗句的人,这就是说,在脱卸乳齿和笄礼之间,亦即按照传统尚属"未笄"的年龄段。① 早熟现象有时是透过令人惊诧的博学和聪敏表现出来的,就像孙云凤(见边码92页)和王芬那样,后者在七虚岁时就曾作诗一首,她谦虚地把它题为"夜坐偶成",其中形容月亮升起景象的一句才气横溢:"月上千峰静。"②

这样的早熟同时还表现在她们具有一种浓浓的忧郁感伤的气质,这使得年轻的诗人看起来远比她们的实际年龄成熟。侯承恩在七岁时写了如下的诗句:

愁生明月夜,人瘦落花天。③

其他一些早熟的表现更为常见:刘如珠十虚岁时就能背诵《全唐诗》中的1 000首诗。和她一样,曹锡淑十虚岁时就能记下《诗经》里的所有诗歌并解释其中之义。为了庆祝早慧的覃光瑶的笄礼,她的哥哥 *100*

---

① 《国朝闺秀正始集》16/9b。

② 《国朝闺秀正始集》9/14b—15a。"偶成"一词表达了一种偶然有所得之意,好像诗作是不经意间写就的。

③ 《国朝闺秀正始集》8/8a。

刊出她的诗集,保留镌版置奁具中,作为她嫁妆的一部分。①

大多数受过教育的女性都是跟随家庭成员开始学习读书和写字的。传说女文选家王端淑的父亲在某日的课后曾说宁可用八个儿子换取一个女儿。② 像很多父亲一样,名学者钱维城对女儿钱孟钿的作诗法度"多经口授"③。没有儿子的父亲则对天资聪颖的女儿寄予更大的期望。④ 恽珠关于女诗人闻璞的叙述暗示了这种类型的父亲内心经历的挣扎:

> 誉彦⑤无子,令楚璜⑥效男子装,从师授经。年十四,工时艺。⑦ 父欲令应试,或劝之曰:"与为黄崇嘏,何如为曹大家乎?"⑧乃止。此后不复见客。仍服男子服,奉养父母,终身不嫁。⑨

至于这个天才女儿对她父亲给予的关注有何回应,唯一可见的只

---

① 《国朝闺秀正始集》9/1a,9/5b,16/14b。

② 《国朝闺秀正始集》2/19a。

③ 施淑仪:《清代闺阁诗人征略》5/14b(288 页);《国朝闺秀正始集》11/19。

④ 见吴丝——福建水师提督的独生女——的例子,《国朝闺秀正始集》5/18a—b。

⑤ 闻璞之父名闻誉彦——据《正始集》。——译者注

⑥ 璞字楚璜。——译者注

⑦ 指她善于写作科举考试所要求的固定文体"八股文"。

⑧ 意为:让你女儿坦然接受她身为女性的现实,效仿班昭的行为,而不是像黄崇嘏那样女扮男装(参见本章尾注 61)。

⑨ 《国朝闺秀正始集》7/12b—13a。闻璞的父亲是一员下层官员(仓大使),他对自己的后代能有所成就可能抱着过高的期望。他对自己博学女儿所抱的勃勃雄心,是笔者所见的这类人中唯一的一例,所以人们在提到他时才会因显而易见的原因而提到班昭。黄崇嘏是一位有天分的独生女——诗人、书法家、画家、音乐家,她生活在 3 世纪早期(蜀汉)。蜀国灭亡之后,她先是女扮男装躲藏起来,后被捕,又因一首诗博得丞相的欢心而被释放。她被召为官员,丞相还打算把女儿嫁给她。这一故事为著名弹词——《再生缘》——提供了原型,它也是其他才女女扮男装经浪漫冒险后发迹的故事的先声。一部分女孩坚持独身侍奉无子的双亲,恽珠的评论没有仔细推敲这一背景。见《国朝闺秀正始集》16/9a,20/9b。

是恽珠提供的一首闻璞自己的诗:《书感》:

> 零落秋光满菊丛,萧然环堵耐西风。
>
> 夜长油尽妨书课,病起窗闲废女工。
>
> 风急寒鸦时集散,[1]霜凋蠹叶半玲珑。
>
> 斜阳寂历荒村晚,小立幽庭数断鸿。[2]

我们该如何解读一个年轻女性在她的长辈以诗的名义源源施加于她的错综复杂的感情和关注面前所作出的反应呢？以闻璞为例,她的父亲向她发出的混乱信息使她不可能成为一个成功的学者,但是她也同样无法面对她的婚姻。从心理学的角度而言,这是一个相当复杂的问题。她十分惧怕婚姻,视之为童年时代的终结;她认为童年时代的终结也意味着她作为一个知识女性生活的终结。此处父女之间的相互影响——重点集中于让女儿取得和儿子一样的成就——极深地掩盖住了像袁枚在许多地方描写那些稚气未脱的才女时表现得过于直露的那种色情挑动意味。康无为曾提议说,应该将袁枚之类的鉴赏家称为"文学恋童癖"。[3] 但是对于一个要将女儿当成儿子抚养的父亲,我们又能说什么呢？

也许大多数通经读史的男性面对同样通经读史的女性时感受到的都只是惊骇：尽管他们会因成熟女性作品所散发的力量而感到威

---

① 寒鸦惊起是中国文学作品中表示冬月里夜尽前最黑暗时辰的传统意象。此处提到寒鸦,既象征冬天,也象征黎明前的黑暗。

②《国朝闺秀正始集》7/13a—b。关于这首优美、费解的诗,笔者要感谢 Stephen West 的帮助。他认为这首诗寄托了闻璞对自己的学术无法进一步发展的深深忿恨之情。她的学业受阻,她的诗作——就像一只迷途的孤雁——仅仅是几句将永远失传的残句。("断鸿"一词——指掉队的大雁——就表示那些没有结集的零散的诗句、诗作。)

③ 1995 年 3 月 28 日的一次私下交流。

胁,但他们还是会被天真纯良的少女作品中的愉悦气息吸引。父亲和女儿在文学中的关系则远为复杂。一个父亲可以用像对待儿子一样的教育方式来对待女儿,借此掩饰他被女儿的才貌所深深吸引的事实,但是这也必然会引起更深刻的困惑,使得父亲和女儿在家庭中都难以找到自己应当扮演的正确角色。①

女性与男性一样,常用象征单纯才女的柳絮来描述他们喜爱的女性作品。咏絮这一意象,在盛清时代恽珠的诗集和其他地方都一再重现,②在张纨英回忆她姐姐的诗中这样写道:

读纬青姊遗稿

浮生若流水,死别忽经年。泪眼惊秋早,离魂有梦牵。

鹤飞华表月,花落夕阳天。此日西窗下,空余咏絮篇。③

女儿用从父亲那里受到的教诲来教育自己的儿子被称为"传承家学"。④ 今天我们知道,那些因有咏絮之才使家人惊叹的聪慧女子后来成为她们儿子学书习礼时的道德教师。诗人曹锡淑(1709—1743年)是一个典型的例子,她督导后来成为副都御史的儿子陆锡熊读书"甚严"。在《上海县志》收录的她的传记中,记录着她曾用这样的话督促儿子学习:"汉魏遗风还近古,休教堕入野狐禅。"⑤陆锡熊最后成为

---

① 见 Edwards 1994 对《红楼梦》中的写作如何模糊了性别角色的分析。
② 恽珠的诗集中,充满着柳絮的隐喻。见《国朝闺秀正始集》5/20b,9/9a,10/13b,12/4b,15/12a,15/21a,17/4b。
③ Xu Shichang(徐世昌)1929：187/31b.
④ 见安徽休宁汪亮的例子。汪的父亲是一位著名的诗人、画家(《国朝闺秀正始集》9/14a);以及江苏娄县王韫徽的例子,她继承了乃父在诗作方面的才华(《国朝闺秀正始集》18/5a)。
⑤ 见《国朝闺秀正始集》4/1b(198 页)。此诗在这里的意思是要人坚持接近宋之前(孔子)的模式。

《钦定四库全书》的主编者之一,可能就是他将母亲的作品在《四库全书钦定提要》中编入了一个条目,她被颂扬为"承其家学"的典范。① *102*

值得一提的是,曹锡淑以严厉而著称,这一点不同寻常,因为当我们提及母亲的教育时,经常用到的形容词是"慈"。比如说,恽珠用"同承慈训"来描述儿女一起在母亲脚边聆听教诲的情景,她用"慈"这个词代指母亲。② 这个词常与另一个词"严"相对,"严父慈母"一词在典籍中很早便出现了,③而在盛清时期它更成为一个平衡亲子关系的轴心。事实上,李木兰认为《红楼梦》就是一份文字记录,逐年记载着慈母如何逐渐替代了严父的位置,她的慈爱一步步演变成为对儿子的惊人放纵,最终断送了他。④ 显然,恽珠仅仅注意到了母亲关心教导的积极影响。她的作品否认和抹杀了在《红楼梦》中表现得如此明显的,既溺爱又无能的母亲带来的破坏性。

张藻(卒于 1780 年),儒吏毕沅的母亲,也是一位著名女诗人的女儿,就是慈母形象的一个典型。张藻因教子有方所得的第一个回报在1760 年,她儿子被皇帝指为一甲一名进士。⑤ 此后,1780 年乾隆皇帝南下江南时,毕沅对母亲的赞美又引起了他的注意。当毕沅在老家江苏镇江为其母丁忧时,乾隆皇帝赐他御笔亲书的卷轴"经训克家"。⑥毕沅后来官至知府,再至巡抚,管辖两个很难治理的省份。不过,在乾

---

① 见《国朝闺秀正始集》9/5b;也见《清代名人传》,544—545 页。"家学"不一定非是被公认的某个人或某个学派。即以曹为例,她是三位成年女儿中的老二;她父亲并不知名,是上海的一位家境平平的学者。

② 完颜恽珠:《国朝闺秀正始集》15/6b。

③ 最早可能见于《晋书》5;55/1,497—498 页。

④ Edwards 1994;113—129 页。

⑤ 关于毕氏的详细生平,见《清代名人传》,622—625 页。

⑥ "经训"即是"经典与教诲",暗示了学习经典文本与道德教诲的双重意义,也意味着博学与道德的双重追求。毕沅将这一词作为自己书斋的名字,在其中他完成了自己最杰出的作品——重要古籍的一套汇刻本,由当时最出色的学者如孙星衍、洪亮吉等精心校勘考订——这都是在他母亲死后的几年中完成的。见《清代名人传》,624 页。

隆死后的清查中毕沅因涉及贪污案件被追产入官，身后的名声大受牵累。

张藻于 1773 年作了一篇带有警戒意味的诗，这是在毕沅离开母亲首次赴陕西知府任之时，她好像预见到了儿子日后的被黜贬。诗句一开始就提醒儿子，说她日夜都在为他祈祷，然后暗喻他有可能遭遇的危险。不管他多么飞黄腾达，或者他多么天赋聪明，只要为官，就处于危机四伏之中。她在诗中要他严格约束自己，努力做一个人品正直的人；用自己的美德影响跟从的人。① 后来的一个在地方史上备受赞誉的节日里，张藻又提到了陕西的纯朴古风，她向儿子强调了作为百姓父母官的重大责任：

> 西土民气淳，质朴鲜靡费，
>
> 丰镐②有遗音，人文郁炳蔚。

在诗的结束语中，她惋惜道，毕沅的父亲在他很小的时候就已经去世，"痛汝早失怙，遗教幸勿弃"，她安慰自己说幸而他的教诲留存下来，同时又哀伤地想到自己正逐年衰老。③

和许多为人熟知的母亲一样，张藻这位寡妇在丈夫死后承担着抚养和教育儿子的责任。从恽珠将这首诗收入选集一事来看，她或许是想强调如果毕沅的母亲当时在世的话，就可以将儿子从那既玷污了他

---

① 原诗为"日夕为汝祈，冰渊慎惕厉，譬诸樽栌材，斲小则恐敝，又如任载车，失戒则惧踬……"——译者注

② 此处她暗指丰和镐，两者分别是周文王和周武王时的都城，且都在陕西境内。

③ 恽珠在《国朝闺秀正始集》8/1a—3b 中，在张藻的诗前写了一个详细的介绍。也见于施淑仪《清代闺阁诗人征略》3/15a(第 175 页)。这里所引的诗见于《国朝闺秀正始集》8/1b—2b，其中引文见 2a—b。

的名节也使家族蒙羞的失足中挽救出来。① 恽珠的选本还记载了不计其数的值得尊敬的母亲,她们虽然没有守寡,但是在丈夫为了考取功名而远行或在外为官时,负责对儿子进行教育。

在以下关于浙江桐乡的诗人孔继瑛的描述中,恽珠将在织机边劳动的孟母形象与教育儿子的模范母亲合成一体来描写(显示出工作使她的德行完美):

> 瑶圃②工书善画。夫远游,课子读书而身率小婢终夜纺
> 织。尝有句云:"窗下看儿谈鲁论,灯前教婢拣吴棉。"③

以孝敬公婆著称的江兰,她的诗在同样的主题上表现得十分自觉,甚至具有了讽刺意味。她在她的丈夫去求取功名的时候鼓励他刻苦学习:

> 夫子读书九峰,赋此志勖
>
> 吾闻学问道,纺绩同其业。积丝以成寸,积寸以成尺。 104
> 君今下董帷④,妾喜安能说。无谓学既优,经史真堪绎。无
> 谓年正少,分阴真堪惜。无谓才华高,敛气心方惬。高堂有

---

① 毕沅的腐败行为在乾隆死后1799年才被揭露出来也许并非偶然,因为他们之间个人关系亲密以及皇帝出于个人偏好而对他表示明显的赞赏。关于当时人对毕沅的相互矛盾的看法,见 Jones 1972:77—78 页,注 143。毕沅最严重的政治错误发生在他任湖广总督时期,他无法管理与限制湖北省一级高级官僚的腐败行为。最仰慕他的学者之一洪亮吉,认为他是一个儒者的典型——道德完美,但由于轻信而是一个失败的政治家(Jones 1972:97)。

② 孔继瑛字瑶圃。——译者注

③《国朝闺秀正始集》8/10a。

④ 当汉代著名文人董仲舒在学习的时候,曾拉下帘子,三年没有向他自己家的花园看过一眼。

舅姑，无烦君切切。家事虽纷纭，无劳君筹画。君读万卷
书①，妾织七襄帛②。妾尽为妇道，君当令亲悦。转盼秋风
回，丹桂必攀折③。嫦娥有俊眼，勿令笑巾帼。勉旃夫子兮，
莫忧室人谪。④

这位贤妻诗中尖利的言辞让世人都能看到一个任性而又懒惰的
丈夫的过错。⑤

当然，一个儿子被母亲纠错是不致太伤面子的。事实上，儿子们
公开地，甚至满怀感情地接受母亲的批评，将其作为自己孝顺的纪录。
康熙前期的一位官员谢道承，⑥在一首题为"忆母诗"里回忆了他母亲
严格教育他的情景。

儿来前，自尧经今凡几年？

儿强记，自尧经今凡几帝？

儿时应对稍逡巡，母颜变色施恚嗔，

陈箧孙志学人责，稽古胡不如妇人。

吁嗟乎，

母言在耳，儿颜犹泚，

---

① 此处引用唐朝诗人杜甫勉励朋友的诗句："读书破万卷，下笔如有神。"这是对博览群书和
融会贯通的一种委婉的说法。

② "七襄"一语是用来形容织女星（天琴座 a 星）一日所处的七个位置，它象征着夸耀女红的
七夕节所纪念的主角，织女。

③ 即是取得举人的意思。

④《国朝闺秀正始集》3/12a—b。也见于江兰给她丈夫的一封信的摘录，见第123—124页的
引文。这封信的语气表明她的诗极有可能是讽刺性的。

⑤ 和恽珠一样，章学诚也引用江兰的著作，极力称许妻子的道德素质并批评她的丈夫；见
123页。

⑥ 1661年的进士谢道承，是福州府治闽县人。康熙朝进士，官至内阁学士。

安得我母常嗔儿常泚，

于今劝学无闻矣。①

这种儿子和博学母亲之间的深厚关系，是乾隆年间在流行的五彩画珐琅瓷器上创作装饰画的画家们最喜爱的主题。中国的制陶师们从耶稣会士那里学会了画珐琅的技术，耶稣会士向他们展示了用母子主题的绘画装饰的各种欧洲瓷器，其中包括圣母玛丽亚和年轻耶稣的画面。中国的匠人们对这一主题加以改造，加入了更熟悉的东西，用书、纸、毛笔等来营造母子间的亲密气氛。与此同时，通过把儿子描绘成一个小孩子，将母亲描绘成年轻美丽的女子，他们还缓和了聪明能干的母亲形成的压迫感。（图15、图16）

对于女儿而言，母亲的影响和榜样可谓是她们感情纽带的核心部分，它如此强烈，以至于我们必须意识到很多时候它近乎无辞表达，尤其是很多女儿由于出嫁，很早就离开了母亲。恽珠十分强调母亲和

---

① Zhang Yingchang(1869)1983,2；803—804 页。江兰的丈夫可能会被当代作家普遍描绘为"怕老婆"，而谢道承的母亲则是"明智"的。诗作向我们展示了女性的声音同样是一种道德的话语，男子的反应把它的意义掩盖了。

图15　乾隆年间饰有珐琅图案的茶碟和茶壶,内容是母亲教育儿子的情景。由中国台北故宫博物院提供。

图16　乾隆时的一对珐琅瓷碟,描述的是一个母亲在里厢房指导她的儿子。由中国台北故宫博物院提供。

女儿间心智上的关系,她频繁提到女儿如何"承母教"。对毕沅的影响一直达到他位居高官时期的母亲张藻,就是从她自己的母亲、女诗人顾若宪那里学会了写诗。诗人虞叶繁(佩祁)"秉训慈闱",说的就是她的母亲刘琬环(刘撰芳字琬环)女史。① 对于一些女性,教育女儿是一

---

① 《国朝闺秀正始集》18/14b—15a。这里提到的刘琬环以字(撰芳)行。也见《国朝闺秀正始集》15/6a。

种爱与快乐的行为,久而久之这种教育会为她们提供一个通过诗歌和自己交流感情思想的女伴。对于另一些人来说,教育女儿只是对年轻时未能实现的天才梦想的痛苦回忆,就像梁兰漪在下面的诗中写道:

课　　女

琐琐小儿女,窗前初训诂。

乍啭如莺簧,低吟类鹦鹉。

摹书笔犹涩,见人羞不语。

汝母薄命人,偿尽诗书苦①。

四德与三从②,殷殷勤教汝。

婉顺习坤仪,其余皆不取。③

106

梁兰漪诗中的末联总结了许多"承母教"的天才女儿的辛酸教训。浙江归安的戴韫玉——她的母亲因为梦到诗人谢安,给她取了这个名字——培养了两个才华横溢的女儿,尽管她嫁给了屡试不中的丈夫后历尽艰辛,并且有一次在丈夫试图摆脱落第的厄运时,跟随他跋涉东南沿海山地,历尽艰辛。经过流产、殇子、贫窘和辗转路途的痛苦,她把她穷年沸郁的情绪一一倾注在她的诗歌里。她死于 30 虚岁,恰在她丈夫首次通过乡举考试之前。④

但是,并非每个人都有梁兰漪和戴韫玉这样的遗憾。恽珠也为我们介绍了上虞的张淑莲,一位进士的女儿和几个成功官员的母亲。在

108

---

① 这个双关短语表达了母亲对女儿的同情,既是因为她努力学习古文不易,也是因为她的努力最后将毫无意义。

② 自班昭以后,训诫妇女的文字中,妇女的四种德行指的是:德、言、容、工。三从指的是那种男性权力至上的家庭体制:在家从父,出嫁从夫,夫死从子。

③《国朝闺秀正始集》12/3b。

④ 施淑仪:《清代闺阁诗人征略》4/21b(第 238 页);也见《国朝闺秀正始集》13/13b—14a。

她九十岁的时候,还能将她所"承"的"庭训"精神充沛地传给她的孙女们。在一首题为"孙女辈学诗书示"的诗中,张淑莲告诉我们一个养育环境对于女性形成对智慧的自信能有什么样的影响:

> 孙女辈学诗书示
>
> 我昔居闺中,我父喜吟诗。
>
> ……
>
> 怜我颇聪慧,教女如教儿。
>
> 兄弟如姊妹,唱和相娱嬉。
>
> ……
>
> 汝虽非男儿,期于名姓扬。
>
> 亦须传素风,世业诗书长。
>
> 务使才与德,相成毋相妨。①

戴韫玉和张淑莲同为家学的传承者,命运截然不同,而她们的命运又在后代的身上重现。戴韫玉的次女陈琼圃,是她的两个女儿中更多才多艺的一个,在29岁那年丈夫死后也自杀了。与之相对的是,就像恽珠一样,张淑莲本身就是她的孙女们的灵感源泉,鼓励她们继承家庭的传统,培养女性的才能,为丰富多彩的女艺术家和女文人的生活提供了活生生的例子。

在富有的家庭里,博学的姐妹也不失为她们兄弟在学问和精神上的知己。江苏阳湖的刘琬怀,和她的弟弟一起由母亲于友兰教育长大,后来成为她弟弟在学术上的同伴。和他在一起,她完善了自己的

---

① 《国朝闺秀正始集》15/1a—2a。这首诗回忆了父亲的话,他很明确地告诉女孩们,她们的才华必须限定于一个范围。

审美感和写作的方法,正如她在给她弟弟的一首诗中写道:

夜坐与弟论诗即赠

作诗如结交,要见肝胆真。

何须借雕饰,文情互自陈。

灵气贯健笔,慧心绝俗尘。

譬若蚕缫丝,乃类石蕴珍。①

109

即使是婚后,兄弟和他们聪慧的姐妹们也仍然保持着很好的联系。兄弟对已经出嫁的姐姐的一次拜访常会引发她对家的想念,有时甚至夹杂了对年长父母的深深思念。② 一首描述哥哥亡故的诗,抒发了诗人戴兰英试图表达的感情:

哭砚珍大兄

讣到猝然惊,争禁泪雨倾。

如何成薄宦(兄摄篆五湖),竟尔毕浮生。

远信疑还假,遗容记尚清。

大雷书现在,检箧倍伤情。③

天才的姐妹甚至懂得利用诗歌建立起和她们嫂嫂的联系。江苏金山的姚允迪,和嫂嫂张佛绣一起学习做诗和读《易经》。钱维城才华出众的女儿钱孟钿写了 30 首韵词给她的嫂嫂,并将它们都寄给她作

---

① 《国朝闺秀正始集》15/6b。
② 《国朝闺秀正始集》19/4b;也见 8/20—21a。
③ 袁枚:《随园女弟子诗选》5/22a,11/3a—4a。也见于席佩兰为她的儿子作的挽词,1/6b—8a。

为模仿之用。①

诗人姐妹们找到了各自独特的方式来表达她们在诗歌中的共同感觉。离开她的四姐时,慎容说道:

> 姊妹相依久,情亲胜兄弟。②

张琦的四个女儿在她们因出嫁而别离的日子里互相写下无数的诗。③徐氏姐妹一起嫁入李家,于是她们便每天交换彼此的诗作来看。④年轻的妹妹往往要负责照看已故姐姐的孩子,正如朱文毓在"抚孤甥"一诗中的悲伤叙述:

> 母死谁怜汝,相携更痛心。
>
> 呱呱啼不止,犹是姊声音。⑤

110　在另外的一首诗中,桐城的方静回忆起和她姐姐在一起时的童年时代:

> 忆旧柬诸姊妹
>
> 少小随肩长各方,儿时胜事尚难忘。
>
> 碧纱窗拥书千卷,沉水烟笼被一床。

----

① 《国朝闺秀正始集》7/4a,11/3a—4a。钱孟钿的传记资料,见施淑仪《清代闺阁诗人征略》5/14a—16a(287—291页)。她自己是一个女诗友圈子的核心,她的一个儿媳也是诗人。
② 《国朝闺秀正始集》10/6b。她另一个姐姐是诗人胡慎仪,胡慎仪在很年轻的时候就失去了丈夫和儿子,40多年她靠教书度日。她的20多位女弟子中有多位成为著名的诗人(《国朝闺秀正始集》10/5a)。
③ 例见完颜妙莲保:《国朝闺秀正始续集》59a—60a,60b—61a。
④ 《国朝闺秀正始集》11/21a。
⑤ 《国朝闺秀正始集》18/12b—13a。

> 春到楼头人共绣,诗联花底句生香。
>
> 闲来笑语双亲侧,谁解桃夭惹恨长。①
>
> 和光未久忽秋阴,霜雪无端折大椿。
>
> 鸿阵惊飞悲失序,燕泥经雨泣残春。
>
> 即逢好会人俱老,纵使重归迹已陈。
>
> 白首不堪怀往事,诗成一字一酸辛。②

对婚姻和童年时代终结的畏惧导致了一些年轻女性的反叛。她们中有很少数人成功说服了父母让她们皈依宗教信仰而逃离了家庭的束缚,就像明时的昙阳子一样。③ 袁枚曾记录了一个孩子的故事,她"美而不嫁,好服坏色衣,持念珠,作六时梵语"。行年三十,操修益坚,父母知其志,也只能接受这一事实,为她建造了一座庵,而她始终保持未婚。④ 但是大多数发誓不嫁而信奉宗教的年轻女孩只能在她的聘夫或丈夫死后才能实现这一想法。在这点上,儒家伦理总要为她们的虔诚辩护,使它看起来像是美德而不是一种反抗。⑤

来自"著名"女作家的生活轶事,为年轻才女在经历出嫁的转折之后仍为培护自己才华所作的努力,提供了一些罕见的例子。一个新娘直接将她的作品带进洞房,就像鲍之蕙那样,袁枚是这么描写

_111_

---

① 这首诗说的是她们学习《诗经》的情景。第六首诗名叫"桃之夭夭,"用来形容新婚女子的快乐,她们就像是成熟的蜜桃树一样丰腴和美丽。[图 17]此外,方静和她的姐妹们那时并没有意识到结婚就意味着永远的分离和悲伤。

② 《国朝闺秀正始集》10/14b—15a。

③ 见 Waltner 1987。

④ 袁枚:《随园诗话》卷 2,53 条,54 页。

⑤ 见《国朝闺秀正始集》2/4a—b,12/8a,18/22a。这些年轻女性皆被汪中谴责为误读了经典;这种误读——从年轻女性的观念出发——也许怀有某种实际目的。

图 17 桃夭图赞。这幅图描绘的是一个被马车上的帷帐所遮盖起来的新娘。据自 Wang Chun(1816),见 Zhou Wu 1988,卷 1：179 页。

她的:"奁具旁一日无笔砚,便索然不乐。"①诗人金逸将她的毛笔和砚台作为嫁妆的一部分,并且"奁具旁烟墨铺纷,不数日变闺房为学舍矣"②。夫妻分享对文学的爱好和对学术的追求:金逸的丈夫和

---

① 袁枚:《随园诗话补遗》卷 8,65 条,789 页。
② 施淑仪:《国朝闺阁诗人征略》6/4b(第 316 页)。

她交换诗作,①恽珠儿子的朋友则在"春秋佳日"和妻子考订文字以 *112* 为乐。②

　　袁枚喜欢调侃说在这样组合的婚姻里,妻子往往要更出色些。③他所举的最好例子是嘉定的吴若云的故事。有一天她读丈夫的诗,见到了这样一句:"他日香闺传盛事,镜台先拜女门生。"吴若云说"需改一字",丈夫问何字,吴笑道:"'门'字改'先'字方妥。"她笑得很甜④。⑤

　　即使在忙于柴米油盐的日子里,那些富于进取心的已婚妇女也寻找时间从事写作。张曜孙在草拟他的姐姐张纶英写的传记提要中回忆道:"所居室,簿算刀尺米盐与书册相错,"唯恐这一评价有中伤其姊之嫌,他又赶紧补充说:"非事文墨而旷妇功者,比其诗多家庭骨肉敦劝思念劳苦之篇。"⑥张的这一评论明显反映出妻子们作诗的倾向,她们关注的不再是艺术,而是丈夫或儿子,特别是他们在科举中能否成功。张因为她的丈夫写下这首诗,就是在他离家参加考试的时候:

---

① 薛琼的丈夫也如此。见《国朝闺秀正始集》8/4b。

②《国朝闺秀正始集》19/1a,也见 6/13b,9/3a。

③ 例见袁枚《随园诗话补遗》卷 8,11 条,767 页。

④ 也就是说,"门生"一词应该改成"先生";这行诗就成为"他日香闺传盛事,镜台先拜女先生"。

⑤ 这个故事的史料源自《国朝闺秀正始集》12/12a。袁枚在《随园诗话》中也记载了这个故事,但是讲述的差异非常有趣。袁枚已经记不起那位妇女的名字,但恽珠却记得很完整,包括她的字和号。恽珠笔下的女诗人出言典雅,但在袁枚书中该人使用的显然是轻浮的俚语,还带着(尽管是伴着笑谐)一种低声下气的腔调。在袁枚的故事中,那位丈夫发出一种哄笑;但在恽珠的故事中,他却没有任何反应。见袁枚《随园诗话补遗》卷 6,3 条,712 页。也见于袁枚记叙的一个哥哥剽窃妹妹作品的故事("方敏悫公三妹能诗,自画牡丹,题云:'菊瘦兰贫植谢家,愧无春色绘年华,剩来井底胭脂水,学画人间富贵花。'公咏清凉山桃花云:'倾将一井胭脂水,和就六朝金粉香。'似袭乃妹诗,而风趣转逊。"——译者),《随园诗话》卷 2,46 条,50—51 页。

⑥ 引自施淑仪《国朝闺阁诗人征略》9/3b—4a(514—515 页)。

送外赴试

落叶满阶砌,西风鸣纸窗。

晓起促行色,相对两茫茫。

虽无久离别,心中自感伤。

何如百里妇,爨廪炊舂粮。①

朝餐浑未备,枵腹赴远航。

细雨湿行袂,凉飔吹短装。

……

行李太单薄,何以御严霜。

执手斯须立,有泪已盈眶。

丈夫富经术,忧患天所尝。

行亦勿复顾,努力事明扬。

秃笔吐异彩,古墨发新香。

不挟兔园册,惟凭胸所藏。

幸逢冰作鉴,慎勿轻文章。②

在这首紧凑简短的诗中,张因表达了独守家中的主妇几乎每一种情绪:悲伤,怨恨,内疚,恐惧和在道德上的权力感。她将这些情绪按这样的先后顺序排列出来,不可能是偶然的。

激励儿子为博取功名而耗尽心力去竞争的母亲,也写诗来抒发自己的苦闷。视考试为儿子生活的头等大事,荣登榜首的几率却几乎为零,反映这类失败的诗句是相当普遍的:

---

① 按照 Stephen Wear 的解读,这句诗可能并非在抱怨,而是在表达一种信心:"我能不能与百里奚之妻相比,当丈夫不在的时候过穷日子,当他返回时与他分享他的荣耀呢?"(个人的评论,1994 年 10 月)

②《国朝闺秀正始集》16/10a—b。

子用济有远行诗以遗之

吾子廉吏孙,[①]读书昧生理。

三十未成名,徒然还乡里。

外侮旋复来,内忧方未已。[②]

忽然远行役,披衣中夜起。

明星光在天,河流正弥弥。

行云有返期,游子靡所止。

揽涕下高堂,长途从此始。[③]

在这里我们看到诗人又一次斜倚在她的楼台上,注视着远去的那个她深爱的人——这次是她的儿子。要使她的儿子为博取功名而坚持苦读对一个母亲来说的确是一种挑战,因为他的能否成功实在关系重大。云南的李含章,是进士的女儿,也成功抚养了两个最终成功的儿子,在他们参加科考落榜时曾写诗鼓励他们:

慰两儿下第

得失由来露电如,老人为尔重踯躅。

不辞羽铩三年翮,可有光分十乘车。

四海几人云得路,诸生多半壑潜鱼。

当年蓬矢桑弧意,岂为科名始读书。[④]

---

① 这里所说的"廉吏",指的是诗人自己的父亲,一位举人。博得这等功名的人被称为"孝廉"。

② 诗中所说的"内"与"外"可以解释为国家与反叛者之间的战争,但她用这两个词,也可能系指其子因在科举中落榜而在家庭外所受的欺侮和家中所经历的痛苦。所以这两句也可以读作:"在外边遭人背后指责,在家里也受人白眼。"

③ 柴静仪的诗,Xu Kuichen[1804]1914,8; 4/2a。

④ 《国朝闺秀正始集》13/2b—3a。

这个母亲的劝慰和教训传递了双重的信息：尽你最大的努力；无论发生什么事情,你的母亲始终爱你。母亲和妻子们在诗中的言论运用社会上经典和权威的韵律,她们批评这个社会残酷的考试竞争,为她们的男人们所受的折磨说话。与此同时,她们又附和这个社会大多数的论调,不忘记以成功之后的好处督促自己的丈夫和儿子,提醒他们还要面临诸多困难。

不是所有女性都能够成功对抗婚后生活的压力和悲伤的。忧郁症、疾病、绝望和死亡,成为无数年轻妻子的生活主题。男人们发现这些诗歌极其令人感动,袁枚就留有丰富的记录,其中之一是关于一位深陷痛苦的年轻诗人："松江曹黄门先生陆夫人,自号秀林山人,归先生时,年才十七;奁具旁,皆文史也,尤爱楚辞,[1]针黹暇,必朗诵之。"她是如此地痴迷于这些悲剧性的诗歌,以至于她的女仆们都不停地说她的闲话。她的丈夫警觉到这一点,告诉她不要再读那些东西。但是她还是在结婚后不久就死于忧郁了。[2][3]

在另一个场合,袁枚写道：无一例外地"近日闺秀能诗者,往往嫁无佳耦,有天壤王郎之叹"[4]。一个不幸的未婚女儿在死前焚烧了自己的作品,她留下的作品残片证明,这个年轻女孩在很小的时候就对

115

---

[1] 这些几个世纪都受到推崇的长诗,已经由 Hawkes(霍克思)于 1959 年译成英文。它们都是悲剧性的,因为它和它们的生活让人联想到那位因报君无门而绝望自杀的诗人屈原,也见 L. A. Schneider 1980。对一个年轻女性来说,楚辞是离别、寂寞以及魂牵梦绕的象征。

[2] 原文为：侍婢私语曰："夫人所诵,与在家时何异?"先生因赠诗云："幽意闲情不自知,碧窗吟遍楚人词,添香侍女听来惯,笑说书声似旧时。"因戒夫人曰："卿爱屈子词,此生不当得意。"已而果亡。——译者注

[3] 见袁枚《随园诗话》卷 3,5 条,69—70 页。

[4] 袁枚:《随园诗话补遗》卷 4,52 条,669—670 页。尽管袁枚极少提及,但我们知道袁枚对那些才女经历的阴暗面非常了解。见 Waley 1956:36—37 页所叙袁枚之妹素文的故事,这位才女因包办婚姻而香消玉殒。另一位妹妹,也是才女,因分娩而死,她留下了她述说寂寞的诗作(《随园诗话补遗》卷 9,55 条,183 页)。袁枚姑母的婆婆曾在几个大户人家做过女馆师,她有一次亲眼见到两个聪慧的学生被毒杀。

她没有来得及经历的婚姻抱有十分悲观的看法：

> 竹筠女子早卒，自焚诗稿，仅传其宫词云："中官宣诏按新筝，玉指轻弹别恨声。恰被东风吹散去，君王乍听未分明。"①

被恽珠收入集中的一首诗，也向我们揭示了一个年轻女子的巨大痛苦，正因她熟习文史，她才被古人的道德训诫驱上了自尽的道路：

谢母诗

女身虽甚柔，秉性刚似铁。

读书虽不多，见理亦明决。

女子未字人，此身洁如雪。

女子既字人，名分不可亵。

幸长抱衾裯，夫妇知有别。

不幸中道捐，永失守清节。

更惨未见夫，夫命悲月缺。

女称未亡人，此时宜同穴。

不为慷慨死，三年俟服阕。

服阕方绝粒，情激礼难灭。

舍生违母心，我心亦悲切。

从夫赴黄泉，纲维庶不裂。②

116

---

① 《随园诗话》卷 2，67 条，60 页。
② 叶氏，"谢母"，收入完颜妙莲保《国朝闺秀正始续集》3/6a。

对于那些总算从年轻媳妇熬到了中年的妇女来说，年龄的增长并不构成学习上的障碍。我们看到一些妇女（张纶英就是其中之一）事实上是在所谓老年的时候才开始她们的文学生涯的，就如被收入恽珠诗集的这个故事：

> （左慕光）松石年五十始学为诗，女中之高达夫也。夫故，携二子侨居济州。日手一编，自是学益进，诗益工。与史倩仙、湘霞两女史酬唱，每遣小婢持诗筒往来。①

恽珠本人的生活经历也显示了，她是怎样从一个早慧的女诗人转而成为贤良的妻子，然后又迎来了晚年创造力的重新喷薄。她为文集所选的题目就暗喻了自己的经历："正始"，这个词初见于《诗经》中的"国风"，其意为应该将妇女的闺房（也就是阃内，妇女的天地）视为君主统治天下时所排权力顺序的起点。注意恽珠是怎样借用这个典故和为自己的写作张目的。在她所收文集前面的这篇自传性的序中，她叙述了她从一个年轻的才女诗人成长为具有影响力的、《诗经》中所说的道德权威中心的道路：

> 昔孔子删诗，不废闺房之作。后世乡先生每谓妇人女子，职司酒浆缝纫而已，不知《周礼》九嫔掌妇学之法，妇德以下，继以妇言。言故非辞章之谓，要不离乎辞章者近是，则女子学诗，庸何伤乎？独是大雅不作，诗教日漓，或竟浮艳之辞，或涉纤佻之习。甚且以风流放诞为高，大失敦厚温柔之旨。则非学诗之过，实不学之过也。

117

---

① 《国朝闺秀正始集》17/17b。

余年在龆龀，先大人以为当读书明理，遂命与二兄同学家塾，受四子、孝经、毛诗、尔雅诸书。少长，先大人新授古今体诗，谆谆以正始为教，余始稍学吟咏。因闺中传作较鲜，针黹之余，偶得名媛各集，辄手录一二，以志心仪。于归后，经理米盐，遂弃笔墨。年来更耽静养①，案头所存惟性理数册，楞严一卷而已。②

接下来她谈到那个转折点的到来，她谈到她那功成名就的儿子如何突然进入了她的领域，建议她将所收集的妇女诗歌编辑成书。然后，就如我们知道的，她将余生都投入到了这项事业之中。

盛清才女的典范

我们可以设想这样的形象：将才华横溢的年轻女诗人与持家有方的符合儒家正统规范的贤妻二者集于一身。无论袁枚怎样赞赏孙云凤诗句的早熟，在他所写的她的故事中，也仍然指出，一个年轻女子应该接受《诗经》之训，仔细了解有关妇女在婚姻关系中所扮妻子角色的道德意义。还是个小姑娘的云凤已然懂得，妻子要站在一家之主的丈夫身边，作为道德规范的督导者，而且她已经能够把两首不同篇什里同样赞颂妻子形象的诗行联成对句，体现出了她的理解。此外，袁枚津津乐道的图景则是许多光彩夺目的女诗人环绕在他身边——她们既美丽，又有诗才——其中的形象甚至也出现在为贤妻良母们所作的正统传记中。朱筠在为章学诚之母撰写的祭文中也表露了同样的

---

① 这里用"静养"暗指生育年龄结束后的精神修炼。
② 《国朝闺秀正始集》，序一，1b。

118 观点,他提到,"在她仅仅是一个小姑娘的时候,就被与谢安家的女子相提并论,因为她的诗文如她的容貌一样美"①。不过朱筠接下来就讲到,章学诚的母亲到成年后就放弃了写作,穿起耐用的短衫开始进行劳作,任劳任怨地照料家庭。②③

据他的祭文所说,章学诚的母亲放弃了自己诗人的光辉前途,而成为一个符合传统礼教的贤妻良母。她主要是呆在家里照料家务,并在一些问题上给丈夫以合理的建议,但是,当章父的生涯由于冤狱而断送的时候,她"在家庭的账目上节省出了一千两银子,使丈夫能够偿清债务并恢复昔日的名声"④⑤。章学诚的母亲在少女时代具备柳絮才情,做妻子时则十分符合《诗经》规定的礼教规范:丈夫为官时为他提供咨询,丈夫的事业跌至低谷时成为他的支撑,而且多亏她的勤俭持家,撙节积蓄,才能在丈夫被黜免时帮助他,让他不致进一步丧失颜面。如果一位有才气的女诗人不是婚姻不幸或因病痛、心碎郁郁而终的话,她很可能甘愿放弃写作而全力担负起儿媳、母亲和管家婆的责任。如果她这样做了,她的诗句发出的声音听起来就好像与道德训诫的声音如出一辙,因为二者都是从《诗经》中汲取灵感的。

盛清时期的两种才女模式——才华横溢的女诗人和以"正始"为己任的女教师——可以用这种方式取得和谐。但是她们的权威却源于她们身上表现出的自相矛盾。二者都证实了女人更胜于男子,二者都表达出在审美上最强的权威性,前者是感情的,后者是道德的。非凡的女诗人,无论是哪一种,都托身在这两类形象中,而且被塑造成为

---

① 原文为:"生女有德,如谢家昆陈诗丽。"——译者注
② 原文为:"布襜短袜,便持井臼。"——译者注
③ Zhu Yun(朱筠,1729—1781),《祭章学诚之母史孺人文》,见 Zhu Yun(1815)1936:327—328 页。
④ 原文为:"丙子夫罢,代者苛责,发千金偿,识远巾帼。"——译者注
⑤ 见 Zhu Yun(1815)1936:327 页。

男性能够理解的形式。但对于女诗人本身来说,诗人的才华和妻子的明智却是截然不同的两回事。年轻的天才用她们的诗将自己与即将别离的母家亲人永久地联结起来,从而愈发惹起读者的怜爱。成熟的妻子则用她们的笔批评这个世界:科举考试竞争的激烈、疾病的残酷与生死的无常,还有无情的丈夫、懒惰的女佣。但是正如 Lila Abu-Lughod 提醒我们的那样,诗不是纯粹的注解,诗是一种创作,诗人也是艺术家。恽珠文集中的女诗人,袁枚诗评中的女才子,以及那些把自己的诗载入盛清这部史册上的妻子和女神童,她们都是以写作这种行为作为最强烈表现方式的富有创造力的艺术家。她们用诗塑造了她们的时代,从《诗经》汲取灵感,又利用儒家说教来使她们的声音加重分量。

在我们进入第六章之前(该章将讲述那些即使是天才女诗人也不得不占用时间从事的工作),我们必须再来审视一下本章中就盛清时代社会性别关系所提出的一些问题。最重要的问题是,掌握在那些才女手中的词汇为什么会具有如此不同凡响的力量,男人为什么会认为它们这样有争议又这样撼动人心? 我想答案在于,这是并行的两种深刻的文化情感,而在文学中以女性形象集于一人身上。一种情感倾向于强调有教养人家的男女之"别",这即使在家庭之内和"言"的领域也适用。就像章学诚在论及女学时反复强调的那样,男性和女性都各有适于自己的范围,女性的言论绝对不能越过内阃。章学诚这种将两性绝对区分开来的观念限制了他自己,令他简直没办法想象什么才是适合女子写作的内容。因为博学多才的女子通过写作,直接迈入了"文"这个文化的上层领域,而这一领域从孔子的时代起,就一直为男性所独有,如章学诚指出的,只有在极为特殊的历史条件下,女性才可以踏入这一禁区。而一旦以文人身份进入这个领域,一个女人就可以直接与一个男人对话,就在那一刻,她便成为他的"知己"——山中的女神,碧波中的圣女,提供给他无尽的激情和超然的智慧,赐予他世间的美满和精神的不朽。一个男人不大可能期待与这样一个以诗人形象出现的圣女相遇。他们只是努力将她降格为被认可的家庭形象:母亲、妻子和女儿。

对于女性来说,进入"文"的领域同样是不可抗拒的。但是女性并不寻求与一位圣洁的男性结合。她们像男人一样,渴望的其实是超越凡尘。她们以两种途径达到这一目标:一是情感,以回忆来体验情感,用诗将其再现出来;二是通过对身体、思想和心灵的虔诚修炼来改造自己。这种修炼并非语言所能表达,但为修炼所作的预备工作却要依赖笔和砚,依赖于在诗境中创造一个独立自主的、精神上的自我。

妇女写作的这些意义,无论对于男性还是女性,在中国的历史上恐怕都曾以各种各样的形式存在过。但是在盛清时期,它们却构成了男性与女性都试图去解决的有关存在和哲学的问题。男人们发现了两种方式,可以一面赞赏和支持女性的写作,一面又与女作家保持距离。但即使在他们小心规定的这两种角色之内,女作家仍然构成威胁。盛清时期的女作家,无论她是才华横溢的女诗人,还是重视德行的女教师,都代表着士族家庭男性所经受的某种特定形式的社会压力。女儿们可以从竞争激烈的政治生活中暂时解脱和喘息,但是她们迟早要嫁人和离家。妻子被指望着成为家庭经济的保障者和忠言的提供者,但她们常常过于求全责备。母亲们在道德上具有权威,却要在严教与溺爱、惩罚与母爱之间权衡轻重:严教和惩罚可以保证未来的成功;而放纵与溺爱却预示着最终的失败。①

就妇女这方面来说,作为主妇,她们可以用写作发出的有力声音

---

① 见 Edwards 1994:113—129 页。在那里,她将《红楼梦》作为母性价值的话语来分析,认为这种话语"维持并制造着对于掌握权力的女性的不信任"。

来维持和扩大在家中的权威;也可以超出家庭的领域(阃外)去抨击她们那个时代商品化的性交易(婚嫁论财)。她们越来越像是"共和主义的母亲们"①,为即将来临的国度抚育子民,庆贺胜利,同时将自己视为她们身处的光辉时代的象征。

---

① 见 Woloch 1984:第三章。此处"共和主义的母亲"一语,乃是 18 世纪后半叶美国革命时期前后,共和主义者对于妇女社会角色的一种理想看法。此种看法认为妇女应接受更充分的教育,但仍在家庭空间活动,通过相夫教子的途径维护并传承共和思想。

第五章　娱　乐

　　恽珠从诗文集中着意剔除了她们作品的那些所谓的名妓,其实只是一些十几岁的年轻女孩子。她们在江南地方枕河而建的一些大城市,特别是苏州、扬州和南京,渐渐地出了名,顾客就这样被吸引到她们的"画舫"上来。在男人的眼中,盛清的名妓们本人就是一出活生生的悲剧:她们是有才而失贞的妇人。在大户人家妇女的眼中,名妓们意味着一群"他者"——虽然饶有文墨,却不能以人妻人母的身份参与任何的冠婚丧祭之礼。尤其如我们将在第六章重点论述的那样,这些名妓们的工作性质使得她加倍地不洁:因为作为一名欢场中人,她既不纺、又不织。

　　从我们已经探讨过的各种原因可以知道,盛清时即使高级妓女的地位也要比晚明时期的同类人物为低。孙康宜和高彦颐的工作揭示出,明季饱学的名妓如柳如是者已经能够令领袖文坛的学士们拜倒在她的裙前。① 如孙康宜所说,名妓便是晚明文化的象征:她们的审美意趣、她们的才华、她们的美貌、她们的坚忍、她们的自裁——在在都迎合了王朝自身悲剧性的命运。进一步,高彦颐和孙康宜都强调,明朝晚期的名妓们在士族妇女的圈子中通常都能够像在男性士大夫中

间一样自由地交往。特别是在南京附近的一处河岸——板桥,那儿是

---

① 见 Kang-i Sun Chang 1991;Ko 1994。

晚明名妓文化的中轴点。

盛清时代体现出一种鲜明的对照,这几乎肯定地是因为古典的复兴。我们在第四章已经有所论述,经学的复兴将女儿、妻子和母亲这些传统女性的角色置于一场争论的中心,而议题便是妇人的学识。在这场争论中,艺妓们在士大夫男性的审美视野中日趋边缘化。同时,处于盛清争论中心的女儿、妻子和母亲们也利用她们写作的权力造成艺妓们在历史记载中的声音微乎其微,甚至哑然失语(如恽珠所做的)。

通过研究艺妓,我们能够更加深入地了解,盛清时期士大夫阶层的男女双方对妇道本身有哪些相通的观念。但我们研究青楼女子的过程却困难重重,且在很大程度上要依赖于推测。决定艺妓能够专操此业为生,并继续在这一行工作下去的她的声名,散见在闲言诼语、传说故事以及她们被抄录下来的作品之中。这些记录是讲述给男性主顾们并由他们通过笔记的形式保存下来的,他们自视为艺妓的朋友兼知己。1784 至 1841 年之间出版的七本这样的笔记为我们揭示出性交易的市场作用如何模糊了阶层与血缘的边界。[1] 为了明白这是一个什么样的生活世界,希望读者能很好地分清用来描述这一现象的传统话语(如"欢场""艺妓")和这些词语掩盖下的经济与社会的层级体系

---

[1] 七本书是本章所用的一手史料,都是对长江下游地区青楼的描述,著于 1784—1841 年间。在此我以城市和出版年代为序,将这七部笔记列举如下(按时间顺序排列,具体书名写于括号后):Nanjing 1784(《续板桥杂记》);Nanjing 1787(《雪鸿小记》);Suzhou 1803(《吴门画舫录》);Suzhou 1813(《吴门画舫续录》);Nanjing 1817(《秦淮画舫录》);Nanjing 1818(《秦淮画舫余录》);Ningbo 1841(《十洲春语》)。这七部笔记的作者及其他出版信息可参见书后引用书目。所有这七部笔记都被收入再版的《中国妇女运动大事记》(Zhang and Li 1975:1516—1518 页),亦被收入《香艳丛书》而于 1914 年重印。实际上,这七本著作分属于中国娼妓史上两个判然有别的时期。严格说来,前六部正好属于我所研究的盛清时代,而第七本无论在风格上还是所记内容上,都显然是一种战时政治经济状况下的产物,在这种与以往截然不同的非常情况下,青楼女子纷纷去为集中在港口的军人服务。

("性市场""性从业者")。这一章将在男性文人们极尽委婉的曲笔叙述和从事性服务的妇女们严酷逼人的生存现实之间来回切换,这种现实,即使以男性的眼光看去令人觉得有如雾里看花,无论如何却仍有它的影像存在。

阶层和血缘:"闺秀"和艺妓

理论上,大家闺秀和艺妓之间隔着一道鸿沟。正如第四章所示,盛清时期的士族妇女们所受的教养使她们将自己视为一个特殊的阶层:幼时的掌上明珠、未来的贤妻良母。盛清时的"闺秀"——闺阁中培养起来的女性——自觉地将她们的学识和艺妓的学识区别开来。如我们所知,这种自我意识有一部分正是来自强调已婚妇女道德权威的汉学的复兴。闺秀们对女性之"才"给予的认可常常是依这种才能的用途而定的。

恽珠刻意将艺妓的作品从文集中删去,一个原因乃是作为正室夫人的她对于涉及性爱和浪漫史的妇女文学有着不由自主的反感。艺妓专门为一群偏爱言情诗歌的读者创作——至少,她们的作品是通过这些诗作所投赠的对象而保存下来的,而她们大概也极少创作其他种类的作品。即使她们的确写了别的作品,清朝中期的艺妓——不同于闺秀——并不拥有后者那样的父兄子侄,有这种能力和意愿为她们保存并出版诗歌。因此,少数流传于世的清朝中期艺妓的诗文书信都是被她们的欣赏者记录下来的,而这些少之又少的作品有如出自同一人。恽珠判笔轻挥,它们便很容易地从文集中间被删去了。

在拒绝为艺妓的作品提供文集中的一席之地这方面,恽珠并不孤单。她的观点在盛清相当普遍。艺妓们已经不再像晚明时那样可以成为衡量"才女"①的准绳,在恽珠的时代,大户人家妇女的"才"从属于妇德的一统天下。真正的"才女"首先是一位闺秀。② 不过有一点需要肯定,并不是所有的士族女性都在社交上和文学追求上将自己与艺妓截然分开。我们在下文还将看到她们中的有些人还遵从着晚明的传统,在艺妓中结交友伴,寻求娱乐和伙伴关系。③ 与晚明风习大异其趣的是,艺妓与闺秀的相互社会影响在盛清时期是秘密地,甚至鬼鬼祟祟地进行的。

盛清时期存在于艺妓和闺秀之间的显而易见的社会裂痕,可能反映了当时长江下游的士大夫阶层对于流动性甚强的市镇经济中间的阶层界限之脆弱感到忧虑。为艺妓留存小传,并构成我们今日不得不依赖的证据来源的那些男性,他们对他们的传主与大家闺秀们在社会阶层和亲缘角色方面显著的不同其实十分留意。如下面的例子所鲜明体现的,他们用来形容闺秀的词汇与留给艺妓的词汇大相径庭,两个例子都来自男性为女性写作的小传,两例中都引用了女性写给男性的信件,因此它们传达出一种女性的声音。第一封信是一位叫作江兰的闺秀在听说又一次科场失利的消息后,给远在京城的丈夫写的。第

---

① 参见 Chang 1992 和 Ko 1994。盛唐时期有一位青楼出身的女诗人,薛涛,自彼时起,对像她这样杰出的青楼女子,人们开始使用一个委婉的称呼——"校书"(意为书籍的校对者)。这位中世纪青楼女子非同一般的博学多才甚至得到了清代大学者章学诚的承认(Zhang Xuecheng[未注明出版日期]1922:"妇学"5/35a—b)。

② 参见本书第四章 98 页以及 Chang 1992:145—146。Chang 指出"到清朝中期,在高雅的文学创作圈子里,青楼女子已不再令人瞩目,她们很少发表自己的诗作"。这与 17 世纪早期的青楼女子形成了显著的对比,那时候的青楼女子经常成为流行的"才女"范例(见 146 页)。另见 128—133 页,在那里,Chang 论述了从晚明到清初的社会对青楼女诗人态度的变化。出版于 1667 年的王端淑的闺阁诗选,其中将诗作按照作者的不同身份地位分门别类,其中,上流社会良家妇女的诗被归为"正"类,而青楼出身的女子的诗则被归为"艳"类(Chang 1992:137)。另一本 1705 年刊行的明诗选集也十分细致地将上流社会的良家妇女与青楼女子的诗作区分开来。这与明朝末年的做法是截然不同的。Chang 研究认为这种排斥青楼出身的女诗人的做法应归因于清人对明代诗人著作的误解(见 133 页)。

③ 参见 Chang 1992 和 Ko 1994。

二封是苏州一位叫崔秀英的名妓写给刚刚与她定情、年龄大她三倍的包养人的。当然这两封信仅仅代表了一种女性的声音，但从语气和用词，我们已经可以看出18世纪上层男性眼中艺妓与闺秀的差异。

江兰给丈夫的那封冷嘲热讽的信出自地方志中她的一篇传记（作者是章学诚，并包括在他的文集中），引用者对它颇为赞许。全文如下：

言男子出外，不得瞻顾家私。若资斧不给，妾两兄皆宦京师，必有所济。旅邸无聊，燕赵佳丽，何妨迭侍。诸兄不惜黄金之赠，妾已久鄙白头之吟，所效于君者止此矣。若夫事贤友仁，成其学业，立身行道，扬名显亲，丈夫事业，非闺房所能代谋，惟君自努力耳。[1]

江兰道德权威般的妻子的声音，与以下我们看到的年轻艺妓崔秀英写给她那老年包养人的信，在语调上是截然不同的：

侍儿秀英，奉书补非先生阁下：窃儿临风弱质，照水疏枝，虽飘断梗于糜城，实抱寒馨于虎阜。频年箫吹夜月，敢妄希鸾鹤之音；镇日镜掩秋蟾，从不惹尘氛之色。居恒落落，性本闲闲。酷慕清流，深憎薄俗。自怜小草，辄怆怀于委露凌霜；幸遇明公，获快意于攀云睹日。先生睥睨人海，啸傲尘寰，亦有剪红刻翠之词，终乏俪白妃青之选。卅年曾无心许，一旦忽与目成。侍儿自问何人，仰邀特识，敢不倾诚葵藿，矢

① Zhang Xuecheng［未注明出版日期］1922："妇学"30/109a—110a。另见江兰劝夫为学的诗（译自恽珠所选诗集），文见本书第四章"写作"，103—104页。

报涓埃。故自奉杖履兼旬以来，实不减萧奴爱主；倘得侍铅椠三年之久，应无惭郑婵知诗。深恨六鹢遄飞，弗克双兔遥逐。为此特图陋质，专遣赍呈。但愿常侍钧颜，无遭弃置。公自心同金石，儿实望切茑萝。指月窟以盟悰，人对青天碧海；企云居而结想，魂依翠巘丹梯。伏冀先生善养天和，早图良觌。含毫陨涕，意不尽言。[①]

在这两封风格迥异的信中，艺妓对包养人既敬佩又依赖的语气正是其学识的见证，正如那位批评丈夫的妻子在她家书的行文中明显地体现出她的道德权威。闺秀的声音显现出她在男性之上的权力，而有学识的艺妓则在语气中极力表达对包养人的依赖。 ^125^

为了更好地了解艺妓的这种表现，我们必须进一步探讨艺妓生活于其中的文化，以及这种文化与行乐场所周围的广大的正统世界之间是一种什么样的关系。这就需要：第一，重新审视盛清时期造成了这些纸醉金迷的欢场的外在社会条件；第二，体会青楼为庇护人和顾客创造出的特殊氛围；第三，把握性交易市场的一些经济前提。

青楼业的复兴

在明王朝覆灭到鸦片战争爆发的这一短短的时间段里，青楼大量地产生了。不过它们经历了清军南下之后多年的萧条，因为扬州和江南的许多城市遭到了毁灭性的破坏。在 18 世纪晚期，长江下游的那些生意兴隆能让嫖客恣情纵欲的欢场才多少挽回一些晚明盛时的风光。然而好景不长。1830 年随着清朝的盛世结束，随着经济陷入不景

[①]《吴门画舫录》：3/7b—8b。

气以及沿海防御外寇的驻防军队到达,主顾的成分开始发生变化,就连青楼业的经营地点也随之改变,这转变了青楼文化的氛围,并使它日益没落,最终只余下晚明板桥故地的几许零落旧影。①

但是即使在全盛期,盛清的欢场与明朝的板桥也有重大的不同。清朝入主中原后的经济复苏将市镇消费文化煽炽到了一个更盛大的规模。在对于这种市镇生活的描述中,寻欢作乐的顾主们使用的词汇事实上沿袭着旧套,而卖笑女的悲惨生活看来也一如往昔。不过有两个显著的特点使得盛清时的青楼文化区别于之前的明朝:第一个便是,人口构成的改变使艺妓成为一种前此从来未有的人口学意义上的奢侈品。"婚姻资源紧缺"的压力集中在青年妇女身上,而青楼业所需的同样也正是这些青年妇女。价买卖女女奴和婢女,绑架和诱拐各个阶层的年轻女性,等等,都是这种无所缓解的人口压力的表现。在许多关于青楼的记载中我们能看到川流不息的入与出,许多刚刚成熟的女孩被卖为艺妓,而能够生育后代的女人会被主顾赎出作为妾侍。

18世纪艺妓文化的第二个显著特点是清朝通过国家政策造成了一整套法律制度,使买卖妇女身体的交易市场发生了改变。三项特定政策直接影响了青楼业:首先是贱民的脱籍为良,就是说,女艺人有了机会摆脱低贱的社会地位;其次,禁止女艺人在官府举办的各类活动中出现;最后,清朝政府试图限制江南地区提供女性性服务的私人(亦即为普通人而非官员服务的)妓院本身的活动。虽然第二章对这些国家政策有一些回顾,最直接影响到艺妓的几个方面仍需要在这里

---

① 见《十洲春语》。要在盛清时代结束和鸦片战争前奏之间给出一个准确的具体时间是不可能的。盛清时代青楼女子们在为她们的顾客装水烟管时,里面可能就有鸦片(《秦淮画舫余录》:1/25a);并见王书奴(1933)1988:234。最近一项关于青楼文化的研究则认为清朝的烟花柳巷之所以未能发展到明代青楼文化所达到的高度,一方面是因为它们更加分散,但主要还在于清朝政府对它的限制。参见 Yan 1992:125—126 页。严的观点与王书奴截然不同,虽然他的著作可能是利用王书奴书中的材料写成的,但是没有注明。

作进一步的解释。

清朝的国家政策

几乎在征服刚刚完成,局面还远未趋于平静的时候,清朝早期的统治者就颁布了许多影响到女艺人地位的重要的诏令。最初的影响只限于紫禁城,满族新主人一抵达,就着手从宫禁中撤走了那些隶属乐籍的女伶,这是撤销皇宫中一所存在有年的机构的第一个步骤。宫廷豢养的成队的女乐从唐朝便开始在宫中为历朝历代的皇帝表演。歌女们在教坊司有正式的职衔,教坊司最初是在 714 年建立的,隶属太常寺管辖。它的负责人是一位太监,任务便是训练宫中的娱乐人员,包括小丑、杂耍艺人、操琴献舞的女伶,等等。从元朝开始,教坊司转归礼部管辖。明代的统治者把这一机构的级别降低,任事官员的头衔收敛了很多,品级也从正四品降为正九品。[1] 而满人并没有就此止步。

因为充分相信唐以前的传统官僚机构中并未有教坊司的先例,满族统治者颁布了一系列谕令,旨在首先将女性拒于教坊司之外,然后将这一机构彻底消除。第一道诏令颁布于 1651 年,命令将这一机构中所有的女乐都换成太监。虽然,无疑是由于怨声四起,这一法令四年后一度搁置不用,但另一道 1659 年的诏令成功地终结了宫廷豢养女乐的历史。

然而满族统治者发现,将禁令推广到宫廷以外却更困难。朝廷 1673 年颁布的禁止省级和地方官员在庆祝播种季节到来的迎春仪式 ₁₂₇ 上雇佣女乐表演的诏令,受到地方官员普遍的忽视,按照习俗,要由一群女孩载歌载舞迎接"芒神"和他的泥牛引导的游行队伍,并在随后布

---

① 见 Hucker 1985:no. 728。

设的酒宴中陪伴主事官员。后面尾随着官员百姓群众的盛大游行。①
这道禁令最终还是取得了效果,就如扬州的这一记载中所见到的:

> 扬州古称佳丽,自唐以来有官妓,国初官妓谓之乐户,土
> 风立春前一日,太守迎春于城东蕃厘观,令官妓扮社火春梦
> 婆一,春姐二,春吏一,皂隶二,春官一。次日打春官,给身钱
> 二十七文,另赏春官通书十本。至康熙间裁乐户,遂无官妓。
> 以灯节花鼓中人代之,皆男子,非妇人也。故俗有好女不看
> 春,好男不看灯之训。②

　　无论如何,在重组宫廷乐队的过程中,雍正皇帝再次颁令,禁止在
他当政期间存在女乐。在 1729 年他正式废除了教坊司,取而代之的
是乐部,它由两个部门组成:合声署和神乐署。③
　　这些官僚主义的改变对于宫廷中和地方上从事娱乐业的艺妓究
竟有何确切的影响,我们还不清楚。学者们认为,官妓的被废除和宫

---

① 见王书奴(1933)1988:261 页图 2。
② 见钟琦(1897)1970,3:1,331—1332(初版为 38/3a—b)。
③ 见 Hucker 1985:2183、8269、5173 号。注意霍克(Hucker)这里的描述自相矛盾,有时候
　　他说新设的乐部是独立的,有时候又说这两个新部门都在礼部之下。关于清朝乐部最初
　　的情况可以参见嘉庆朝《钦定大清会典事例》,410/1—3a(8,483—487 页)。1651 年顺治
　　帝颁布条例,禁止教坊司出身的女人以公职身份进入宫廷,取代这些女人地位的是 48 名
　　太监(顺治八年奉旨,停止教坊司妇女入宫承应,更用内监四十八名——译者)。见《钦定
　　大清会典事例》(嘉庆年编),410/2a(8,485 页)。
　　　　1723 年(雍正元年)覆准,除乐户籍,更选精通音乐之人充教坊司乐工。六年后改教
　　坊司为和声署。事见嘉庆朝《钦定大清会典事例》410/2b(8,486 页)。1742 年(乾隆七
　　年)设乐部,见嘉庆朝《钦定大清会典事例》410/3a(8,487 页)。新成立的乐部职能为三方
　　面:朝廷献祭时的音乐,这是在帝国负责祭祀典礼的机构太常寺和负责音乐的机构神乐
　　观中的官员们管辖之内;朝会和酒宴时的音乐,这由和声署主管礼仪的官员管理;以及宫
　　廷内銮仪卫所需要的音乐(原文为:凡太常寺神乐观所司祭祀之乐、和声署掌仪司所司朝
　　会燕飨之乐、銮仪卫所司卤簿诸乐,均隶属于乐部——译者)。

廷对女乐的禁令刺激了女乐的商业市场,其原因有二:第一,从官方机构中被驱逐的乐户走投无路,只能靠进入民间商业性的娱乐圈来维持生计;第二,在官方场合禁止艺妓提供服务,可能会促使官员转向民间市场寻找娱乐。当代学者严明便持这一观点,他还认为官方资助被剥夺,对艺妓的行业水准和生存状态无疑是重大一击,此后再无机会恢复,而此举动无异于给民间色情交易活动颁发了执照。[①] 总之,清朝政府的决策与当时社会经济状况已经开始发生的变迁相互作用,改变了人们对于艺妓的看法。在这些变迁之中,我们尤应关注有才学的良家妇女所起的重要作用,她们一方面径自接管了昔日艺妓的许多职 *128* 能——为男人们提供赏心乐事——另一方面又自命有权把艺妓划入另册之中。国家从上层官方圈子里取缔艺妓合法地位的举措,其实在无意间增强了受过教育的士族妇女作为妻子的道德权威性。

对于艺妓自身来说,声誉与工作的安全感至关重要。就像我们在第二章曾经看到,以及在本章将要讲述的妓女故事所展现的那样,尽管盛清的国家法律保护正派的平民,使他们不致陷入奴隶买卖市场,但在实践中,却仍有许多妇女、儿童及被诱拐者经常不断地遭到买卖。既然法律对妾提供了与对正妻同样的不致被买卖为奴的保护,这就为那些甚至身为妓女的人提供了某种希望,前提是她能够进入良家为妾侍。在法庭上,她们属于"从良"之人,受到与良家妇女同样的保护。但是法令本身却也漏洞百出,例如,该规定禁止官员(而非民人)纳妓女为妾,这个限制意味着艺妓只能委身于缺乏足够人脉、无力在法庭上保护她们的有钱财主。我们将在观察了艺妓的工作场所——刻意设计来吸引口味和财力各不相同的顾客的地点——之后,继续考察与阶层流动伴生的这些张力以及其他种种张力。

---

① Yan 1992:130—134 页。

男人眼中的青楼

在汉语中,"画舫"指的是绘饰鲜艳的小船。这是用来指代长江下游城市风月场所的一个委婉说法,它也告诉我们,艺妓通常在停泊在河边桥下的小船里接待顾客。画舫一词在旅人和主顾的头脑里唤起五光十色的意象。这些意象多半都从顾客的面前模糊或隐去了一个事实,即艺妓的世界仍然属于劳动力市场,出卖肉体换取钱财。确实,赞美艺妓的那些记录里,总是把性事说成她们服务中最不重要的部分。带着鉴赏眼光的主顾关注的是艺妓的才学和审美情趣。鉴赏家主顾留下的文字与盛清小说家李渔笔下露骨直白的性描写构成了鲜明的反差。前者为我们展现的是一个理想化的世界,半是萦怀追忆,半是幻境和遐想。他们描写了色欲的男人在一个青春美丽的女性面前的内心感受;他们感慨流光飞驰、少年易老;他们为面前的美貌女子深感惋惜:无法堂堂正正地嫁为人妇,又得不到男性包养人的庇护,她们是这样柔弱和易受摧折。他们谈到那种触手可及的奢侈让自己多么快乐:熏香的内室、悦耳的音乐、亲密却又高雅的交谈。他们反复玩味着艺妓私室里一小段雅静时光给他们提供的逃避甚或是净化的机会,它让他们暂时远离世间的烦恼和尘嚣。少数人,在他们详细描写如何与一名美艳女子相会的时候,甚至拟之于神话故事里的情节:先是热恋,然后超升。

明朝晚期鉴赏家余怀(1616—1696 年)[①]所作的《板桥杂记》成为后来描述青楼文化的蓝本。归功于余怀及晚明其他鉴赏家主顾的著述,明朝的艺妓文化为清中期的文学家和商人们所熟知和欣赏,他们

[①] Yu Huai(1697)1966。

似乎开始有意模仿余怀,喜欢在画舫流连。① 从某种意义上说,18 世纪的青楼文化在更大一些的规模上复现了晚明的板桥。苏州取代南京成为帝国的时尚与品味之都,这里展示着江南经济复苏带来的充盈财货;扬州的青楼女子也想同南京一争高低。被市场经济的繁荣刺激起来的物欲主义,创造出一种粗俗的消费文化,在那里艺妓的主顾们纵情声色。这个大背景反衬出一些鉴赏家,他们抨击物欲,冷眼遁世,痛斥赌博和沉迷声色的行径,鄙夷浮华之美和物质的东西。在这样的不协调之上,艺妓努力把控着局面。

对于一般粗鄙之人,青楼和艺妓就这样将感官的诉求直接引向了肉欲的发泄,它的特征不仅仅是性欲,还有喧嚣的声音和五光十色的视觉展示。对有钱人来说,此类伧俗娱乐的形式则是在河边的某只小船上和着歌舞享受酒食,剩下的时间便不分昼夜在赌桌上消磨,身边环绕着成群的女伶和戏子。② 而只为寻求精神享乐的口味挑剔的遁世者可能会寻求与意中女子屏息静气地欢会。所有这些经历,从屏息静气的欢会到轰然爆发的鼓噪喧嚣,都通过微妙的隐喻暗讽或者冷脸的滑稽闹剧,保存在盛清关于青楼的记载之中,以不寻常的语言邀请我们进入她们的世界。

对喧嚣的人群来说,欢场意味着鼓乐歌吹、大呼小叫和翠袖红装。红和绿是欢场的主导颜色,人们用这样的词来描述:"青鸾红凤",或者 ¹³⁰ 更放纵些,叫作"酣红腻绿"。凑趣应景的麻将、纸牌、棋子、水烟和各种食物、酒水一拥而上,正如以下的描述:

---

① 盛清时代的文学家们经常将他们所交往的妓女与晚明的青楼名妓相比。如在《秦淮画舫录》中,提到一个妓院的鸨母将南京的妓女胡宝珠比拟为余怀交口称赞的名妓李十香(《秦淮画舫录》:3/17b—18a)。

② 关于户外酒宴的备办者平时常用的器具,有过这样的描述:"一切盘盂、刀砧、醋瓢、酱瓶、乌银、琼屑,以及僵禽毙兽,果蓏椒豉葱薤之属,堆满两腊,烧割烹调,唯命是听。"(《秦淮画舫余录》:1/25a)。

> 团聚粗蠢男子八人或十人。鸣金伐鼓,演唱乱弹,戏文
> 谓之马上戮,即军乐之遗,伧者载以娱客。穹篷巨舰,踞坐其
> 间,直如鸡鹜一群,哑哑乱噪,了不悉其意旨。一日之赀,亦
> 需给一二十百钱也。①

即使在译文中似乎也能听到这种金属般刺耳的聒噪。另外还要
注意,这种最便宜的河面娱乐只涉及男人,不需要动用既稀缺又昂贵
的妇女。下面有另一个例子:②

> 甲子乙丑之交,弄藤绷者,半皆年少而有力。往往趁夕
> 阳红处,十数舟唧尾而进。始则缓划慢荡,继则由次而紧,紧
> 而急,船势掀播,水声汹湃。座上之客禁之不能,岸上之人哗
> 之不已。正当心摇目眩之时,众桨齐回,有若戒令。彼此愕
> 眙,噤不发声。傆视衫裙,半已斑斑溅湿矣。其名曰抢水。
> 又曰放水缦头。互相矜尚,不如此,不得谓之时。务此者恒
> 至咯血。③

这种群聚河上的即日付酬、喧闹粗俗的寻欢作乐,与一个男人和
一个女人独处的、享受着美酒音乐的无价时光,自然有天壤之别。为
享受后者,主顾便不得不寻找一位羞涩的年轻女孩,他离开河岸走进
弯弯曲曲的"柳巷",然后发现终于可以在她的陪伴下静静对坐,或写
131 信,或读诗。在她房中,他欣赏她不加修饰的脸庞和轻纱裙中优雅的

---

① 《秦淮画舫余录》:1/25b—26a。
② 根据 Clunas 柯律格,(1911:118 页)的研究,一个妓女可能价值多达1 000 盎司的银两,至
　少这是龚鼎孳为顾媚所付的钱。
③ 《秦淮画舫余录》:1/26a。

身姿。不过,最高贵的艺妓以爱好独处和回避"市尘"而备受青睐。她们拒绝为一般的男人开门,只将机会留给愿意与她共同承受并分享结伴的"素心人"。而男人也期待着这么一位"红粉知己",平时"孤坐"以待,见客时分,哪怕见到的是他,也带着明显的矜持。

这里叙述的是一个男人遇到一位年轻妓女崔秀英的情景,她未经化妆的脸掩饰了她的职业性质:

> 家有绿云楼。银蒜星垂,鸭炉香暖,铜龙滴漏,鹦鹉呼茶。间与二三知己酌醍醐,净红螺。金钗半醉,满座香添。喜拨弦。一歌小调,喉珠一串,不数燕赵佳人。①

在这段描述中,我们看到与这位年轻女孩度过的生动的瞬间,给一个年长男性留下的深刻印象。这样的与艺妓相逢的时刻被一次又一次地记忆和记录下来。这种纯洁、高雅的记忆提高了艺妓的名誉和诱惑力,也同时提高了其中那些最年轻、最可爱的——而且最难到手的——美女的身价。既然最理想的女孩中许多人在十二三岁——与闺秀才女一样是神童的年纪——便开始以作诗和歌唱来取悦那些感兴趣的主顾,在这样早的年龄很可能还是与"性"无关的。或许只有当进入青春期,当她的名誉与诱惑力成百倍增长的时候,她才会按照同样高涨了的索价,与主顾发生性关系。艺妓蒋玉珍的故事便谈到她在"年甫破瓜"②的年龄被一个商人引诱的经历。

---

① 《吴门画舫录》:3/7b。

② 见《秦淮画舫录》:3/15b。Suzanne Cahill 柯雅芝,(1993:238 页)注意到"破瓜"这种说法在中国是一种非常形象的双关语,中国有一种瓜,叫葫芦,它被切成两半以后,看上去就像是两个数字 8。而根据民间的语源推断,两个八就是十六,这正是中国人认为的性发育成熟的年龄,这样,它就成了第一次性交的隐晦象征。也可参见 Edwards 1994:110—111 页。

一名鉴赏家用对崔秀英闺房中陈设光景的描述，来提高他叙述的权威性。他在这里勾勒的事物都绝对是女性房间专用的。唯有这类知识能够加强读者对他所经历的情欲的联想。事实上我们可以说，艺妓在这儿就像一件物品一样被鉴赏，与这一语境下的其他物品无异，而且在相互的衬托下都抬高了身价。当然还有许多

132 对女艺妓和男主顾之间亲密相遇的描述包括了更加露骨的对两性交欢的描写。南京的一位客人曾叙述过一件供他娱乐的随身的色情物：

> 擘两半胡桃，去其肉而空其中。纽以细熟铜丝，俾可开合。中用五色粉糍，捏成秘戏图，挂之床帐，巾帼皆具。向见于某姬家。不满方寸之地，而陈设秩如，神情宛若，亦小技之精绝者。①

这些色情小玩意可以通过壳外的线来控制内部身体的运动。

很多主顾未必需要甚至未必欣赏这种粗俗的挑动方式。对于鉴赏者们来说，能进入女性的闺房（图18）就已经是一种既神秘又充满破忌乐趣的感觉经验。在富贵人家，男性占据和进行活动的前庭和女性居住的后院闺房是截然分开的。从厅堂到内室意味着男性之阳和女性之阴即将混合在一起，意味着房事。② 女性的物品是男性不能拥有

133 也不能在自己的房间使用的：比如帛，只能用来做女性的床帏，绝不

---

① 见《秦淮画舫余录》：1/26a。并见 Byron 1987：57 页译自一本 19 世纪晚期的小说中的描述。

② 见 Clunas 1991 中关于这种分裂和禁忌的论述。Clunas 举了明代鉴赏家文震亨的例子，他指出文震亨的焦躁不安，他深恐男性使用或者是不小心误用了那些本是女性才适合的东西，比如饰物、图案、言谈举止的神态等，从而出现女性化倾向（54—56 页）。

可用在男性床边；鹦鹉在闺房中是个装点，但男性的房间便没有它的位置。①

图18　一名"闺秀"的闺房与寝室。据 Nakagawa（1799）1983：114—115 页重印。

与此同时，艺妓们也像对男人一样，为精英阶层的女人提供娱乐。为制造一种幽闭闺中的幻觉，"闺秀"经常乘着密闭的轿子前往河岸。快到河边的时候，如果哪个闺秀需要找个休憩之处更衣解手，她会选择一处由她熟识的人经营的"水榭"，即河边一个风景如画的亭子。当闺秀们的队伍抵达时，画舫上每一边的湘帘都会垂下，女侍者会站在一旁以驱开无关的闲人和顾客。扬州的画舫有些方形的角落专门安放闺秀们的大轿子。一旦上船，每队人都会被谨慎地引入一个私密的房间。男人们发现这同样是个享乐方式。观看这样一队人的消失就足够满足他们的偷窥欲了，他会忆起如何躲在湘帘之后，观看"衣香鬓

① 见 Clunas 1991：43 页。实际上，放置在妓女房间里的鹦鹉是一种讽刺的象征。能说会道的鹦鹉通常被认为能揭露出不贞的妻子红杏出墙的行为，所以鹦鹉的出现象征着贞洁。

影，絮语微闻"的场景。①

当一个男人进入艺妓的闺房，眼前出现一个楚楚动人的女子，这种感觉不仅难以用言语表达，而且以后回忆起来仍觉得恍若隔世，好像那个女子随时都会从眼前消失。南京的女伶黄翠儿年方十九，生得"融酥作骨，抟粉为肌"。她是这样明媚照人，以至于"素质艳光，虽玉蕊琼英，未足方喻"。② 还有人载文描述王珑，说她小睡初醒，额上覆着轻纱罗帕，脂粉不施地出现在众人面前时是："逸韵风生，媚丽欲绝。始叹清水芙蓉，妙在绝去雕饰。"③不那么文雅的记叙则把青楼中的女子比作待沽的商品，待赏的鲜花。④ 妓院就像是等待行家鉴赏的"花丛"；⑤而艺妓们就像花儿，被划分为秾纤长短各不相同的二十六"品"。⑥

一名文人，不管他是在创造心中那个浮荡世界的幻象，还是在剥去那层幻象的伪装，他总是从盛清时代习用的描述妇女的俗套中选择词汇。不同于闺秀们那些写满了自尽与死亡的传记，艺妓的传说很少提到她们的患病与死亡。当死亡与痛苦降临的时候，用的往往仅是影射与暗示，而不见有如对值得尊敬的殉节妇女肉体痛苦那样的详细叙述。这样，在罕见的有关艺妓死亡的记录之一中，我们能够得知的仅仅是周翠龄在 21 岁时死于抑郁症。⑦ 性病是从不被提到的。⑧ 怀孕

---

① 见李斗对光临画舫的两类不同主顾——官客（男性）和堂客（女性）——之间区别的评论。（（1794—1797）1984：241 页）；并见《秦淮画舫余录》：1/25a—26b。

②《雪鸿小记》：2/3a。

③《雪鸿小记》：2/2b。

④ 见 Peterson 1979：141 页；并见 Yu Huai(1697)1966：78 页。

⑤《雪鸿小记》：2/2a。

⑥《十洲春语》：3/31a。

⑦《雪鸿小记》：3/26a。

⑧ Wang Shunu((1933)1988：235—237 页)曾谈到梅毒在中国晚明时期就已传播甚广，甚至早在 16 世纪时就已到了"猖獗"的程度(255 页)。他依据的是 1632 年出版的官方文献。Howard Levy(1966b：4)注意到余怀并没有提到性病的问题。

十分罕有,偶尔出现的怀孕艺妓总是被描绘成一位浪漫人物,她的孩 _134_
子被说成爱情的象征。① 最后,在有关艺妓的故事中,永远见不到钱
财易手。正如我们已经看到的,只有提到那些下流粗鄙娱乐的时候才
去计算资费。把艺妓当成"摇钱树"(图 19)来搜刮钱财的只是压迫她
的那些狠心亲戚;她的顾客无可责难,她的雇主不现影踪。

艺妓的那些高雅的赞助人并未忘记这些女人生活的悲惨。然而
当他们的故事转到描写艺妓的悲惨时,却总是沿袭一条类似的线索:
年轻的艺妓是如此无助与虚弱,她那头脑发热的主顾则是她的一个知
己和保护者。传说的编造者们总愿意把妓院中的年轻女孩说成是一
个不幸堕落于火坑之中的罪恶的牺牲品。作家将自己定位为一个旁
观者——当然要是拯救者就更好,最坏则是个偷窥的看客。在这些故 _135_
事中,纯洁的女孩们经常被淫邪的有钱伧父追逐,而很罕见的是,会有
一个年轻的"文星"出以援手,不惜任何代价地、尽其所能地,为他自己
而将清白无辜的她拯救出来。

珠泉居士为艺妓方璇所作传记,通过对复杂的社会关系的暴露,
概括叙述了这个年轻女孩生命的兴衰沉沦:

> 方璇,江阴人。本姓水,乳名阿全,方玉奴之义女。幼为
> 金陵女伶。余于辰秋曾相识于王氏河亭。色艺俱佳,已倾流
> 辈。以其命名未雅,易之以璇,字曰珊来。于今三年,河干邂
> 逅。烟轻月瘦,雪韵花嫣。正盈盈二八时也。性耽清雅,沉
> 静寡言。初小居秦淮之南,因避尘嚣,移家古旗亭曲巷中。
> 闺阁幽深,非素心人未许排闼。玉亦将顺其意,珍如掌珠。
> 绿萍前尹,余同乡中表戚也。以栽花之仙吏,为掌玉之文星。

① 《秦淮画舫录》:3/11b—12a。

图 19 "摇钱树",据 C. A. S. Williams 1976：214 页重印。

投簪后侨居竹西,绝怜爱之。适有伧父使酒骂座,意将逮辱珊来,绿萍嘱余护持,得寝其事。余每余暇过从,清谈移晷。尝见其理双鬟,束双弯,笑笑生芳,步步移妍,真可相对疗饥,不待酣红腻绿也。为赋玉梅二绝赠之,有管领春风第一枝,及朗于新月澹于云之句。珊来颇解赏音,浼余书于香笺,时时吟诵,出入怀袖中。会夏杪,玉奴以事逮讼,仓猝间偕返里门。明月芦花,不胜惆怅。①

性 工 作

在艺妓崔秀英房中的约会,就如前面引述的那样充满爱的细节描写,只叙述了艺妓真实的生活中很表面的部分。在漫长夜晚的宴会歌舞之后,艺妓往往在昏昏欲睡之中又被唤醒,只得不情愿地起床。②艺妓工作内容就是长时间地被占有,以及用贿赂、威逼和野蛮手段对她们进行强制等行为构成的,而在看似浪漫的那些冶游文字当中,这些真相仅仅含糊地一闪而过。不要以为《板桥杂记》中的浪漫记载也可以附会到盛清时代青楼中艺妓的真实生活。18 世纪特定的政治、经济和文化赋予长江下游的青楼文化以不同的社会意义,也改变了盛清时代艺妓的地位。

艺妓地位的改变反映在我们已经考察过的两方面史料中。第一个变化源自对艺妓和性从业者的新的国家政策。到 18 世纪末为止,南京、扬州和苏州的青楼业虽然呈现出前所未有的繁荣,但这种繁荣处于一个特定的政治文化语境中,在那里性别之间的社会关系发生了戏剧性的改变。反映了这种新的社会和政策气候的第二个变化是显然的,表现在精英话语小视艺妓的才华,而推崇合乎道统又受过古典教育的闺秀们的学识。著名的女作家们如恽珠,是精英话语的代表,她们竭力将女性诗歌的情感力量限制在婚姻和亲属关系的范围内,这与章学诚、陈洪谋等学者所坚持的妇学和妇教只宜在家族内部开花结果的观点不谋而合。

在情感和幻想之外,这七部笔记为我们打开了一扇狭窄的窗,使我们有可能透过艺妓文化表层的神秘外衣,也透过世人的责难和非

---

① 《雪鸿小记》:2/2a—b。
② 《雪鸿小记》:2/2b。

议,看到妓院中那些以取悦男人为业的女子实际上是如何谋生的。根据笔记中 227 份传记所展示的,分割婚姻市场与艺妓市场的只有些漫漶不清的界线。因妇女人数稀少导致的竞争,甚至会在平民家庭的妻女因经济压力被从家庭抛入妓院的同时,又将艺妓从青楼拉出来,使她们主要以妾的身份进入到固定的家庭关系之中。

艺妓所步入的从来都是一条不归路。一旦"堕落",一个姑娘便不再可能成为一个受尊敬的平民的妻子。即使被再次"提升",也要通过所谓的"从良"过程,也就是说,要通过法律认可和保护的"婚姻"正式被收为妾之后。但从一些不具名作家讲述的悲惨故事来看,这样的结局未必就好多少。一个典型的例子便是关于两个唐姓姐妹的,她们"早堕风尘"却又"从良未遂",因此只能"阖户数十指"惟"赖二姬作生涯"。[①] 许多史料曾断言说有些艺妓"本良家女"。[②]

一个女孩子被迫进入妓院,往往是因父母双亡之后被兄弟们视为负担,就像一个艺妓的故事里说的那样,这个艺妓被取了个常见的名字张宝龄,她就是因为兄长无力抚养而堕入青楼的。[③] 邵素筠和她的侄女进入了同一家妓院。[④] 艺妓单方兰用的是她夫家的姓。[⑤] 高桂子和她的嫂子高舜林也同时成了艺妓。[⑥] 亲生姐妹可能一同进入妓院。[⑦] 在来自普通平民家庭的艺妓中,有的过去是妾、姑姊妹(即一个

137

---

① 《续板桥杂记》:1/8a。

② 《雪鸿小记》:2/4b。并见唐秋水的故事,她原是一个也姓唐的男人的妻子。在度过一段成功的艺妓生涯之后,她再次离开妓院,成为一个侍女,并与一个商人结婚。见《秦淮画舫录》:3/28a。

③ 见《秦淮画舫录》:3/29a—b。

④ 张小云是邵素筠的侄女(也有书的注释说张小云本姓邵)。见《吴门画舫续录》:3/34a,32a。

⑤ 文中说:"方兰行二,仪征北仓桥人,嫁与单氏"。见《秦淮画舫录》:3/24a—b。

⑥ 《秦淮画舫录》:3/25a—b,23a。

⑦ 《吴门画舫续录》:3/23b。

与已婚兄弟生活在一起的单身妇女)以及继室、儿媳,等等。

尽管艺妓在法律上属于贱民阶层,但是在长江下游地区,她们与受尊敬的平民之间的界限却是模糊的,有时甚至感觉不到。长江下游一带的作家们就肯定并没有将他们所赞美的艺妓当作贱民。不过,江南的知识阶层却很敏锐地意识到江南以外妓院中艺妓的卑贱地位并予以讥讽。以赞美和资助苏州艺妓著称的袁枚,在《随园诗话》中对广州的艺妓却有这样的议论:

> 久闻广东珠娘之丽,余至广州,诸戚友招饮花船,所见绝
> 无佳者,故有"青唇吹火拖鞋出,难近都如鬼手馨"之句。相
> 传潮州绿篷船人物殊胜,犹未信也。……①

赵翼多半要公允一些,但也不客气:

> 广州珠疍户不下七八千,皆以脂粉为生计。……疍女率
> 老妓买为己女,年十三四即令侍客,实罕有佳者。晨起而多
> 黄色,敷粉后饮卵酒,作微红。七八个船,每日皆有客……疍
> 户例不陆处,脂粉为生者,亦以船为家。②

与此形成对比的是,作家们经常谈到自己家乡的艺妓,对于出身平民("良")而"陷"到青楼的艺妓充满同情。③ 在长江下游,的确还没有一条史料能够断言艺妓出自江南一带的贱民(丐户、堕民、九姓渔户),当然人们也毫不隐瞒一些艺妓来自操贱业的家庭,诸如乐户、戏

138

---

① Wang Shunu(1933)1988:267 页。
② Wang Shunu(1933)1988:267 页。
③ 如图,南京艺妓文心的故事见《秦淮画舫录》:3/15b,文心出身于良家。

子和清道夫。举例来说,艺妓汪小珩在 17 岁时就被许配给一个戏子。[①] 艺妓张绣琴的阿姨是艺妓张杏林,后者幼时从事过采收杏子的工作。[②③] 一个不知姓名、只知叫作桂枝的艺妓是被戏子朱兰云当作童养媳收养的。[④] 艺妓陆歧琴的父亲也是个戏子,她和她的妹妹被同时卖入了妓院。[⑤] 艺妓胡宝珠的母亲在妓院教曲,她有许多养女。[⑥] 艺妓朱芸官的父亲是个"清音小部"的歌者,这或许就是她在妓院奏曲的原因。[⑦]

得知一个文雅有才的年轻女子竟出身污浊时,江南的鉴赏家们总要报以惊异。实际上,江南作家对咀嚼一个"堕落"艺妓的身世情有独钟。例如有个传说,谈到南京一个出身于良家的艺妓已经正式许婚,却在未婚夫死后被卖入妓院。这个传说的说服力在于对这名女子"端妍如良家妇"[⑧]的描述。另一名被同情的南京艺妓喻玉子,自幼被母亲抛弃,在平民身份的外婆家被养大,外婆家在河边有一座供行人和宴饮者休憩的亭子。[⑨]

主顾想要了解艺妓的背景,不仅是她家庭的历史,还包括她的出生地。长江下游的鉴赏家们认为最好的艺妓都是出生在江南并在江南长大的,只有极少数来自其他地区。艺妓的出生地,特别是极少数并非出生于本地的名妓总会成为人们议论的焦点。例如家喻户晓的刘馥林出

---

① 见《秦淮画舫录》:3/24b。
② 原文作:"张杏林,通州人,小集杏儿",疑为小字杏儿之误。——译者注
③ 见《秦淮画舫录》:3/26a。
④ 见《秦淮画舫录》:3/18a。
⑤ 见《秦淮画舫录》:3/15a。
⑥ 见《秦淮画舫录》:3/18a。
⑦ 见《秦淮画舫录》:3/20a。
⑧ 见《秦淮画舫录》:3/14b。
⑨ 见《秦淮画舫录》:3/21a—b。

生于北方运河港口的城镇——山东临清。① 人们还传言清道夫的女儿赵福来自江北。② 事实上,正因为这样的事例如此之少,以至于所谓一个从"北"来的艺妓,通常指的不过是她从扬州来到了苏州而已。

无论背景如何,艺妓对于将来能否以妾的身份离开妓院无法确定。若是再考虑到绝大多数艺妓的婚姻前景,那大概根本就没有多少人指望去做妾侍。缺少家庭联系的艺妓们最终会自己创造一些出来。艺妓为了养老通常会收养一些更为年轻的女孩以为服侍。妓院内的人情网络便由"养母"和"义女"组成,这些关系成为有关艺妓记载的重要部分。③ 杨枝是杨昭龄的义姐就是一例。④ "假"的契约使一个较年长者与一个"假妹"成为姐妹,⑤或成为一个年幼者的"假母"。⑥ 许多艺妓以一个法律名词称呼她们的养女为"继女"⑦。有时她们也会生养一个自己的女儿来承继母业,名妓徐素晴的独生女徐小娥便是如此。⑧

青楼中替代的血缘关系都以母系为主:艺妓的女儿,无论是亲生的还是收养的其他艺妓之女,都必须从母姓。艺妓杨佑环有一个叫玉

---

① 《吴门画舫续录》:3/24a。

② 《秦淮画舫录》:3/21a。

③ 对于这种抱养子女的家庭,贺萧(Hershatter)和其他一些学者曾根据当前大量而丰富的材料而进行了详细叙述(见 Hershatter 1989:479—480 页;Hershatter 1991:269—270 页)。而 Wolfe(1980:77—78 页等处)向大多数妓女都是"养女"的陈说提出了挑战。Hershatter(1992)则强调在 20 世纪的上海把妓女同她们的父母、孩子以及其他一些在法律上有关系的人紧密连接起来的源远流长的家庭关系。有关与此类似的德川时期的日本艺妓,参见 Dalby 1983:4—5 页。

④ 见《秦淮画舫录》:3/27a。注意"杨福龄(18b—19a)"可能是"纪昭龄"(11a)的误印,因为这些人名不一定是非常准确,而且一个妓女不太可能有两个不同的姓。

⑤ 见《吴门画舫录》:3/15b。

⑥ 见方友兰的例子,《吴门画舫续录》:3/15b,27a。

⑦ 《吴门画舫续录》:3/33b—34a。

⑧ 关于徐素琴,见《吴门画舫录》:3/11a;关于徐小娥,参《吴门画舫续录》:3/24b;关于其他例子,见《秦淮画舫录》:3/25a 中石氏姐妹的事迹。

香的女儿,后来又给她领养了一个王姓义妹。成为艺妓后,女孩采用了她的养母和义姊的姓氏,取名杨宝琴。① 互为姐妹的艺妓无论是亲生还是收养,都说成是"同母"。母系世系的证据体现在,全由女性组成的艺妓家庭仍然在模仿良民家庭的血缘结构,尽管它实际上是对后者的颠覆。② 一些艺妓仍然使用着她们娘家的姓。还有一个令人震惊的模仿之例,一个艺妓竟然纳另一个艺妓为妾。③ 还有极少数的艺妓似乎根本就没有姓。上述那个桂枝是一个戏子的童养媳,多半就不知道自己的姓。④ 文欣是一个良家女儿,则很可能羞于将她娘家的姓公诸于众。⑤

如果姓氏是为了表示青楼中模拟的母系亲缘关系,每个艺妓的名字则往往巧妙地暗示着她个人的明显特征。珠宝(玉、珠),乐器(琴),花(蓉、莲、桂、杏)以及感觉(尤其"香")是她们最热衷于使用的名字。由著名的赞助人赐予的名字往往成为艺妓轶闻的一部分。袁枚给他最宠幸的女子马姬取名如兰,就是一个尽人皆知的例子。⑥

140　　在这种由收养关系构成的亲缘网络中,艺妓们普遍需要一个排行以在同辈之内区分等次。于是,一个女孩就可以被说成是"行三"或"行大""行一"。无足轻重的艺妓往往只有姓和行第号,如王四和唐小之类。⑦ 这种模仿父系关系的行第制度,通常是按照艺妓的资历而不

---

① 见《秦淮画舫录》:3/30a 中的例子。
② 见《吴门画舫续录》:3/24a,并见 23a,24b。
③ 笔者发现的唯一例子是赵爱珠,她是另一个妓女赵桐华的妾。爱珠本姓王,与赵桐华发生那样的关系之后就随了赵桐华的姓。见《秦淮画舫录》:3/21b。可惜的是,这样一种关系背后的意义,留给我们的只有想象。即使妓院里有这样的女性同性恋伙伴,也没有男作家置喙的余地。我们知道的只是赵桐华自己有两个女儿,她们也成了妓女(28b)。
④《秦淮画舫录》:3/25a。
⑤《秦淮画舫录》:3/15b。
⑥ 见《吴门画舫录》:3/18a。
⑦ 可见《续板桥杂记》:1/8a—9b 的例子。

是实际的年龄。这样,一个被说成是"行三"的女孩,就是以一个"妈妈"为中心组成的小群体中第三个被收养的女儿。① 在这个虚构的血亲系统中,"妈妈"的行第可能低于女儿的。如宓曼芸排行第一,是一个行三的母亲收养的女儿。② 在为同一个鸨母服务的女孩中,行第就相当于亲兄弟姐妹之间的关系,至于实际的关系是血缘还是收养,在她们眼中无关紧要。王素珍排行第三,有个姐姐素娥,行二。③ 孔琴香排行老大,有个妹妹蓉仙,行二。④ 有时,行三的艺妓会被同姓而行四的艺妓称为"同母姐"。⑤ 同样地,这两人是否真有血缘关系,在她们的言谈话语中也是听不出来的。

这种排行使我们发现,高级艺妓总是生活在狭小而亲密的替代亲属圈中。⑥ 在我分析的七份笔记中,所提到的最大的一个收养圈子有十人,但 75％ 以上的圈子都只有三人或更少,甚至大部分就是养母和继女两人生活在一起。也有些艺妓同居一户,不再有等级的差距。⑦ 一个非常著名的艺妓可以拥有自己的屋子(家),这个居室便以她的名字命名,但是老的一退下来这间屋子就要让给新人。有很少的迹象透露出,一个艺妓可以独立获得自己的住处,但是对于这点却没有明确的证据。⑧ 占有一位名妓的住处意味着接手旧主人的生意,从而造成

---

① 并见 Dalby 1983:4 页。

②《吴门画舫续录》:3/27a。

③《吴门画舫续录》:3/23b。

④《吴门画舫续录》:3/22a,34a。

⑤ 见有关钱秋婷和她妹妹钱素越的事迹,《吴门画舫续录》:3/24a,23a。另一组拥有同一个"妈妈"的姐妹,赵小莲行七,她的两个姐姐分别为行五和行六。见《吴门画舫续录》:3/24b。

⑥ 妓女们生活在一起的妓院本身有时也称作"院"。见《吴门画舫录》:3/10b。

⑦ 见陆顺卿和赵瑶娟的故事,《吴门画舫录》:3/11a;《吴门画舫续录》:3/25b。

⑧ 例如,田宛兰所住房间原来就是张青云的,见《吴门画舫续录》:3/26b;《吴门画舫续录》:3/16b。崔小英接替了崔秀英,也占据了她以前的居所绿云厅,见《吴门画舫续录》:3/32a。陈淑琴占据了马如兰以前的房间,《吴门画舫续录》:3/35a。

青楼文化中又一条从属关系的线索。继承多半会牵涉到付出的一大笔金钱,但是在史料中却从未见有提及。继承顺序的安排基本上不会取决于名声和才能,而要看收养和从属关系,以及所占有的居室。当然也有例外,在当时的苏州以弹奏琵琶闻名的杜宁馥①就被技艺同样出色的弋镜珠继承。②

艺妓,特别是那些能够拥有自己住所的艺妓,常常显得是个自主的女人,她可以靠着美丽而支配男人,同时又不受父权家庭压迫性的束缚。有关的逸闻常常讲述艺妓将一些有权势但是无聊、令人反感的主顾拒之门外,却倾心于一个追求者,甚至宁肯独居。不过,无论她是否独立,为保持名妓的称号,艺妓们还是需要保持满满的日程和紧张的节奏。就连浪漫作家的笔下也有名妓为了生计而不得不起早摸黑的叙述。在追求者的信中,可以见到劝说艺妓不要过度劳累,开出健康饮食处方,提供减轻压力的方式等内容。③

不论艺妓的工作性质是为一个别的什么人或是为老鸨和捎客挣钱,她们都深陷在使她耗尽财源的关系网中。她的地位使她和她的养母在诉讼中不堪一击。她们为有钱有势者所注目,是嫉妒和竞争的目标,有时还要负责保护她手下的女孩子,而她自己实际上并没有切实的保障,如果惹上官司的话,也指望不上特别的关系(即使从亲戚那里)。养母可能被一个心怀怨恨的主顾控告送官。一个卖主也可以变卦然后把买家告到法庭。一个"姐妹"可能被牵连到一桩丑闻中,需要花费昂贵的贿金和恳求才能解决。④

即使在最顺利的日子里,也有各种经济负担压在艺妓身上。肆无

---

① 《吴门画舫续录》:3/25a;并见《吴门画舫录》:3/7a,17b,18b。
② 《吴门画舫续录》:3/32b—33a。
③ 《吴门画舫录》:3/8a。
④ 《吴门画舫录》:3/8a—b。

忌惮的亲戚,无论亲生的还是收养的,都将年轻的姑娘视作自己的"摇钱树"。一名"妈妈"即赵福之母,原为江北一名"醒醌婢",自从买下赵福出售声色后(记载中没有详述是用了什么手段),便厚颜无耻地营造台榭,打扮得珠光宝气,摆出一副自封的贵族派头①。② 南京艺妓侯双龄的"假母""以姬为钱树子"。③ 亲属们不仅控制着艺妓的收入,也有拒绝她们从良的权力。④ 在这种情况下,艺妓别无选择,只能一直工作到她们无法吸引客人为止。

艺妓度过她们的 20 岁以后,就从历史的记录中消失了。曾有记载偶尔提及一位依然青春美丽的刚满 30 岁的"老妓"。在那个年龄的艺妓再不能充当摇钱树,有些人无疑已经被家里嫁掉了。其他不再能够从事取悦于人的工作或当鸨母的则由她们的养女赡养。我们无法知道她们中有多少人会死于怀孕、分娩之后的并发症,或者成为疾病、漠视、灾狱与贫困的牺牲品。

结　　语

所有史料都指出了,在盛清时期的长江下游,艺妓与良民的界限是可以渗透与挪移的。根据法律,艺妓不能成为正妻,被永久地贬谪到按照礼法构成的家族单位之外。然而既然她们得以通过血缘、收养甚至因被纳为妾而公开成为良民的家庭成员,无论有没有豁贱为良的诏令,就像我们看到的那样,青楼已经展示了盛清时代把女性推到中心位置的社会流动。

---

① "得姬后,遂治台榭,事服饰,恬然素封矣。"——译者注
② 赵福自己的女儿后来也沦为妓女。见《秦淮画舫录》:3/22a—b。
③ 见《秦淮画舫录》:3/19a。
④《雪鸿小记》:2/3b。

与此同时,既然闺秀占据了原先由艺妓占有的审美和政治空间,将艺妓与正统女性隔离开来的社会鸿沟也在加深。被孙康宜和高彦颐描述过的、作为晚明最杰出的士人的伴侣,本人在诗歌和文学领域也有卓著成就的艺妓柳如是,这样的女子在盛清再也无法找到了。学者严明认为艺妓社会地位的转变是清政府尤其是乾隆皇帝取消对艺妓的支持并加强正统道德控制造成的结果。① 但从闺秀家庭的女性之处得来的史料还证实,这种转变的推动力也同样来自精英家庭之内,特别是来自那些已婚和将要成婚的士族女子,因为她们把女性的文学天地限定在了她们自身道德权威的管辖范围内。

---

① 见 Chang 1991,Ko 1994,以及严明 1992:126—129 页。

第六章 工 作

良家妇女与倚门卖笑的女人之间的关键区别,不在文学艺术,而在工作。若以盛清时的辞句来表达,则妓女的工作将她标记成了污秽不洁的人,她甚至比那些每日只是在纺锤和织机旁勤恳劳作的最底层的农妇地位还要低下。按照清朝大臣的说法,妇女的劳动是江南农业经济的支撑点。盛清时代刊发和流传的经世文章一再重申女红在实践和道德上的重要意义。能"勤"的女性必亦能"俭"。她不但创造余财,而且积蓄撙节所得,这可以维持她的家庭生计,如果幸运,还可以使这个家庭蒸蒸日上。勤俭的女性必须善于为人处世(被称为"贤"的一种品性,或曰实用的智慧),并且能够从最不利的环境中获得优势。最重要的是,作为"贤母",她们辛勤劳动,并甘愿作出自我牺牲,以确保儿子们的成功。女性庆祝自己的七夕节,这既借助了又颠覆了官方辞令中赋予女性工作的象征意义,庆祝七夕使女性的劳作和永结欢好的渴望交并在了一起,使灵巧娴熟的手工和婚姻的成功交并在了一起。

总之,文辞和节庆的内容告诉我们,盛清时代一个女性的价值——她对家庭和政府国库的价值以及她作为人类一员的价值——是以她的生产性劳动和她飞梭纺织、穿针走线的技能来衡量的。但是有关盛清经济的研究表明,长江下游经济的迅速发展,在整个 18 世纪中不断地将妇女手工生产推向边缘的地位,这产生了一种二元经济,在这种经济环境中,妇女的工作满足生活必需品的需求,而市镇中的熟练匠人迎合了较为富有的消费者的品味。宏篇大论中的理想和经济现实之间的反差揭示了清代官方对于提倡女性工作的兴趣不仅仅限于经济的方面。女性工作提供了一种生活方式,在面临经济变迁的过程中,国策制定者希望保留并提倡之。

我们将看到,女性的阶级差别乃是由体力劳动的类别来划分的。但是所有女性,不管处于哪个阶级,人们都希望她们用自己的双手进行劳动。让我们留心班昭倡导的妇人"四德"中的最后一种,"女红":士族女子缝纫、刺绣、养蚕、缫丝、纺纱、织布(图20、21)——若非为自己之用,也是为了指导和监督仆人。乾隆皇帝最为得意的宫廷画师所作的一幅寓言画用风致嫣然的场景表现了18世纪女性劳动在道德和经济上的重要性(图22),另一幅肖像画描绘了皇帝的一个妃子,它戏剧化地展现了女性的针线活和她的美德之间休戚相关的关系(图23)。

图20 缫丝。据 Nakagawa(1799)1983:198 页。

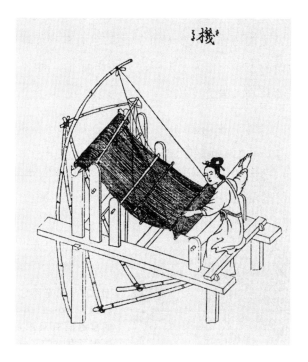

图 21 据 Nakagawa(1799)1983：197 页。

在盛清时期,竭力推崇女性工作的官样文章为何对普通人也能够起到影响,这有着它实际的理由。正如当时他们周围高度流动的社会所证明,也如劝世文章中记载的故事所肯定的那样,今日富足的家庭明日可能面临无米之炊。如果这种事真的发生,特别是发生在寡居妇女身上的时候,人们都希望妇女自食其力,必要时甚至还养活她们的后代和夫家的亲属。贤德孀妇们的传记总是要提到她们从事纺纱织布的技艺何等出色,让人联想起孟母①的高大形象。毫不奇怪,士族

---

① 孟母寡居,织布匹出售,供给儿子读书。孟子少年时交友不慎,荒废学业,孟母愤激之下斩断了她所纺织的布匹的经线,告诉大惊失色的儿子说,他荒疏学业的后果亦正是如此:"夫君子学以立名,问则广知,是以居则安宁,动则远害。今而废之,是不免于厮役而无以离于祸患也,何以异于织绩而食,中道废而不为。"(刘向:《古列女传》卷一,四部丛刊本)自然,年轻的孟子深为母亲的教导震动,他后来成为儒家早期最伟大的学者之一。

146 女子的诗词显示了她们能够熟练掌握纺织技巧，并且揭示出她们自认

147 为与那些为营生而劳作的农妇和仆妇之间也有紧密的联系。至于士
族女子的刺绣功夫——作为手工劳动有些华而不实，也不那么理直气
壮——她们留待别人去赞美。

图22 "长至添线图"，金廷标（1760—1764）作。这幅宫廷画有双重意味，既表现了女性的工作也表现了季节的变化。两个女仆正在用线测量她们女主人身影的长度。在冬至那天，正午的太阳处在黄道最低点，投下的影子最长。"加线"有双层含义，因为从这天起，随着太阳在天空中的位置越来越高，日照时间会越来越长，女子的工作时间也随之加长，因而可以往织机上加更多的线。台北故宫博物院提供。

图 23 "胤禛美人图·烛下缝衣"。在这幅宫廷画中，一名雍正帝最为宠幸的妃子正在秉烛缝制一件外衣，这显然是在歌颂她的美德。据 Shen Yizheng，1984：111 页。

　　然而，我们掌握的有关女性手工劳动实际用途的知识很少告诉我们，这些关于女性工作的种种说法对占江南女性人口大部分的劳动女性的生活究竟有哪些真实的影响。学者和官方的著述、士大夫人家男子和女子的诗文、地方志里的观察记述，这些合在一起，仅提供了有限的画面。有时它们描述了一个观察者的感觉、知觉或信仰；有时它们解释女性所作工作的种类和那些工作受重视的原因。[148]

这些材料至多能够揭示士族阶层对妇女工作的态度、对作为劳动者
的女性的态度,这些态度突出表现了在盛清经济增长情形下所存在
的紧张和焦灼状态。让我们从有关"经世"的著述开始——这些由
学者和地方官员所著的有关妇女工作的文章最关注的是如何维持
一个稳定的农业经济。

关于女工的经世文章

盛清的官员撰写了一系列文章,意在讨论在农村家庭经济中两性
劳动分工的重要性。他们建议提倡女工,并概括了两大主要目标。其
一是提高农村家庭的生产力。其二是通过提供一种非农业的家庭收
入来源,以缓冲由于季节性短缺、干旱、洪水和虫害所造成的负面影
响。这两大目标都反映了国家在土地税收上的压倒一切的利益,这种
利益是以登记在册的个体家庭为基础的,因此也是以农民家庭单位的
生产力为基础的。这样,对女工的管辖集中在提倡家庭纺织业的方
面。在此过程中,政府官员同样希望达成第三、第四个目标:在确保
并增加政府财税的基础上,规划地方社区家庭的生产策略,同时也塑
造它们的家庭价值观。①

---

① 本章的讨论受到 Nancy Folbre 和其他学者著作的诸多启发,据他们的分析,现代福利国
家证明了政府政策在调节劳动市场的同时也塑造了社会性别关系。正如欧洲史学家所
显示的,前工业国家的劳动政策也以同样的方式贯穿了当时的社会性别关系,即使前工
业国家政府的权力不若今日之深入和具有强制性。Merry Wiesner 在关于行会的分析
中,将精力集中于研究德国城镇的行会如何把生产过程的各道工序——从妇女手中接管
过来,他的研究显示了在中世纪末大多数城市的初兴时期,妇女是怎样被逐渐地从大多
数纺织、布匹、成衣和裁剪等行会中被排挤出来的(1986;172—185 页)。Jean Quataert
1985 在关于 19 世纪普鲁士统治时期萨克森的研究中,则叙述了普鲁士政府在面临城市
手工业行会成员企图维持对裁缝业的垄断时,为妇女劳力在家庭内外开辟新的劳动市场
的情况。

清朝雍正皇帝(1723—1736年)在位时期,工部侍郎尹元孚就滇省农业发展所上的长篇奏折,使这些问题成为人们关注的焦点。这份奏疏以江南地区作为经济发展的典范,强调了云南独特的地域条件,并具体建议如何使江南经济这一典型适应发展中地区状况。该大臣奏折中所提三个主要建议之一即"女工之宜勤也"。[①] 他详细描述了生产方式以及如何向农户分配织机,他还解释了在这个边疆社会里生产棉花比丝纺更具优势,他希望皇帝能够为了臣民们的利益"训诫并指导"他们。

这份奏折的作者似乎是在回应皇帝对这一问题的关心。然而事实上,盛清官员关于女工的著述似乎只是代表了他们自己相信妇德、地位和工作之间存在紧密联系的根深蒂固的信念。正如我们所见,这些信念有着不同的根源。儒家经典的研究将女工视为一种正统的道德观。甚至像埋首纺织的孟母这样未足据信的经典模范人物,被浓墨重写的地方也是她们在成为一位教子成材的道德楷模的同时,还担任着物质支持的提供者。清代官员对女工的看法还有另一面,源于他们对关涉女性身份和体面的那些问题的敏感,这些问题是士族男子与正派女人或不正派女人之间错综复杂关系的产物。在男人的眼里,女工是女性为妻和为母的象征,也是家庭的道德核心之所在。以上是诸般动机中的若干种,促使地方官向农业家庭大力灌输这样一条关于女性的信息:在家庭经济中,经济成功和社会尊重要依赖于女工。

农业家庭中恰当的劳动分工被归纳为取自古书的四个字:"男耕女织"。至晚从宋代起,这种理想便是皇室的常年政策。随着轧花机的引入,妇女的纺织出品数量增加了,上述观念因之在宋代第一次大

_____

① 《皇朝政典类纂》(1903)1969:23/5a—b(2:747—148页),工部侍郎尹元孚的上奏日期为1730年。

的经济革命中得到广泛提倡。① 然而，有关迹象表明，到明朝时，尽管棉布纺织仍持续走俏于农民家庭经济，男性纺织技工和所谓的机户已经开始控制了供应奢侈品市场的细布生产。明初政府设立了匠籍制度，将熟练的织工登记入世袭的匠籍，不准转业，这些人主要是为了迎合宫廷和士族富户的品味与购买力。②

16、17世纪，随着农业经济逐步商品化、货币化，乡村的消费者市场对织机和纺锤生产的产品有了新的需求。这些新的市场开始与旧的奢侈品行业竞争，渐渐将世袭的工匠逐出行业之外，令世袭匠人与新来者之间的界限渐趋模糊，直至17世纪中叶终于使世袭的工匠阶层变成了有名无实的躯壳。江南地区领导了明清之际趋向商品手工业生产的转型。在明朝统治的最后一个世纪，当明代消费者经济扩张的时候，一家家官办工匠作坊陷于倒闭。16世纪迅速增长的人口为农业经济的专门化和商品化注入了活力。主要的丝纺中心和纺织品市场在盛泽、震泽、黄溪、濮院、王江泾、双林迅速崛起，③同时长江下游的棉纺织中心在松江、嘉定和常熟发展起来。④ 在这种竞争的压力下，在籍的匠户纷纷逃亡，而不顾抓住后会遭到严厉惩罚的威胁。⑤同时，平民冒入匠籍，他们作为匠户的养子或赘婿，用他们岳父或养父

---

① Ebrey用了整整一章来讨论长江下游的农户中棉花纺织的引进，探讨这些经济变化对于家庭中妇女的意义（1993：131—151页）。读者可以发现清朝文人关于道德推定的很多说法都受到宋代官员和文人的影响，很可能就是直接引用而来的。

② 关于明朝的世袭工匠，参见Xu and Wu 1985：112—115页。明朝早期的官手工业是在这样一个时代发展起来的，这个时代的政府认为农业经济是一种稳固的经济，每个农民家庭的衣食都可以自给自足。在这样的世界中，专门的工匠仅仅是用来满足官府对消费品需要的。这些工匠制造仪式用的冠服、祭祀典礼用器、军服、军器、陶瓷、烧造、船只和运输工具等，他们在明代的户籍中被专门列为特殊的一类，即匠户（Xu and Wu 1985：112—113页）。在1393年（明洪武二十六年），官手工业占用的劳动力约为全国人口的3%（115页）。

③ 类似的城镇在山西、四川和福建都发展起来。见Xu and Wu 1985：124页。

④ Xu and Wu 1985：第二章以及127—128页。

⑤ Xu and Wu 1985：116—118页。

的名义开设店铺。① 其间,不断增加的商品数量导致了价格的下跌, *150*
丝绸和棉纺织品进入了普通平民的家庭。② 作为这些变化的结果,至
明季时,奄奄一息的匠籍制度已完全被商品化劳工市场取代。在此进
程中,长江下游农民家庭成为正在商品化中的棉、丝纺织业的主要生
产和消费单位。③

在这种环境中,新兴的清政府抛开了最后一丝矫饰,不再维持纺
织工人世袭匠户的地位。1645 年的一份诏令宣布正式废除明代的匠
籍制度,政府将对所有平民开放技工劳动力市场。④ 然而像明朝一
样,清朝政府官员期望限制经济活动中技工的人数。他们害怕出现劳
工骚动的局面,⑤并且他们相信如果从事工匠行业过分有利可图的
话,谷物的产量将会下降。1727 年 6 月 22 日(雍正五年五月己末)雍
正皇帝颁布的上谕中清楚地阐明了这些担忧:

> 朕观四民之业,士之外,农为最贵。凡士工商贾,皆赖食
> 于农,以故农为天下之本务,而工贾皆其末也。今若于器用
> 服玩争尚华巧,必将多用工匠,市肆中多一工作之人,则田亩
> 中少一耕稼之人,且愚民见工匠之利多于力田,必群趋而为
> 工,则物之制造者必多,物多,则售货不易,必致壅滞而价贱,
> 是逐末之人多,不但有害于农,而并有害于工也。⑥

朝廷把农业作为政策根本来强调的感情可以追溯到古人对商品

① Xu and Wu 1985;313 页。
② 在从宋到明这段时期内,江南绢价下降几近 60%,见 Xu and Wu 1985;124—125 页。
③ Xu and Wu 1985;129 页。
④ Peng Zeyi 1984;391 页。
⑤ 见 Tsing Yuan 1979。
⑥《大清世宗宪皇帝实录》57;2—3 页,引自 Peng 1984;419 页。

化所引起的道德危机的担忧,它集中反映在一首汉朝的民谚中:

由贫求富,农不如工,工不如商,刺绣文不如倚市门。①

根据这个逻辑,商业财富是腐败的诱因:"小人"重利。正如一个清代官员的傲慢之语——但此语并非他首创:"小民唯利是图。"②其他一些盛清官员的文章反映出他们将农业政策视为一项弘扬道德和发展经济的计划,借此阻止农民离开土地而完全靠市场营生。③ 作者们在讨论农政的经世文章中忧心忡忡地谈到勉强求活、无力自谋温饱的百姓。他们的解决办法是通过政策使人们回到家庭自给自足的年代。这些保障运动将两句古语奉为格言:足食、恒产。它们的理想存在于这样一个社会——每一个农户家庭能够生产全部自需的食物和衣物。

对稳定的农业家庭的关注缓解了地方官员的恐惧,他们做梦都害怕暴民或饥饿的城镇居民围困衙门。④ 他们满心梦想着见到那些稳稳当当守着家业的已婚男子,由父母、妻子和儿女帮助着度过凶年荒岁,有土地保证他们能够抵御贫困的威胁。更重要的是,农民家庭并不是官方关注的唯一目标。文章的作者们为他们乡居读书的生活描绘了田园牧歌般的画卷,这不禁使上流社会的读者回想起"耕读"

① 这种说法最早见于汉代早期(约为公元前 2 世纪),这里引自明朝一版再版的农书:《农政全书》,见徐光启(1639)1900;7/40。本书译自 Lien-sheng Yang(杨联陞)1952;101 页。
② 引自高晋 1776 年的一篇上疏,高晋呼吁当地官吏要对农民这种唯利是图的意识进行斗争。见《皇朝经世文编》37/6a。这句话的某一种版本可以理解成荒废纺织的女子将沉迷于歌舞,亦即堕入娼门。
③ 一首 1930 年代流传于北京(当时称北平)街头的民谚戏剧性地表现出城镇居民对于市场的依赖:"每日开门七件事,柴米油盐酱醋茶。"(K. Johnson(1932)1971;32 页)
④ Philip Kuhn (孔飞力)1990 年关于 1740 年代前后江南地区剪辫巫术恐惧的研究,特别强调了对于这些云游四方的和尚及流浪汉普遍存在的担忧及其后果(尤见 105—118 页)。

之乐：

> 居乡则可以课耕数亩，其租倍入，可以供八口。鸡豚畜
> 之于栅，蔬菜畜之于圃，鱼虾畜之于泽，薪炭取之于山。可以
> 经旬累月，不用数钱。且乡居则亲戚应酬寡，即偶有客至，亦
> 不过具鸡黍。女子力作，可以治纺织。衣布衣，策蹇驴，不必
> 鲜华。①

这里自给自足的农村家庭，无论贫富，过的都是基于男女劳动分
工的田园生活，家业的兴旺取决于女子在家中的手工劳作。

皇室为了着重向士族文人传达这样的信息，恢复了古代祀奉蚕神娘
娘的仪式，将它与皇帝每年扶犁耕作的象征性仪式配合起来。在《春秋》
之《穀梁传》中最先记载了这种仪式，它通过将皇帝和皇后的形象渲染成
侍奉祖先的孝子孝媳，来强调农耕对于整个帝国道德培养的重要性：

> 天子亲耕以共粢盛，王后亲蚕以共祭服。国非无良农工
> 女也，以为人之所尽事其祖祢，不若以己所自亲者也。②

152

帝国崇拜农桑的宗教仪式，使皇帝和皇后垂范天下，成为臣民的
衣食父母。

嫘祖作为养蚕者的庇护神，一直享有繁复的崇拜仪式，盛清时代
的朝廷又加以重修。③ 在清朝，嫘祖崇拜是唯一由女性以朝臣身份主

---

① 张英（1637—1708）《恒产琐言》，见《皇朝经世文编》36/46b。全文英译文见 Beattie 1979：
　140—151。本书译文引自 150 页，略有改动。
②《穀梁传》4/7b，（桓公十四年八月）。
③ 这段描述根据的是 E. Williams 1935 的图；并可参见 Kuhn 1988：265—272 页。

持的公开仪典。从 1742 年开始,此一仪式便在一个新的神殿里进行,新的神殿是乾隆皇帝为此专门修建的。神殿位于紫禁城后门北偏西约一英里半处,包括更衣室,一个祭坛,一个露台,观众从露台上可以看到采集桑叶,还有一个封闭庭院,庭院里的大水池和若干房间是专为养蚕和纺丝之用。水闸从河流中抽水用于洗丝。另有一间密室供奉着嫘祖的神位。

每年嫘祖的祭拜仪式都在一个春季的良辰吉日进行,这个日子由皇室天文学家选择,仪式由皇后亲自主持。祭祀者及其随从要在仪式开始前两天斋戒。然后参加者奉上熟食和酒以供神灵享用,他们还要另外供上香烛和丝绸。在供奉牺牲后的当天,皇后带领两个妃嫔、公主以及其他贵妇,进行采集桑叶的仪式。所择的日子最好是神殿的蚕卵已经孵化出来的一天;皇后陛下采集的桑叶被散放在木框里喂蚕。当幼蚕成熟,织成茧时,再过一段时间,皇室又选定一个吉日,皇后重回嫘祖祭坛,并给神灵奉献她亲自纺成的丝缕。皇后总共要提供三盆丝——被分别染成朱红色、绿色、深黄色——用于衣服的刺绣以作为祭祀牺牲。这场祭拜仪式的盛大场面也许可以通过参加的人数来判定。参加了第一次祭拜的有 117 人,其中包括 56 个女子和 34 个太监。那些参加了第一次祭拜的人随后被允许参加接下来采集桑叶、喂蚕和纺丝的祭拜仪式。

嫘祖的祭祀是清朝政府对平民"道德教育"的更广泛计划的一部分,它从乡村儒人士子开始,逐渐扩大到普通民人。① 换句话说,嫘祖

---

① 有关道德教育(教化)重要性的讨论在《皇朝经世文编》中比比皆是,尤见于 54/20a—b。这种教化的计划美化乡村社会,规劝农民厉行节俭,提倡在农村家庭中辛勤工作和行使适当的礼仪,痛斥衰颓怠惰之风。虽然这些讨论中的一些目标明显是针对精英阶层的,但《皇朝经世文编》的这些作者们也急切希望将礼扩展到普通的家庭中("请酌定家礼颁行疏")。见 54/24a—b。

祭祀是政府在全国农户中间推广蚕桑计划的一个象征性顶点。由省
城设立蚕局,并饬州县等处一体设局养蚕,买桑养蚕。[1] 在朝廷中,这
种国家计划背后的理想在一些诸如《御制耕织图》这样奉旨刊刻的手
册里大受称颂。这些作品以木版画描述了养蚕家庭中两性恰当的劳
动分工:男人和小儿采桑;女人照顾和喂养幼蚕,缫丝,纺丝,将丝块
成布。其他画面将"男耕女织"的说法予以戏剧化的表现。(图 24)[2]

在清代学者的著述中,人们将丝而不是棉视为首选的家庭纺织材
料,养蚕主要是女性的工作。经世文章的作者用"农桑"来描述这种劳
动性别分工的思想。《皇朝经世文编》认为养蚕业是国家农业政策的
一个支柱。[3] 黄六鸿的《养民四政》中谈到,种桑榆被视为国家的四件
要务之一。[4] 陈宏谋多年来在长江中下游养植桑树,积累了丰富的经
验,在他的关于陕省乡村兴除事宜的长篇檄文中,他介绍了六种应兴
应革事宜,第一条措施便是"广行蚕桑"。[5]

这些作者或许从晚明政治家顾炎武那里得到了启示,顾炎武本人
是江南人,他的政论文《纺织之利》被盛清《皇朝经世文编》的编选者放

---

[1] 这些鼓励养蚕的做法首先是在宋朝兴起的。见 Xu and Wu 1985:123 页。盛清时期通过
设立蚕局的方式"劝"种桑树一事,参见《皇朝政典类纂》(1903),1969:24/4,6(2:764,
766 页)。

[2] L. M. Li 1981:图 1—4。Sun(1972:82 页)提到的《授时通考》一书刊行于乾隆初期,全书
八卷中有一整卷都是教导人们如何种植桑树和养蚕。刊行于 1637 年的《天工开物》对
于养蚕劳动中的性别分工也提供了详细的说明。见 Sung Ying-hsing(宋应星)(1637)
1966:36—59 页。

[3] 关于家庭手工业,《皇朝经世文编》中辑录了丰富的资料,其中论及农业政策(农政)的有
三卷(卷 36—38),在这 49 篇文章中有一半以上涉及家庭纺织,还有一卷(卷 37)内有 19
篇文章专门论述棉花与丝绸的家庭手工业生产。

[4] 《皇朝经世文编》28/16—18。

[5] 《皇朝经世文编》28/12—15 页。陈宏谋的两篇在陕西劝桑养蚕的奏疏,日期分别为 1751
年和 1757 年,这两篇文章也被收入《皇朝政典类纂》(1903),1969:24/4b—5b(2:764—
766 页)。在第二篇中,陈强调一个农民家庭的所有成员——男女老幼——都应该投入到
养蚕和纺丝的劳动中去(24/5b)。

在显要的位置。顾炎武建议政府通过招募能织者为师,在边郡地区组织家庭丝纺织生产。他的务实的论点是:通过使家庭更加自给自足,丝织业可以降低生活的开销。顾炎武认为,在此过程中农民应该能够生产新的剩余产品,这样政府可以征得更多的税收。①

一个类似的例子是年代稍晚时,在长江中下游度过了大半生的唐甄(1630—1704)对推广女工的建议:

> 吴丝衣天下,聚于双林。吴越闽番,至于海岛,皆来市焉。五月载银而至,委积如瓦砾。吴南诸乡,岁有百十万之益。是以虽赋重困穷,民未至于空虚,室庐舟楫之繁庶胜于他所,此蚕之厚利也。②

154

唐甄和顾炎武一样,都建议当地官员从养蚕地区聘请老师,以指导没有丝绸出产的那些地区的妇女。他预言,如果有正确的官员的领导——"多者奖之;少者诫之;废者惩之"——不出十年,海内皆桑矣。③

155

恽珠编选的诗集中,士大夫妇女的诗词也反映出经世政论文的作者心中的信念,即农家要依赖妇女纺丝的收入交纳赋税,正如安徽的一位刘氏诗人所作的"田家行":

> 机上有蚕丝,园中余蕨薇。公田税既完,无复更驱驰。④

---

① 《皇朝经世文编》37/1a。
② 见《皇朝经世文编》37/3—4,"教蚕"。
③ 《皇朝经世文编》37/3b;亦见《皇朝经世文编》所载陈宏谋在陕西省发布的"倡种桑树檄",37/8—13。
④ 《国朝闺秀正始集》5/11a。

图 24 （对开图）"男耕女织"，据《御制耕织图》
（1696），选自 Zhou Wu 1988：276—277 页。

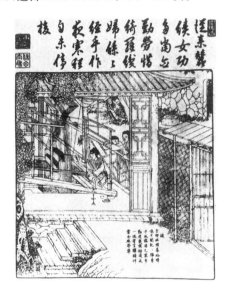

汤朝的《蚕妇辞》一诗吟咏的是贫穷的重压如何驱使妇女夜以继 156
日地工作：

戴胜低飞柳绵少,蚕起蚕眠添懊恼。

陇无柘树园无桑,买桑典尽衣与裳。

邻家索索缲丝响,饿蚕欲老头空仰。[1]

安徽桐城的诗人方曜把下面这首即兴赋成的短章题给她照管的幼蚕:(饲蚕)

晨昏调饲事初谙,忙过春风三月三。

吐尽情丝仍化蝶,他生侬愿作红蚕。[2]

同丝绸一样,棉花进入了帝国晚期的家庭手工生产系统。盛清时代重复了明朝时的努力,提倡棉花种植和棉纺以及棉布的生产,明末已经充分发展的技术到这个时代达到了最终的巩固。[3] 一项权威的估计表明,在晚明和清朝时期,中国五分之三到五分之四的县生产棉布。[4] 盛清朝廷在认识到棉花对于农业经济发展的重要性之后,赞助出版了安徽桐城的官员方观承(1698—1768 年)所著的附有题咏的图集《棉花图》。这本书在 1765 年春季连同一份奏疏一起呈送给皇帝,并在三个月之后得到皇帝的御笔亲题。最后它还被铭刻在石头上,康熙皇帝和乾隆皇帝都为它题过诗。1808 年嘉庆皇帝降谕专门重印,题为《钦定授衣广训》,于其后的一年出版。

方观承著作的钦定本的前言中着力指出,同农耕和蚕桑一样,为

---

① 《国朝闺秀正始集》5/17a。

② 《国朝闺秀正始集》17/17a。

③ 关于明朝的粮食产量,见 Xu Xinwu 1981:34 等处。

④ Dietrich 1972:111 页。

人们自己提供日常用品的普通棉布生产也应被视为"本业"。① 它勾勒了一幅理想中的图画,幸福的大家庭男女老幼一起投身于棉花种植和生产中。与《御制耕织图》不同,这本书表现了妇女和儿童在家庭以外工作的情景(图 25)。描绘棉花生产的画面——从开始播种到最后成卷的布疋——描绘了恰当的劳动性别分工。② 起初耕耘土地的工作——耕地、灌溉、播种、除草——这些工作都由男子完成。女子照管棉花的植株,修整棉枝,然后采集成熟的棉朵。采集来的棉絮通过轧棉机除去其中的种子,然后"弹"过以求松软,并进一步除去残存的渣滓;这些工作根据设备条件可以由男子也可以由女子完成。弹过的棉花制成棉条,送到妇女那里用于纺线和织布;染色和砑光的后整理都 *157* 是男子的工作。

方观承把棉花生产视为自给自足农家的一项营生,而同时代文献中关于棉花生产的描述说明这幅理想的图画其实只是纸上谈兵。这些记述表明,批发捎客经常从农民家庭买进原棉,然后轧棉,弹棉,再卖给其他家庭或商行去进行纺织和染整。同样的,染色和砑光通常由工匠师傅负责,他们家庭祖传的秘诀确保了他们垄断棉花市场的这部分行当。③ Graig Dietrich 在他的关于清代棉纺织生产的权威论著中总结说:"在清代棉花工业生产中,家织家用是最主要的模式。"④但是,Dietrich 认识到,在高度商品化的长江下游地区,劳动分工得到了很好的发展,这导致了一种双层体系,其中农户生产"妇机布"自用并供应当地市场,而熟练的技工生产"腰机布"供应口味更加挑剔的顾客。⑤ *158*

---

① Fang(方观承)(1809)1988:"凡例"1b。

② 见 Dietrich(1972:111 页)译成英文的方观承关于种棉与手工业的说明。

③ 见 Dietrich 1972:113—126 页。

④ Dietrich 1972:127 页。

⑤ Dietrich 1972:111 页。引自 Amano Motonosuke,"农桑辑要"与棉花种植的发展,*Toyo gakuho* 37(1954,9 月):78 页。

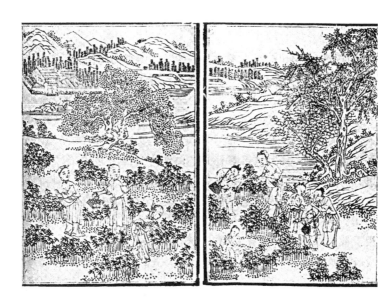

图 25　"摘棉"，方观承（1809），选自 Zhou Wu 1988：270 页。

和棉纺业一样，清代丝纺业也包括两个层次。丝绸业有很高的营业利润，它所独具的等级象征意义使它成为大多数经世文章作者的首选面料。然而，女性在丝绸生产中角色地位很低，她主要被局限在劳动力密集、报酬低、但又是比较体面的一些工作中：饲养蚕虫、照管蚕茧、纺丝线。生产蚕茧或丝线的"蚕桑之家"将他们的产品卖给捐客或中间人，这些人将产品供给批发商的"账房"。开设在苏州和其他江南城市的账房通过向机户——一般拥有两三台或是更多台由男工操作的织机——转包合同，控制了一百台以上的织机。[1] 虽然据说在这个体系中男工被他们的雇主剥削，他究竟还是属于行会，偶然还会组织罢工表达对工资和工作环境的不满，[2]他们享受的技工地位是那些零散分布在农业家庭中，既无可能组织起来，又无可能为报酬讨价还价的女性所无法问津的。

---

① 见 L. M. Li 1981：50—54 页。

② 见 L. M. Li 1981：49—50 页。有关苏州织工的行会与罢工的论述，见 Santangelo（史华罗）1993：90—116 页。

所以,被大事吹嘘的妇女的"蚕桑"之事,与经世文章的作者们所极力称颂的织布甚或是纺纱的工作其实并没有太大的干系,倒不如说它与养蚕或是照管蚕茧之类更低微的工作关系来得密切些。

官吏们忽略了妇女在家庭养蚕的劳动中得到的回报之低。但是他们有时候也抱怨棉纺织业。一些人批评政策倡导的棉花生产,说它是建立在妇女在织布上付出的辛苦极大所获却极少的基础之上。一个官吏指出:"(而)一布之值,不敌匹帛之什一。工多利少,不足以供口食。季女斯饥,良不免矣。"他的真实意图看来是想由养蚕来取代纺棉,因为他接着补充说:"惟树桑治蚕之力,可当耕耘也。"①对长江下游种植棉花的另一种反对意见是担心会影响到粮食的供给。时任江南河道总督的高晋曾于 1776 年提出建议:已经种植了棉花的长江下游谷地的百分之三十到百分之七十应该重新用于种稻米。② 为了劝导农民将土地的一半留下来种稻,高晋建议政府对灌溉给予补助以降低生产稻米所需的劳动力成本。③ 官方对农民家庭棉布、丝绸生产的关注反映了当时学者们普遍的看法,即在此时期,家庭仍然是纺织工业生产和消费的基本单位。④

在所有这些关于专业化和商品化、地区间贸易,以及工作与休闲的讨论中,官吏们始终确信女工是重要的,而且它的道德规范意义是 *159*

---

① 见郭启元:"布帛赢缩说",载《皇朝经世文编》37/5a。

②《皇朝经世文编》37/6—7。高晋指出,在成功的棉产地,由于种棉者多而种稻者少,已经威胁到农民家庭的自给自足。据他的估计,江南每村庄种水稻者不过十分之二三,图利种棉者则有十分之七八,询其原因,农民的解释是种稻多费工本,而种棉则更便宜,而且因售价高于稻米而更加有利可图(37/6a)。

③《皇朝经世文编》37/7a—b。

④ 日本学者一直对中华帝国晚期家庭手工业生产显示出的生产能力特别感兴趣。见 Nishijima Sadao(西嶋定生)and Tanaka Masatoshi(田中正俊)的文章,以及 Grove and Daniels 的译文,1984：17—100 页。

绝对的。① 正像在古代希腊和罗马一样,②中国盛清时期"女工"不仅仅涉及生产棉布的体力劳动,同样也涉及道德品质与女性织布之间的关系:勤劳、节俭、对父权的顺从。在国家政策对妇女工作花言巧语的赞扬中,显示出的是将劳动与社会性别结合起来考虑的另一层面。作为一种日用品,丝绸比棉布要贵重。但是丝绸的价值还具有象征性。不像粗糙简陋、适于平民穿着的棉布,丝绸是皇家的织物,是富人的服装。丝绸的线是用来刺绣的,它最清洁、最纯净,是女红中最高雅的艺术品。③ 丝绸和棉布的工艺仿效的就是这样的价值层次。养蚕和缫丝都需要纯洁和清净:不仅表现在象征性的净化措施上,如对行经妇女的禁忌,而且表现在对各种实质性物品的绝对清洁要求上,如必须洗手、通风等。④ 与缫丝相比,纺棉则是年仅七八岁的女孩子就能学会的技术。织布需要更用力和更有经验,但是在家人眼中一个十二岁的女孩子就可以被教会这种能力,而且织布的设备也更便宜,操作更简便。⑤ 利润和洁净程度共同决定了蚕丝纺织和"及笄"前的女儿就可胜任的棉纺织工作的不同价值。

虽然人们认为所有阶层的妇女都应该具备熟练的手工技巧,但

---

① 见 Scott 1986:1069 页,她在书中写道:"权力的概念,尽管有可能建立在社会性别之上,但实际上并不总是与社会性别自身有关……作为一个客观的参照物,社会性别的观念建构了对社会生活的理解,以及各种具体的和象征性的概念。在某种程度上,这些参照物参与了权力的分配(对于物质的和象征性的资源,有着各种不同的控制和进入的方式),这样,社会性别便与权力自身的观念和构造有了牵连。"

② 见 Herlihy 1990。

③ 见 Quataert(1985:1127—1129 页)有关普鲁士纺织贸易中羊毛优越于亚麻布的讨论。就我所知,在中国并不认为纺棉是不清洁的或受污染的,虽然从另一方面看,棉花的地位相对优越于亚麻,就如丝绸的地位优越于棉布一样,在这一点上两个社会的情况惊人地相似。有关印度服装业中的价值分层,亦见 Bayly 1988。在德川时代的日本,丝绸与棉也是阶级身份的标志:"农民的妻女纺棉而武士的女人穿丝绸。"(Hirschmeier 1964:302 页注 13)

④ 见 Stockard 1989:141—151 页。有关污染的论述,见 249—250 页注 81。

⑤ 文献引自 Xu Xinwu 1981:41—41 页。

妇女的工作本身却具有因阶层不同而不同的价值和地位。最贫困的农村妇女往往在昏暗、拥挤的场所,使用粗糙的材料从事织帽子或席子的家庭手工活计。纺棉的工作条件就好得多,从事这项工作的也都是较高阶层的妇女,尽管她们的家庭还无力拥有织机,也没有养蚕的资金。纺织者则高人一等了:她们养蚕缫丝,居住在有劳动空间和富余劳力的家庭里。处于这一阶层中最高级的就是从事刺绣的闺秀了,她们都是闺房中有教养的贵妇与小姐们。刺绣需要有专门摆放绣花架的明亮洁净的房间,还要有丫鬟在盛夏为她们扇扇,以免她们娇嫩的双手和前额因出汗而弄坏绣品。闺秀们精巧的针线和平滑的双手于刺绣甚为相宜,这将她与那些在家庭内外做粗糙活计的妇女区别开来。刺绣是与高雅的品德联系在一起的一种纯洁的象征。[1] 刺绣也是勤奋的体现,每当其他更紧迫的事务告一段落,士族妇女就要重拾这项任务。上流社会对于绣花服装的需求是这样巨大,以至于大量绣品要么去购买,要么就要靠家中女仆来提供。[2] 最后,刺绣还蕴含着性的意味。正在刺绣的年轻姑娘看上

[1] 阶级区分是很明显的,甚至在一个 1930 年代关于农户和非农户劳动的调查中也可以看出来。例如在佃农家庭中,调查发现没有男人在政府部门任职,而女人也没有刺绣的。被访者解释说佃户不能得到政府中的工作是因为他们都是文盲;而佃户家庭的妇女不会刺绣则因为"此种手艺非一般妇女之所擅长"。见 Fang Hefa 1933,1:300—301 页。在其他文化中出现的类似情况,即妇女的刺绣是有地位的标志,见 Jane Schneider 关于西西里刺绣情况的研究(1985:86—92 页)。Schneider 认同在纺织艺术和妇女隐居生活之间的关系(92—99 页)。随着机织布对手工纺织的服装的取代,妇女转向了新的针线艺术,特别是适用于新的商品化服装上面的刺绣和花边。刺绣是比纺纱织布更"纯洁"的,因为纺纱织布者不得不下到田野去帮助耕种和收获棉花等物,这使她们必须与男人接触。还可参见 Wheeler(1921:35 页)关于在新英格兰刺绣地位的讨论:"家中如果拥有一份旧年在乡间绣成的上好毛线绣品,那就好像是高贵身份的专利证书,标志着这个家庭有个值得尊敬的祖先。早期殖民地时代忙碌终日的人们,是不可能有时间来做这样的工作的,因为它需要有由充裕的财产和宽松的环境来保证的大量空闲。"

[2] 见 Garrett 1987:76—78 页。正如她所说的:"到朝代(指清朝)中叶,刺绣就以它自身的名义而成为一种男女老少都投入于此的工业。小康人家的太太学习刺绣,是作为妇女必学的技艺,但这样的家庭往往也雇佣一些绣工,专门生产他们所需的各种 (转下页)

去让人联想到丰饶和性感，她的针线遂成为她的性别魅力的象征。

这些性爱的符号在描写刺绣女子的图画和插图中表现得特别突出（见图26—28）。[1] 因为"绣"字与描述女子进行性交的词"羞"同音，"爱绣"一词则是一个暗指淫荡妇女的双关语。[2]

有关丝绸和棉布起源和被保护的神话反映了洁净度和阶层的等级次序。丝绸的发明者嫘祖是一位皇后，[3]但纺棉术的发明者黄道婆，却出身于贫穷低贱的平民家庭，她出名时的身份是一名女道士。嫘祖是天上的女神，一颗星星的化身。而黄道婆，按照当地的传说，却是一个童养媳，年幼时便被人收养，只因为她的家庭太穷，无力为她安排一门像样的婚事。[4] 所以在盛清时期关于妇女工作的带浮夸性的讨论中，即使是丝绸和棉布的保护人的身份，也反映出她们的相对价值。

（接上页）物件。这类工作一般由商人和工匠的妻女们完成，这些人学习刺绣则是为了贴补家用。在中国，凡中上阶层的人，所穿的几乎每件服装上都有刺绣做装饰。包括官员的官服、代表自己与妻子身份等级的徽章、官僚的紧身马褂、妇女的坎肩和裙子，孩子的衣服，成人与儿童的头饰，派各种用场的荷包、鞋子，以及中上阶级家庭中所有必需品、家具等等，都离不开刺绣(77页)。"

[1] Schneider(1985：98—99页)阐述了在基督教传统上贞洁与纺织品之间的联系，注意到"老处女(spinster)"一词就反映了贞洁与"勤奋地献身于纺织和刺绣"之间的关系。在基督教中，全身心投入到纺织劳动的人甚至可以要求延缓婚事(如圣安加莎[Saint Agatha]的故事，无论她的父亲如何坚持，她在纺完那匹布之前也不肯答应结婚)。我不知道在中国是否有可资比较的故事。在西西里，绣花主要就是处女的事：在结婚之前一个年轻姑娘做绣品就是在准备嫁妆。反之，"结婚以后她几乎不再刺绣，除非是为新生的婴儿做婴儿服和受洗礼的服装。如果时间允许，偶尔也会为女儿做上一点"(99页)。

[2] Gulik 高罗佩，(1961：318页)发现这个词("爱羞")普遍用于清代的色情散文和诗歌中。Ko(1994：172—176页)相当详尽地讨论了刺绣制品，却未提及这些淫荡的东西。

[3] 养蚕的保护神是西陵氏，黄帝之妻。在他在位的公元前3世纪中期，每当一年一度庆祝农桑的节日开始时，当政的皇帝都要在地上犁一道沟，皇后要以蚕茧和桑叶作为祭品，放在她敬奉如神的前辈的祭坛上。(C. A. S. Williams 1976：359—360页)在民间文化中，与皇后的角色相似的是天上的织女，她是刺绣的保护人。

[4] 这个传说的一个版本见 Meng 1989：52页；并见 Dietrich 1972；Ebrey 1993：138页；以及 Kuhn 1988：212、266页。

图 26 "刺绣仕女图"。台北,故宫博物院。

　　清朝的国家政策在倡导妇女从事家庭手工劳动的时候,就如他们对价值和阶级区分高下一样,也区分不同地区的高下。长江下游地区是为皇家服务的典型地区。以江南为核心的精棉纺织业成为苏北(即淮河以北)贫困地区的榜样。① 辛勤的江南织妇令边缘地区诸如延安的女工汗颜。《古今图书集成》曾以延安为例,说那里的女工织出的布几乎遮盖不住自己的身体。② 为国家出谋划策的人们担心长江下游以外地区的妇女只是依赖长江下游女工生产出的产品,而不去自己动手织布。福州知府李拔曾抱怨说,在他管辖范围内的农民都不肯种棉,而宁愿从江苏和浙江购买,当地女子也根本不懂如何织布。③ 江南的棉纺业是福建的先驱,正如山东的养蚕业给予贵州创办新工业的诸多启示一样。在距南京不远的安徽省来安县,地方志的编撰者嘲笑

① Peng Zeyi 1984:223—224 页。

② Xu Xinwu 1981:17 页。

③《皇朝经世文编》37/17a。

图 27　清代绘画:"倦绣图轴",选自一部具有江南刺绣风格的图集。据中国历代女性像展,1987:103页。此画题材取自白居易的诗词,描写一个女孩等待她的情人,女孩疲倦地伏在绣架上,悲伤而又沉静。见罗覃(Lawton)对于同类题材的明代绘画的评论1973:215页。

当地人不肯学习养蚕,抱怨"当地妇女不谙纺织"。①

　　对于清朝的决策者而言,道理是很简单的,中国这些妇女纺织已成为一种文化的地域,甚至在伦理道德上也要优于那些妇女连专业化的家庭手工艺都没有掌握的地区。朝廷大臣们力图将长江流域的家庭手工业模式推广到东南沿海,从华北平原推广到长江上游;当他们升迁到他处时,他们将在原先任职之处得到的养蚕知识推广到这些地区。② 地方官员利用每一个机会向人们宣传如何进行手工业生产,他

① Xu Xinwu 1981:22 页。

②《皇朝经世文编》37/26—32a 包括了宋如林在 1825 年前后上的三通奏疏。三篇内容都是讲述他如何致力于将山东的养蚕技术推广到长江上游地区的事。陈宏谋也曾写文章详细谈到他在陕西做官时如何把南方的纺织技术引进陕西的计划(《皇朝经世文编》37/10a;并见 36/48a,36/2a)。

们将此视为治疗女子懒惰培养她们道德的一剂良药。正如一位乡下官员写道：

> 兴化习尚偷安，……其贫穷之女，工作不勤，既宽闲其手足，遂放浪其形骸，……本县亟思补救，业已捐廉，设为纺局。如有穷民幼女，自十一岁至十三岁者，选三十人习学。①

图 28 刺绣的女子。据 Naka gawa（1799）1983：339 页。

---

① 引自 Peng Zeyi 1984：224 页。该文提到的这位官员曾拿出自己的养廉银来资助地方纺局，旨在表明这个地方官员在道德上的清廉。

养蚕作为有效阻止妇女行为不检的方式而受到特别的吹捧。[1]
周凯(1779—1837年)在湖北襄阳为官的时候,写了一篇给人印象深刻
的文章,提出了将传统的伦理道德与当时政策结合于一个道德教化项
目的建议。[2] 这篇文章以一句被反复征引的传统劝农辞语开始:"一
夫不耕则民饥,一女不织则民寒。"(换句话说,无人可以免于劳作,人
人都要尽力地干活)[3]接下来介绍了丝绸作为商品的价值,他引用《孟
子》和司马迁的《史记》来强调桑树在国家经济中的重要性。文章随后
转入更实际的话题,指出农之于耕,竭终岁之劳一熟再熟,所入可计,
而有水旱之虑,蚕则数月之工,妇女之事,无水旱之虞,利与稼穑等。
而且种植桑树有利可图:桑之叶可以蚕,桑之实可以酒,桑之木可以
为薪,桑之皮可以为纸。

随后,周凯详细说明了在农民家庭的劳动中明显的性别划分与性
行为之间的关系,以及妇女劳作与妻子贞节之间的关系:

> 余甚悯襄之妇女,无以专其执业,而一其心志也。妇人
> 无事,以蚕织为事,士庶人之妻,亲蚕以衣其夫,余力足以自
> 食,而心始贞。[4]

164
> 比者余行郊野,见贫民妇女操耰锄、杂耕耦,心窃异之,
> 谓诗言馌不言耕也。乃未几而妇讼其夫矣,未几而夫讼其妇
> 矣(注:襄多妇女拐逃抢嫁买休卖休之案)。妇人不再斩

---

① 在这个意义上,促进家庭手工业的政策与鼓励寡妇守节的政策紧密相关。见 Elvin 1984;
Mann 1987。
②《皇朝经世文编》37/19a—22a。
③ 引自周凯:"劝襄民种桑说三则",载《皇朝经世文编》37/19a。亦见张士元"农田议",载
《皇朝经世文编》36/3a。二处都引用了同样的格言,只是形式略有不同。
④ 在这里,周凯明显将丝绸和贞洁混为一谈。周对妇女在田间劳动持憎恶态度,他并未对
此详述原因,可能因为他相信男人和女人不应该在家庭之外混杂相处。

（注：斩衰为其夫服），今襄之戒鸡鸣矢柏舟者盖亦有人，①其不止于再醮者，比比然也。娶者不以为非，嫁者不以为耻，羞恶之心，②人皆有之，岂其心之殊人哉，夫亦无业之可专，无志之可一，而力不足以自食也，不桑故也。③

比这篇更早些时候，还有一篇名为《农书》的文章，作者是浙江省桐乡县的一位官员张履祥(1611—1674 年)，对于家庭的稳定与妇女的节操之间的关系，看起来不那么感情用事：

> 西乡女工，大概织绵䌷素绢，绩苎麻黄草，以成布匹。东乡女工或杂农桑，或治纺绩，若吾乡女工，则以纺织木棉与养蚕作丝为主。随其乡土，各有资息，以佐其夫。女工勤者，其家必兴，女工游惰，其家必落。夫妇女所业，不过麻枲茧丝之属，勤惰所系，似于家道甚微，然勤则百务俱兴，惰则百务俱废。故曰：家贫思贤妻，国乱思良相，资其辅佐，势实相等也。且如匹夫匹妇，男治田地可十亩，女养蚕可十筐，日成布可二匹，或纺棉纱八两，宁复忧饥寒乎。刺绣淫巧，在所当戒。④

---

① 周凯的奏疏中提到了《诗经》中几个理想的妇女形象，载《皇朝经世文编》37/216。第一首引自"豳风"开篇。第二首"鸡鸣"是"齐风"开篇的一首，叙述一个好妻子告诫她的丈夫要早早起床从事他的工作(不要因贪恋婚姻生活而变得衰弱无力)。第三首"柏舟"，是"鄘风"开篇的一首，说的是一个寡妇拒绝再婚的事。

② 引自《孟子》。

③《皇朝经世文编》37/21a—b。

④ 张履祥有关女工方面的议论，是他一篇更长文章的一部分，文中以含义不明的劝诫和讽刺，警告妇女不能过于沉浸于女工之中："刺绣淫巧在所当戒"，见《皇朝经世文编》36/27b—28a。

正如这篇文章显示的,盛清时期的政府官员对于使用妇女作为家庭手工业工人的提倡不遗余力。这些官员以憎恶的口气谈到那些没有织布机声响的家庭。他们将妇女的游手好闲与依赖、懒惰和淫荡联系起来。[1] 但是他们的喋喋不休却掩盖了一道正在日益扩大的裂痕,这就是技术熟练的城市织工——主要服务于城市市场的男性——与农户中从事劳动的妇女之间的差距。由于生产体系是根据性别区分的,这点在长江下游地区表现得尤为明显,所以我们就必须认真考虑这些激切的言论与盛清时期的现实之间的联系。虽然在一些边缘省份,由于清朝官员对家庭纱纺业的竭力推广,妇女的工作机会可能一直在增长,但在江南的情景却是不同的。虽然盛清经济不断发展,但是在这个迎合了盛清的决策者和农户中家长利益的错误模式中,长江下游地区妇女的工作机会看来却已经停滞了。本章的结论将回过头来讨论这一问题。

士族和庶族妇女的工作

围绕劳动价值和节俭观念而构建的这一整套的符号、象征以及家族制度,使得决策者的呼吁既容易得到平民家庭的接受,也容易进入特权阶层的想象。举例来说,18世纪的嫘祖祭祀仪式就取用了成套的符号和故事来祭拜妇女工作的监护者们,她们或是传说中的奠基者,或是身份高贵的保护人。以清朝皇后生活为题的图画经常描绘她们亲临宫女养蚕场所的场景,[2]正如明朝的传记经常赞扬士族妇女在婢女的陪伴下劳作一样。[3] 从实际情况来看,到了适婚年龄的女子,即

---

① Peng Zeyi 1984:224 页。

② Headland(1914)1974:103—105 页。

③ 见 Grove and Daniels 1984:62,107,108 页所引的例子。

使是精英阶层家庭的女儿，都要接受体力劳动的训练，这有两个目的：一是用来应付寡居或贫穷等可能遭遇的逆境，一是在家中为孩子和奴婢们树立一个勤劳的榜样。寡母取代已故的父亲成为家中支柱，她用劳动所得作为儿子的教育费用。同时，操劳的母亲的形象是母慈子孝的强有力的象征。

在盛清时代，除了把精英妇女的劳动形象树立成为下层阶级妇女的典范，还有一种典范形象与此并行，即家庭经济中，男女同心协力，妻子在从事农耕的丈夫旁边从事手工业劳动。有清一朝的政策，是将勤劳的妻子当作家庭自给自足和家族荣耀的关键。[1] 清朝统治者为 *166* 此而诉诸儒家的伦理道德观念，强调劳动的性别分工中所深藏的道德价值。"女红"是"四德"之一，是少女们必备的修养。女工[2]在汉代的史料中就被注释为"麻与丝"——换句话说，就是用针线、纺锤和织机做的工作。[3]

在盛清的江南地区，当提及女红的时候，士族和庶族的女子要遵循同样的道德标准。儒家的"君子"应该避开体力劳动，但是上层的妇女却应该与奴仆与佃户一起用双手从事劳动。一个妇女在从事女工上的能力被看作是妇女具备节约、俭省和勤劳三种品质的标志，这些品质正是一个家族未来兴旺的最基本的条件。在贫寒的家庭中，这些美德是维持家庭生计的关键。对于上层阶级的妇女来说，则有助于整顿家中的秩序和管理下人——女主人要以身作则来为家中婢仆树立

---

[1] 一个农民家庭的生计靠的是"男耕女织"的观念直到 1930 年代仍然存在，见 Huang（1990）所强调指出的。例如一部出版于 1939 年的经典民族学著作就声称农耕"主要地是男人的职业"，而妇女生产的丝绸却可以支撑一个小农家庭的生活（Fei（1939）1962；170 页）。

[2] "女工"，经常被写作"女红"。汉字"红"，带有绞丝偏旁，在这里可以代替"工"字的含义，来表示纺纱和织布。

[3] 涉及此事的最早记载见《盐铁论》，日期为公元前 81 年。

规范。换句话说,对于妇女来说,从事符合她地位的体力劳动绝不是有失身份的。

与此同时,农家的劳动妇女往往被视为一种制度的牺牲品,她们被迫从事强制性的劳役,被分派不公平的赋税负担。清初的一首诗就将劳动妇女用来作为受到政治与阶级压迫的符号:

缫 丝 曲

田家四月桑叶稀,鹁鸠啼雨乳燕飞。

吴蚕上山茧如雪,丝车索索鸣柴扉。

车上少妇飞蓬首,两月辛勤露双肘。

朝忘沐栉夜无眠,那得新衣缝女手。

须臾府帖下乡村,里正仓皇来打门。

但偿官税苦不足,更向厨中索酒肉。

君不见富家女儿娇绮罗,吴绫越绢无人驮。[1]

在这里,在早期[2],妇女们养蚕的形象成为一种暗喻,表现了不堪重负的纳税人在贫困线上挣扎的情景,也体现了严酷的阶级差别。在吴兰一首名为"采茶行"的诗中,类似的形象再次出现:

山家女儿鬓盘鸦,雨前雨后采新茶。

涧水翛沦浑似镜,凌波照见颜如花。

采不盈筐长叹息,三春辛苦向离墨。

---

[1] 见 Zang Yingchang(1869)1983,7:180 页。该诗作者严我斯,在 1664—1665 年间的进士考试中名列第一。他就是浙江省湖州府归安县人,官至礼部侍郎。

[2] 见 Ebrey,1993:149—151 页;Elvin 1972:159—160 页。

担向侯门不值钱,一瓯春雪千山叶。①

盛清时,许多女诗人创作了大量描写理想化的幸福生活的田园诗。② 但是她们也同样愿意用诗来反映她们对阶级差异的意识,甚至是对不幸者痛苦的同情。③

缠足与工作

没有什么比缠足的做法能更清楚地展现妇女之间的阶级区分了。就如我们在第三章(78—79 页)中看到的,天足(未经缠裹的足)是一个妇女有着为人所不齿的低贱出身的标志,社会也因此将她排斥在外。盛清官员的文章中都尽量避开缠足这个微妙的题目,但他们却大谈所谓应该由女人做的工作的值得尊敬的意义。在这些不能启齿的和可以大谈特谈的内容之间有着显而易见的关联。如果按照周凯那类官员的说法,作为田间劳动力的妇女一旦都回到家中去纺纱织布了,那么她们当然都可以把脚缠起来。

我们可以为一对农民夫妇设想出一切理由,认为他们仅仅从经济上考虑,也应该让他们的女儿立刻脱离田间劳作。不仅因为深居闺中的女儿可以带来丰厚的彩礼,而且金屋藏娇也提高了她的家庭的身份,对她的兄弟包括她自己的婚姻前景都大为有利。在这里,缠足与这一切又有着不可避免的联系。但是,18 世纪的家庭纺织业确实是在发展着——我们可以把这个现象有意识地与女子退入闺中相联——是否助长了农家为他们的女儿缠足呢? 对此我们找不到任何证据。我们只知道妇女们在家庭之外从事各种重体力劳动。例如挖河泥,再

---

① 《国朝闺秀正始集》10/17b。
② 例见《国朝闺秀正始集》8/13a,13/19b。
③ 例如,见《国朝闺秀正始集》卷八,页 12b(关于纳税的:"农人惜米如珠宝,官府视米如泥沙");7/6b(纺绩叹);5/21b(关于一个穷困家庭在七夕节的情况)。

用筐将河泥担到稻田中作肥料,就是男人在妻子和女儿的帮助下干

168 的。根据 19 世纪中期一位西方旅行者在湖州的大运河边看到的情况,"中国的妇女不会在任何哪怕是最肮脏的活计面前退缩,只要那项活计能够让她多一种维持生计的手段"①。

许多妇女即使缠足,也照样从事沉重的劳动。Robert Fortune 在 1843 年到 1845 年之间曾旅行途经苏州和嘉定的稻米产区,他观察到:

> 许多妇女被雇来踩水车,每个车轮上一般有三到四人:这些妇人都是大脚,毋宁说她们都是天足;的确,如果她们的脚按照通常的办法被裹起来,那么在这种车轮上的劳动就会变得不堪忍受了。不过,在底层妇女中间,小脚女人一般也都在田间劳动,我看到过几百人,她们或在棉田锄地,或干着其他农活,其中只有一小部分妇女是天足。②

缠足无法使妇女脱离繁重的劳动,更无法使她与世隔绝。③

所以,妇女家庭手工业的发展,并不足以证明缠足的习俗也随之向下层社会扩展。然而可以确定的是,深闺中妇女在家中的劳作是受

---

① *A Glance at the Interior* 1849:57 页。
② Fortune(1847)1972:259—260 页。
③ 与此相对照的,Adele Fielde 在她旅居广东汕头的十年间注意到,仅仅有钱人家的女儿才会在七八岁就被缠足,穷人家女儿开始缠足则要迟到十三四岁。虽然如此,据她观察,"即使是中等阶级的缠足妇女有时也不得不每天走上四五英里的路"(引自 H. S. Levy 1966a:274 页)。Howard Levy 收集的证据显示,婢女也普遍缠足(有一个扫地时甚至不得不用膝盖着地),这些缠足妇女还经常步履蹒跚地到井边打水或者站立几个小时,在一种很沉的石臼中舂米。他也叙述了一个婆婆对于儿媳的小脚表现出的骄傲,她允许这个女孩"与客人一起坐着"而让婢女们做所有的体力劳动(H. S. Levy 1966a:213、224、226、230 页)。特别是在中国北方,缠足看起来似乎并不成为田间劳动的障碍。但是在南方,缠足却似乎更紧密地与家务劳动结合在一起。见 Justus Doolittle 在福州的观察(1867,1:61 页;2:202 页)。

到推崇的。因此,以在家中纺纱织布来取代田间劳作的农家妇女会发现缠足是一种可取的行为,因为这既可以提高家庭的地位又不致危及到家庭成员中妇女的劳动能力。随着棉花种植业与家庭纺织业的发展相伴随,①我们可以作出基本合理的假设:农户中对缠足的要求与妇女家庭手工业的发展,是有机地联系在一起的。

为母之道与工作

有关勤劳的母亲与成功的儿子之间的关系,至少在传说中是始于孟子。清朝的诗歌和官方的政策都特别谈到对那些辛劳母亲的歉疚。那些受到朝廷旌表的节妇通常是这样的一些年轻女子:她们不仅拒绝再嫁,而且在她们正当年富力强时,把她们的力量贡献给了她们的夫家并竭尽全力培养出一个成功的儿子。政治家们往往以个人的回忆,通过诗歌、散文和绘画等形式来赞美这些富有献身精神的辛勤的母亲。

在一幅为"先生题存稚机声灯影图"所题的诗句中,诗人黄景仁回忆了他对儿时好友洪亮吉早期的记忆:

> 君言弱岁遭孤露②,却伴孀亲外家住。
>
> 尘封蛛网三间楼,阿母凄凉课儿处。
>
> 读勤母颜喜,读倦母心悲……③

169

---

① 在 19 世纪中叶,Robert Fortune 注意到了上海周边的那些种棉区:"每一个小农都保存有为他自己家庭所需的土地所产的一部分,家庭中的女人负责在家中清理和纺织这些棉花,在这个地区的每一个农舍,旅行者都会遇到纺轮和小的手工织机……这些织机是由妻子和女儿使用的,有时候也有不能在田间劳作的老年男子和小男孩协助。假如哪个家庭人口众多而且辛勤刻苦,他们织出的布匹要比他们自己所需要的多得多,在这种情况下他们就把剩余的布送到上海(原文写作 Shanghae)和邻近的城镇出售。"([1847]1972:276—277 页)

② 这就是说,其父已故。

③ 见 Huang Yizhi(黄逸之《黄仲则年谱》)1934:2 页。

黄诗描绘了孟母靠织布供儿子读书的形象。另外一些有关辛劳母亲的文字则往往展现她们边织布边教导子女的情景。在袁枚的诗话中有这样一条评注:"从古时候开始,许多文人就从他们母亲的教导中获取艺术鉴赏的能力。"①他引用了历史上最著名的两个例子(欧阳修和苏轼)和一个同时代的名人(尹会一),然后他在书末引了钱陈群为一幅画作的跋,这幅画和洪亮吉与其母的那幅颇为类似,描述了钱陈群的母亲在夜里一边纺线一边教导他阅读四书五经的情景:

> 辛勤篝火夜灯明,绕膝书声和纺声。
>
> 手执女工听句读,须知慈母是先生。②

这些关于母亲的劳作与儿子的成功之间的关系让我们看到母爱与母训的充分关联:一位"慈母"也是一名"良师"。儿子可以很快地察觉到母亲是在为家庭的生计和未来操劳,她的劳动是为他未来的悠闲付出的代价。其他一些规范性的文献,如皇帝为节妇颁发的旌表文书,也同样强调妇女为夫家尽职尽责和为儿子的前途而劳作。但是,那些任劳任怨的妇女本身也这样看待自己的工作吗?

找到这个问题的答案并不容易。绝大多数的劳动妇女是文盲,精英阶层的妇女有时会在诗中表达她们因儿子的得意或失意而引起的骄傲或惋惜,但是没有妇女的诗句或自传会把儿子的成就与她自己的劳动联系在一起。妇女诗作中——男子亦然——那些庆祝七夕节的诗句将女性的工作描绘得深具浪漫色彩,却从不会提及儿子,甚至也极少提及婚姻。与此不同的是,七夕却提供了一个描写多情的伴侣和孤独的恋人的

---

① 原文为:"从古文人得功于母教者多。"——译者注
②《随园诗话》卷二,47、52 页。

场合。此外,大多数以七夕为题的诗句描述的女子多半都是在沉思中静卧,凝视着月亮思念远方的伴侣或恋人的形象。偶然的飞扬穿梭难以 *170* 排遣这些诗中无精打采的情绪。下面,我们就将进入这一方天地。

七 夕

七夕节的仪式戏剧性地将普通妇女的工作和上层精英文化中的妇女劳动区分开来。这些在农历七月初七举行的仪式,标志着织女星和以天鹰座的三颗星星组成的牛郎星在天上的相会。在盛清时期女作家较为活跃的扬子江下游地区,七夕及其相关仪式戏剧化地表现了农业社会中基本的劳动分工:男耕女织。渲染的是劳动与休息、拒绝与渴望、别离与重逢等一系列命题。据民间传说,七夕节的由来是因为牛郎和织女被天上一位愤怒的神灵分隔开来,理由是他们每当在一起,就沉溺于柔情蜜意中而疏略了份内的工作。在最初的故事中,这对多情的男女是初恋的情人,而随着几个世纪的流传,他们被说成是恩爱的夫妻。不管他们之间的关系如何,这对男女每年只有在农历七月的规定一夜踏过鹊桥相会,这一天就标志着秋天的开始(立秋)。

七夕仪式唤起的意象一言难尽,原因在于以七夕节为开端的阴历七月正夹在阴阳两界之间。在七月,人们必须安抚饥饿、危险的恶鬼,同时它也是开始缝补冬衣的季节,这些御寒的衣服要在寒冷侵袭之前准备妥当。[1] 七夕的节庆贯穿着两个主题,一个是对永恒幸福和长生不老的追求,一个是对痛苦与死亡的恐惧。这些游移不定的含义我们将在下面的第七章作进一步探讨。这里我们仅仅关注七夕节中那些被"织女"以拟人化方式体现出来的实际的和传奇的方面,"织女"是妇

---

[1] Bredon and Mitrophanow(1927)1982:369 页。

女手工艺活动的保护神,是专司瓜果、蚕桑、采集和贮藏的丰富的女性
世界的统治者。[1]

　　在浙江宁波(鄞县)对七夕节习俗有这样的描述:"七月七日,妇女
以槿叶水濯发","七夕妇女陈瓜果乞巧,月下以线穿针,穿过者为得
巧。"[2]宁波的神话还有一个更详细的版本,说在七夕之夜,女人们要
在地上放一个水盆,将木槿叶、桔树叶和胡桃、紫苏等植物的叶子铺在
盆内。第二天清晨,当这些叶子上凝上露珠——织女的眼泪——时,
她们就把这些叶子捣成一种芳香的膏来洗头发。同样,在月亮升起来
之前,她们还采集带有红色汁浆的凤仙花,把它们和用来净化水的明
矾混在一起捣成糊状,整个晚上用布包裹在指尖。当第二天拆开包裹
的布时,指甲首先是微黄色,然后就逐渐呈现出一种美丽的红色。只
有无名指和小指被涂上这种装饰,在刺绣和采花时整只手才都显得格
外可爱。[3]　在与之相邻的定海村,女子们用一种像栗树一样的植物叶
子榨汁,然后把它放在户外吸收露水,第二天再用这芬芳的液体浣洗
她们的秀发。在整个七夕节中,最为有趣的要算"乞巧"活动。少妇和
年轻的姑娘们用果物瓜子给织女上供,乞求她赐给她们灵巧的手艺;
她们就着微弱的月光把一根光滑的丝线穿过针孔。(图 29)如果成功
就预示着获得了灵巧的技艺(得巧)。[4]

---

① Houdous(1929)1984:176 页。

②《新修鄞县志》1877:2/12b。

③ 见 Yuan Dinghua 1973。

④ Zhang Xingzhou 1973:81 页。Johnston 谈到七夕时并未将其作为一个妇女的节日,而是
简单地作为一个"有好兆头的、适合算命和抽签"的日子:"在前一大晚上(七月的第六天)
男孩与女孩把盛满水的碗一整夜地放在窗台上。到了早晨,每个孩子都从扫帚上拔下一
根苗,把它仔细地放在水面上(这里有个注释,补充说扫帚可以驱走鬼魂)。扫帚苗留在
水中的影子就是预示这个孩子未来的命运之签"。((1910)1986:190—191 页)。例如,
如果扫帚苗看起来像个刷子,它就预示着这个男孩将来会成为一名学者。这个节日的含
义,在各地都有不同的变化,对此已有相关研究。

图 29　七夕节"乞巧"。据 Nakagawa(1799)1983：42—43 页。

　　七夕节之于江南妇女的意义就体现在这些风俗中,同时也体现在女诗人们为七夕所作的数以千计的诗词中。七夕,凭借着它对孤寂的织女与焦急的牛郎的文学性的比喻,他们在天上的长久别离与一年一度在农历七月初七的相聚,人间女子们以穿针乞巧预测她们未来的婚姻,这些动人的传说,给诗人们提供了一种描写失意、孤寂与渴望的语汇,使他们不可抗拒地产生作诗的冲动,尤其是那些妇女。[1] 从下面这些诗就可以见到七夕之夜为才华横溢的女诗人从审美和感情上引发的灵感。

七　夕

秋宵淡烟渚,鹤驾俟天河。

---

[1] 有关七夕节的权威性的研究是 Hong 1988。有关七夕的英文说明,见 Tun 1965：59 页,以及 Bredon 和 Mitrophanow(1927)1982：369—374 页。尤见许权对一首七夕诗的翻译和评论,见 Robertson 1992：95—96 页。

桥成谢乌鹊,欢极哀情多。

稚女能乞巧,莫索云间歌。

惟怜弦后夜,孤影弄金梭。①

172
七　夕

绿润苔阶雨作丝,虫声唧唧报秋期。

人间万事皆情累,天上何曾感别离。

虚堂帘卷月如钩,花坞香清夜色幽,

新句欲吟吟更懒,小姑频促上针楼。②

七夕月台小饮诗以纪事

台高树色影苍苍,竹叶樽开暑气降。

素魄也怜良夜静,一痕移照碧纱窗。③

七　夕

寥廓微云送夕阳,相传此夜会牛郎。

173
蟾光初照河中景,鹊驾新催水上妆。

既到欢娱犹恨否,乍教离别亦情忙。

人间岂少经年隔,莫怨星槎是渺茫。④

七　夕

天上从教别思多,东西相望意如何。

自应悔作牵牛妇,赢得年年一渡河。⑤

　　如同这些诗所表达的,"七夕"赞美了真挚的感情,而女诗人们念

---

① 吴令则的诗,见 Liu Yunfen(刘云份)(1673)1936:69。
② 张玉珍的诗,日期为 1782 年,见《随园女弟子诗选》3/10b。
③ 张玉珍的诗,见《随园女弟子诗选》3/10b。
④ 沈宜修的诗,见 Liu Yunfen(刘云份)(1673)1936:72。
⑤ 韩佩的诗,见 Liu Yunfen(刘云份)(1673)1936:第三部分(新辑),25 页。

念不忘的却是别离与失望的痛苦,好像她们已经预见到了即将与婚姻俱来的缺憾和空虚。一年的辛苦是不可能靠一夜的欢乐来抵消的。

一些女性的七夕诗篇还会对织女加以讥讽,如:

七　夕

一宵夜话经年别,哪有工夫送巧来。①

还有一些诗句揭示了这一节日的阴暗面,比如这一首:

七　夕

人间更有黄泉别,鹊去桥空可奈何。②

或者她会借用两位女神形象来将死亡与长生间即刻的转换联系在一起:

七　夕

今宵须乞长生术,爪借麻姑药素娥。③④

死亡,这个隐藏在七夕节轻快的仪式之后的阴暗面,是第七章将要讨论的七月超度仪式的一部分。

---

① 《国朝闺秀正始集》9/2b。
② 《国朝闺秀正始集》11/6a。
③ 《国朝闺秀正始集》18/24b。
④ 爪的形象得自于"麻姑"的图像,她生的是"爪"而不是手。月中的女仙嫦娥盗得了她丈夫的长生不老药而飞向月亮(广寒宫),从此留在那里而与丈夫永远分离。

结　论

　　针对清朝中叶江南地区经济繁荣的情形，学者们在试图对农村商品化普遍深入的原因作出解释时，都强调中国分散化的生产过程主要集中于家庭手工业中。他们争辩说，这种分散化的经济组织降低了生产的风险并减少了产品参与市场竞争时的成本，因而有利于加速经济的转型并为商品化经济的发展增加了机会。但是他们始终未曾加以强调的，是妇女的劳动在这个独一无二的生产体系中所处的核心地位。关注税收稳定和家庭自给自足的国家当局承认妇女劳动是重要的中心，农民家庭也同样如此。他们以各种各样的途径来认可它：如宣称已婚妇女应该待在家里；如主张依靠家庭手工业生产既足以交纳赋税又足以养家糊口；如提倡办红白喜事时尽力节省，以保证家庭再生产赖以循环的开支。在江南地区的丝、棉、稻、茶生产中，女劳动力都担任着至关紧要的角色，其中的一些需要高超的技术（比如养蚕、缫丝和纺线），而另一些则不需要技巧而需耗尽体力（如施肥和踩踏水车）。而无论如何，每个家庭的生存都取决于妇女的贡献。

　　近年来李伯重[①]等学者对 17、18 世纪农业经济的生产力发展所作的追述，展示出生产力的提高取决于多种因素，包括对灌溉和水利工程持续增加的投入，以及由于移民与生育率的提高带来的劳动力供给的增长（例如，这使种植双季稻和养蚕这种劳动集约型的工作成为可能）。尽管还没人尝试去量化女性在这种经济增长中所担负的份额，但是毫无疑问，越来越多地使用女劳力对于家庭经济来说起到了至关紧要的作用。正如本章所阐明的，女性日益成为乡村劳动中的生产性

---

① 见 Li Bozhong 1984,1985a,1985b,1986。

成员，这基于多方面的原因：官方的政策、向上层流动的追求、增加家庭收入的动力，以及为交纳赋税而作的挣扎等。随着家庭中使用女劳力机会的增多，未嫁的女儿可以因自己的劳动能力而变得值钱，她本身也因其劳动或婚姻而具有了价格。妻子则靠着她们的技艺和能力，成为那些只能收获极低利润率的家庭所依赖的越来越重要的合作者。

那么，妇女在这种盛清经济中所扮演的关键角色，是否使她们本身受益呢？我认为这是有可能的，这样的情况降低了穷困家庭女婴的溺死率，使更多的女孩可以长大成人。即使有些家庭抚养不起女孩子，但由于她们是潜在的劳动力，她们仍然可以被领养或出卖而不至于被杀死。在天平中更为有利可图的一端，是将有姿色的女孩子抚养大然后卖到娱乐场所和妓院。至于转化中的劳力市场会怎样地影响到妇女的生活机遇，或者抚育子女的实践，或者农民家庭对待妻子与女儿的态度，对此我们找不到任何直接的证据，官方从不会有任何评论，农民也不会为这类事情写下文字记录。但是，纺织和养蚕既然有"摇钱树"之谚，[①]就表明了妇女的劳动是农家在当前得以生存和在日后使后代得到向上层流动机会的关键。除这些单纯的经济考虑之外，妇女在家中安守本分对于农民家庭来说也是值得尊重的最有力的标志。最后，妇女的针线活给无数女人提供了妆点节庆和吟咏诗文的意象来源，让她们能以自己的方式赋予"女红"以新的含义。凡此种种都可说明，妇女的劳动是清中叶经济转型的关键所在；而且我们还可以说，妇女们自己也得以从中获益。

将妇女劳动在家庭经济中起到的作用补写进中国妇女史，听起来是一件好事。但是这也引起了史学界对经济转变的步子与方向等诸

---

① 见本书 134 页图 19（译著中图 19 位于 182 页——译者注），这些民谚反映了当时人的看法："纺车就是摇钱树，天天摇天天富；"还有"男人摘桑，女人养蚕，四十五日就能见钱"（引自 Arkush 1984：468 页）。

多问题的讨论。许多学者一直想了解清朝时期棉纺工业的稳定性——有人甚至将其称为"陷阱"。[①] 而特别是，为什么显然可以与传统纺织技术相容的节约劳力的革新未能出现？[②] 有一个很具戏剧化的例子，事实上，中国在 14 世纪就引入了水力织布机；但是这种曾经投入使用的先进技术在清朝却被废弃或明显是被遗忘掉了。[③] 中国政府和精英阶级对于在手工业生产方面引进技术革新的极端忽视可以归结为多种因素。伊懋可（Mark Elvin）认为，帝国晚期的人口增长导致了劳动力的过剩，从而阻碍了节约劳力的技术的发明，并导致了对旧有的单纯使用机械动力的生产技术的废弃。[④] 他指出，尤为重要的是，在生产集中于家庭的地方，发明节省劳力的技术的需求是很少的，因为家庭手工业对于劳力的使用比较灵活，可以根据需求的涨落来调节劳力。随着棉纱生产日益集中到劳力较为廉价的个体农户家中，那些拥有染坊和砑布作坊（现在它们已经被剔除于生产过程之外）的批发商人们越来越依赖中间商和经纪人为他们提供布匹。伊懋可推断，由于生产的组织者受到蔑视技术实践和应用性知识等思想（诸如儒家礼教）的消极影响，在棉纺织业不会出现技术的突破。[⑤]

与此相类，一个中华帝国晚期为"无工业化的商品化"的论点，可见于黄宗智（Philip C. C. Huang）对 14 世纪以降长江下游地区经济变迁的研究。比较了长江三角洲和华北平原的农业经济之后，黄宗智又补充了一个因素：通过他的观察，长江三角洲地区乡村劳动力"最为重要"的一个特征是"一大部分具备生产能力的劳动力——尤其是妇

---

① Elvin 1972。

② Dietrich 1972：113 页。他特别提到了"萨克森"那种织机，上面带一个纱锭和飞梭的纺轮。

③ Elvin 1972。

④ 同上。

⑤ 这场争论在 Elvin（1972）中有更充分的阐述。

女——游离于劳动力市场之外"。而他认为,限制妇女劳动能力发挥的一个主要原因,是人们"文化的束缚不利于妇女走出家门,此外,管理女劳工时还要遇到这些文化束缚所导致的后勤保障的困难"[1]。他还大胆地假设,在轻工业中关系重大的妇女劳动力的短缺,是20世纪初期中国工业化进程发展缓慢的原因之一。

带着这些问题来回顾清朝这一盛世,我们就可以用一种新的眼光,来看待那些努力抬升家庭手工业中女劳力价值的经世文章和教化风俗的运动。一方面,清朝官方未能阻止一个有技术的工匠阶级在城镇中出现,哪怕这是他们的目的。在长江下游地区遍布着为大宗布匹生意进行生产的店铺,聚集了大批熟练的织工、染匠和砑光工,操纵丝织业的账房也无所不在。如白馥兰指出的,这些技术工匠的崛起,使清朝对妇女家庭手工业发展的呼吁显得虚伪而空洞。[2] 但是这种所谓工业化的失败却戏剧性地表现了清朝官员发起的怀旧、保守的运动获得的巨大成功,那些运动既符合官方的也符合他们自己作为大家族家长的利益。每一个新娘都有服侍夫家父母的义务,这个义务与清朝政府将男女劳力固定于乡村的优先政策简直符合若契。结果是,在手工业发展以及贸易、行会已经形成一个繁荣的网络,并已经引起晚清政治经济变动之后相当长的时间之后,农村家庭中年长的夫妇和清朝的官员们在促使妇女回家工作的问题上仍然是坚强的同盟。盛清的官员和农村大家族的家长们合力制造的"文化束缚"导致了工业化前夕可供使用的妇女进入中国工厂的人数下降。

---

[1] P. C. C. Huang 1990:111 页。Schneider 关于西西里的著作(1985)在提到"文化模式使妇女的劳动难以转化成获取生产性收入的行为,这已经阻碍了农业的转型和经济的发展"(81 页)的同时,也证实了妇女的家庭刺绣作为一种收入来源,也变得越来越商品化。

[2] 见 Bray 1977。Bray 曾将她与我互相修改过的手稿慷慨相赠。我还要感谢她质疑我最开始对史料的解读方式。

如果对国家来说结果是这样,那么它对于妇女意味着什么呢? 白馥兰的看法是,明清时代的中国妇女已经丧失了古礼将家庭劳动划分为"男耕女织"的话语所赋予她们的经济权力。她指出:到盛清时期,当熟练的男织工占据了纺织工业中高报酬的一端,而将非技术性的、报酬较低的工作留给妇女的时候,"男耕女织"一词便已经沦为一种说教了。她认为,如果有更多的妇女学习纺织技术,那就简单地意味着在帝国晚期,与男性相反,女性在经济上机会不仅没有增加,而且更为减少。① 当然,仅以官样文章作为证据,还不足以回答妇女在经济上的作用这类重大的历史问题。不过这些证据却迫使我们认识到,盛清时代关于妇女工作的纸上论说确实对劳动力状况产生过可见的影响,而且这些论说产生的——以及家族制度和家族制度依赖的价值观所产生的——种种影响,都是试图寻找中国走向现代经济发展独特道路的历史学家所必须认识到的。

---

① 见 Bray 1977。这可能会让欧洲历史学家们联想到 Judith Brown 对于妇女在文艺复兴时期经济上所起作用的修正。Brown(1986)论证了文艺复兴时期佛罗伦萨的妇女的确开始担任新的经济角色,但仅限于那些因男人为获取更高薪金或找到需更高技术的工作而抛弃的部门。

第七章　虔　信

　　第六章关于"七夕"的描述,展现的是盛清时期妇女生活中仪典的一小部分。妇女平时奉行的典礼仪式和女性虔信修行的活动,从女性的诗作和民谣里、从朝廷有关皇帝出巡和经国策论的记载中,展露出一幅更为广阔的画面。这些证据使我们得以研究妇女在各种场合的宗教行为,并认识到,当虔信的主题在诗作中逐渐深化发展的同时,它如何扩张了女性精神生活自主性的范围。在个人层面,正如我们所知道的,宗教语言、宗教信念、宗教的形象和行为贯穿了女性生命的整个历程。但是妇女的精神生活也有一种四季的节律,每年一度,到了七月这个当口,便在邻里共庆七月诸节的仪式中达到高潮。在许多其他的方面,女性的虔信和精神奉献超越了个人的范围而影响到大家庭与社区。盛清士大夫阶层中,俗家妇女的虔修是受人崇敬的,而妇女的学识又进一步加强了修行的力量和尊严。换言之,尽管女性的宗教体验是十分私人的事情,它却也是人所共见的一件事。在家里,妇女也许会简单地选择茹素或独自诵经来表现虔诚。女孩则或许在刺绣时采用宗教题材作为图样。学画的学生可能试着描绘观音大士。① 俗

---

① 观音菩萨最初是作为印度的一种画像进入中国的——最初是一个男神,梵文为Avalokitesvara(阿婆卢吉低舍婆罗),是慈悲的菩萨,有时被描绘有一千只手。早期的画像资料显示,观音塑像可能是愤怒女神 Tara 与一个中国本地的神祇相结合的产物。这个中国本地神祇是一个名叫妙善的公主。根据现代版的妙善传说,这位公主只要(转下页)

家妇女会亲自抄写佛经,或付钱给书法好的人替她们抄写,或为了某
一桩特定的功德邀请家庭成员共同参与抄写工作。上层社会里,博学
的女性在诗歌中吟咏宗教题材。许多这样的诗歌由作者有意题"示"
给她们的孩子或女仆人,而另一些则小心地保存在文集中。虔信可能
是个人之事,但即使在家庭里它也从不是秘密或专属于私人。

在家庭以外,妇女的精神生活也是可见的,尤其当她们去邻近的
祠堂参加葬礼、上供,或者去山中的佛殿和寺院参拜的时候。这时妇
人的虔信往往有些越轨的嫌疑,成为有争议的话题,因为这样做一不
小心就会破坏了士大夫官员学者们熟悉并喜好的那些家庭角色和家
庭责任。

妇女们通过语言、手势和佛教的表记向其他信众表达亲近。她们
的佛教语汇得自盛清朝廷所资助的众多寺庙尼庵,这一现象也揭示出
这种宗教体验本身的历史独特性。18 世纪的诗人梦见的观音是一尊
安身在 18 世纪江南水乡中间的形象,那就是这一带的女信徒们人人

(接上页)结婚就可以继承她父亲的王位。但她拒绝了,她说:"我知道违背可敬的父王的
命令是罪过,但作为一个女皇的尊贵就如小溪反射的月光,当早晨一到,它就消失了。我
只想静坐,并祷告神祇使我完美。我想去照料病人,帮助穷人。我不想结婚。"(Capenter
1945:32 页)于是她的父亲便拿走她的所有华衣并将她扫地出门。但风与月亮给她带来
食物与温暖。她恳求到白雀庵出家,得到她父亲的允许,但又命众尼姑将所有最重的活
都交给她干。但是天上的玉皇大帝看到这一切并怜惜她,命"神龙为她汲水,猛虎为她伐
薪,朱雀为她择菜"(33 页)。这使其父愈加恼怒,他一把火将尼庵夷为平地。但是从火中
冒出的青烟却将妙善的祷告送达上天,一阵大雨将火浇灭。最后,其父竟然要用巨斧将
她的头砍下,但她又一次被玉皇大帝派来的猛虎救走。她被带到了冥间,她把冥府转化
为光明之国。接着她回到尘世,率领着冥府所有的鬼魂。在某地,她遇见了不死之神,不
死之神给了她长生不老的仙桃。最终她来到浙江舟山群岛的普陀山,盛清时期,她在那
里被顶礼膜拜。也有传说她又回到人间去帮助她父亲。在故事的另一种版本中说,她父
亲后来得了重病,她从自己臂上割肉当药,将她父亲治愈。于是,出于感激,他命人给妙
善塑一尊手眼完全的塑像。雕工听错了命令,因此把妙善的雕塑做成多手多眼。当她拒
绝离开人世去天堂的时候,她就被转化为观音菩萨。见 C. A. S. Williams 1976:244 页。
这个观音传说的版本显然是将她的印度起源与中国理想的孝女与贞女形象结合在一起
了。Reed(1992:160 页)曾强调指出,观音崇拜还有另一方面的结合,也就是说,它是将
净土宗与《莲华经》的艺术形象和虔诚传统相结合的产物。

熟悉的南海观音——供奉她的中心地点在盛清时期得到清廷的布施而重建。官员们抨击妇人虔信的文章则为我们揭示了另外一种类型的历史联系。18世纪江南的地方官们立志于从根本上革除妇女朝山进香和参拜寺庙这一类的宗教仪式,他们的作品使得我们能从另一个角度来观察虔信。从另一个角度来说,作为女性私人体验的宗教行为既被国家支持又被国家攻击,这也再一次将女性置于盛清时期的中心位置。

为了研究妇女的宗教行为,本章从妇女一生之中常常都在顶礼膜拜的诸般仙佛开始谈起,然后说明它们在一年一度的七月诸节以及平时追求长生不老的过程中各以怎样的形象出现。本章的后半部分将探讨女性在家庭生活中表现的虔信,并将妇女这些私人的仪式活动放置在盛清时期整个社群和国家的大背景下加以研究。

菩萨:保护者和教导者

在人生的每一个阶段,女性都需要向一些特定的神祇和经卷去寻求指点和慰藉。而在每一阶段,观音菩萨的地位都是重要的,她的庄严妙相几乎出现在所有的女性祭拜仪式中。

小孩子最先认识观音菩萨,是在观音生日的前前后后那些天里举办的庙会上。在她三个生日之中最重要的那个——农历六月十九日的前一天,彻夜都有人聚成热闹的人群。到了早上,通往观音庙的道路沿途就会排满高悬灯笼幢幡的茶棚,在那儿香客们可以休息、洗手、喝茶、念诵佛经。一群群的香客里面,有些是带着孩子的母亲,另外一些则是结伴出行的未婚年轻女子,正如19世纪早期有关南京的这则记载:

> 诸姬之心出家者,相率斋戒素服而来。贝叶低宣,莲花
> 悄合。香舆小驻,借以眺览湖山。简斋太史诗云,观音无别
> 乐,受尽美人头。观此益信。①

18 世纪的扬州城附近,观音的三个生日②都成了香火旺盛的日子,涌上山的大群香客为全城的商铺和饭馆带来了好生意。进香的前一天,每个香会要准备一台神轿,会员们都要斋戒、戒绝不净的行为并贡献祭品。到了正日子,檀香和其他的香木都被装在一个布袋里,上面写着"朝山进香"。每群香客都举着经幡、香伞、华盖、灯笼,还有一面标明堂号的旗子,队伍的最前面通常是一个用来驱鬼的大火炬:"土人散发赤足,衣青衣,持小木凳,凳上焚香,一步一礼,诵朝山曲,其声哀善,谓之香客。"在路边,乞丐求人施舍,卖水的小贩摆出供香客们洗手的盆子。③

对于未婚的女孩来说,观音的形象是一个不愿出嫁然而始终孝顺父母的女子。对于道德冲突的这样一种绝妙的解决,是观音传说的一个组成部分,这传说的一个版本据说早在 13 世纪已经由著名的女学者管道升记录下来,管道升本人在盛清是极受推崇的。④ 故事绘声绘色地描述了一个矢志不嫁的公主妙善如何地尽孝,她为了救她父亲的性命,不惜挖掉自己的眼睛,砍掉自己的手。当她父亲过后知道了她作出的牺牲,她的眼手处分别长出了一千只眼和一千只手,这样她便

---

① 《秦淮画舫余录》:1/25b。
② 观音的生辰是在二、六、九月的第十九天。其中第一个是她实际的生日;第二个是纪念她成为般若(enlightenment)的日子;第三个日子则不一定,有时作为她涅槃日子,有时作为她首次披上珍珠环,象征着她拥有神圣的权力。见 Doolittle 1867,1:261—162 页。
③ 李斗(1794—1997)1984:16/347.
④ 从一个原始版本的重印本翻译过来的完整译本,见 Dudbridge 1978:40—42 页。部分见 Zong and Liu 1986:885 页。

成为一位千手千眼的菩萨,能够"观世间众生称名音声",寻声救苦——这个故事,18世纪观音的信奉者都耳熟能详。

　　盛清关于观音的传说强调的是女子对婚姻的抗拒以及在父母之 [181] 命和女儿的精神自主性之间出现的冲突,它最早出现在题为"香山宝卷"的一种宝卷上,该卷已知存世的最早钞本年代为1773年。① 这部卷子也讲述了妙善的故事,不过说的是她如何违抗父命不愿结婚。她的抗命惹恼了父亲,后者首先将她送入尼姑庵,然后又试图通过烧掉寺庙杀了她。她被一个山神搭救,并被送到尸林。地藏王菩萨收留了妙善的魂魄,指引她穿越一层层地狱。她向地狱中受苦的鬼魂讲说佛法使他们一一得到度脱,阎罗王为了不让她把囚禁的鬼魂全部放走,只得允许她再次回到人间。

　　这些记载中,稍后被神化的中国公主妙善的传说与原本是男身的观音菩萨的故事交织在一起了。杜德桥(Glen Dudbridge)指出,这许多种中国的观音传说实际上描写出一个将凡人转化为神仙的根深蒂固的习俗。② 故事由于强调性生活和分娩何等污秽、抗命不婚的贞女何等清净而得到饱受婚姻压制的妇女们欢迎。同时,这些故事又强调了子女必须报答父母的生养之恩。妙善虽然不遵从父亲的迫切愿望,却返回人间疗救他的疾病,用自己的健康双手替代父亲正在坏死的肢体,并且贡献出自己的眼睛给他作为药饵。当妙善通过向父亲指明正道使他得到精神拯救的时候,我们能够发现存在于中国女性神佛传说中的共同主题:人界和仙界的相遇。③ 在这样的相遇中,地狱旅行导致了妙善化身为观音菩萨,④而她的故事也告诉孩子们如何在终极意

① 于君方(Chvn-fang Yv 1990)一直在研究这部经典,他的著作是笔者的主要依据。
② Dudbridge 1978:85—98页,尤见于92—93页。
③ 见 S. E. Cahill 1993。
④ Dudbridge 1978:92页。

义上尽孝:那就是遵照礼数供养父母的亡灵。

对这个故事进行最终解读的话,那么,妙善首先是通过死亡和进入阴间的旅行,使自己与尘世的身份决裂。在阴间她目睹了正在穿越九重地狱的鬼魂们在各个阶段经受的折磨,并且出于怜悯超度了她见到的每个魂灵。这一举动反过来改变了她自己,成为她脱离阴间的基础,并使她本人在阳世获得了新的地位,她摆脱肉骨凡胎,成了真正的神。

通过这样的方式,本来不足为征的观音故事便被灌输给各个年龄段的女子。作为一个女儿,观音的独立追求和执拗的愿心吸引了许多没有出家的青年女性,陶善便是其中的一位,她独有的家庭环境为她提供了读书、写作、诵经、坐禅的自由,但不让她摆脱婚姻的束缚。① 同时观音大士证成道身、跳出轮回生死的故事,为年老的寡妇带来了丈夫死后她们过上一种新生活的期望。即使是那些未嫁而婿死,却因严守三从四德,仍然坚持到夫家生活的守志女子,也可以在这种佛家的虔信中找到她们的慰藉。

一系列俗家女子传记中的故事不仅将虔信解释为内心的安慰,同时也说明它所能带来的机会。一位人称谢贞女的女子,她在 18 虚岁时未婚夫夭亡,她仍归婿家,入门拜继姑,行庙见礼,然后便开始了守节的生活,终日恭谨地操持家事。她拒绝了婆婆为她提供的财政资助,而要求购置土地请人代为照管。她看到,积蓄下来的收入应该可以支付亡夫下葬的费用以及到时安葬她的公婆,而抚叔之子为己子。她的愿心有了效验:她预测到自己的死日,并要求周围的人在她咽下最后一口气时,为她焚香佛前,自己则合掌称西方佛号而终。② 另外一个类似的故事记载一个寡妇过着一种虔修行善的生活:晚以家事委

① Beata grant 管佩达,(1994:58—59 页)谈到,虔诚的陶善在她妹妹死后只写宗教诗篇,由于专心于佛教典籍,她在订婚之后好几年才正式结婚。
② Peng Shaosheng 1872:下/32a—b。

子妇,屏居一室,自爨为食,留田四百亩,收其所入,以供施予。①

佛教的信仰和理家的操作是彼此支撑的,被责任压得喘不过气来的妇女利用打坐和做功德来集中心神,暂时逃脱生活的压力。明朝袁表(1533—1606)及其诸兄弟的文集中,在 17 世纪晚期所作的一篇很能说明问题的行述怀着敬畏记录了他们母亲持家的精明能干:尽管日子清苦,她总是能从家庭用项中间设法撙节积蓄,从没有让丈夫的家庭背负过债务。当他们问及她有什么诀窍能把事事都处理得这样游刃有余,母亲回答说,静坐参禅使她的头脑保持清醒。② 我们见到,即使在恽珠婚后生活最为忙碌的岁月里,她也不忘时常静坐,念诵雅洁的《楞严经》。③

在女性心中极为生动而又是多层次、多侧面的观音形象,时常出现在她们的睡梦里、画卷和刺绣中。诗人钱蕙甚至“能以发代丝绣古佛大士像及宫装美人,不减龙眼白描”④。画家陈书在 53 岁的时候画了一幅描绘观音从海波中现身的作品。⑤ 青年守寡的章有湘本打算自尽,但是后来尽遣其余生致力于抚养儿子和刺绣佛像。在一首表示决绝的诗中,她不肯再回首早年的婚姻:

不死丹心终化石

余生青鬓总成霜⑥

183

---

① Peng Shaosheng 1872:下/30b—31a。

② 引自 Yang Lien-sheng(1987:21—22 页)杨联陞为余英时所写的序言。原文见 Qian 1939:12,15,18 页。

③《国朝闺秀正始集》,“弁言”1a。

④《国朝闺秀正始集》,8/18a。钱蕙为观音以及宫廷仕女作的肖像画无疑是对“虢国夫人游春图”之类卷轴的临摹。复制品见 J. Cahill 1960:20 页。更早的一位临摹大师李公麟的技艺,见 Sullivan 1967:178—179 页。

⑤ Reed(1992:163 页)在台北故宫博物院 1985 在台湾举办的一个展览上见到了这幅画。

⑥《国朝闺秀正始集》2/7b。

出身于闺秀诗人辈出的文学世家的毕沅的妹妹毕芬,给自己取了这样一个别号:"绣佛女史。"①

刺绣观音像确实是一种精神的奉献。但同时它也是一份充满才气的艺术创作、体现女性纯洁与真诚的一个标志、对自身涵养的一种修炼。在绣佛这件事中我们看到了包容在女性宗教奉献中的复杂含义。儒家的价值、佛教的虔诚、个人的才能和创造力,一切的一切都凝聚在绣制佛像的针尖上。

七月诸节

观音的传说应允人们,面临嫁期的年轻女孩即使要忍受痛苦甚至死亡,但最终她们会得到精神的超脱与不死。一些女孩子的遭遇告诉我们,观音的故事并没有夸大婚姻的可怕前景。女儿在考虑父母为自己安排的婚姻时也难免不时时想到结束生命的可能,因为她新嫁娘的命运将掌握在一群陌生人的手里。

妇女在农历七月的节庆围绕着那些闺房的主题:生活、死亡、结婚、分娩、超度。仪式使生死成为更加明白易懂的现象,可以想象、可以控制。我们已经知道,七月的头一个节日是七夕,它庆祝女性的劳作、灵巧、好姻缘和多子多孙。这个节日的渊源告诉我们它本是"饿鬼节"的一部分,饿鬼节在18世纪以后移到农历七月十五去庆祝了。②

---

① 《国朝闺秀正始集》14/17b。

② 有关该节日的众多名目,见太史文(Teiser)1988:8页及以下。学者们所一直争论的"双七(七月七)"的双重意义,即死亡与再生、失去与更新,代表的是一种古老仪式的残余,它贯穿于七月一个整月。见劳格文(Lagerway)1987:18—24页。劳格文引用石泰安(Rolf Stein)的说法,认为节日都与所谓的三个开端之日有关,即庆典都在正月、七月和十月的第十五日举行,但实际上它们最初都是在这些月的第七(或第五)日举行的。余英时(Yu Ying-shih,1981)曾经指出在古代文献中经常使用"既生魄"一词,意为上弦月之开始(类似地,有"既死魄",意为下弦月之开始),余英时认为这些词汇表示了在灵魂与 (转下页)

在长江下游,潮湿闷热的夏季容易造成各种疫病特别是疟疾的蔓延,因此七月往往充斥了疾病和死亡。七夕节仅仅让人暂时忘却这个阴森可怖的"鬼月",大地依然湿热,女眷们在偶尔拂过的凉风中间微微地颤抖着。[①] 为了保护自己,在七月半到来的前后若干天里,街坊邻居们都要凑份子请来和尚道士打醮设斋,喂饱并安抚鬼门大开的期间从阴间漫游到人世来找寻食物的孤魂和野鬼。

中元的庆典是中国东南沿海祭奠亡魂的一整轮节日中的一个部分。在满月时举行的这项仪式被认为是光明的节日。荷叶做成的灯笼上面托着小蜡烛,人们用它们来将迷失的灵魂送入正途。鬼节那一天,各家寺院的信众都在被称作盂兰盆会的仪式上,遍点灯笼、背诵佛经,将地下那些受苦的灵魂引领着渡过苦海、往生净土西方。[②]

七月飨饿鬼的食物更多的是为了喂饱"孤魂",它们是那些在祠堂里没有牌位或死时没有得到像样埋葬的亡魂,据说它们会在人世间游

(接上页)不断消长的新月之间存在着的古老联系。余英时还认为这些词汇是解读织女、牛郎以及西王母传说的一把钥匙。汉代传说记载汉武帝与西王母在正月七日会面,牛郎织女在七月七日会面。西王母的形象经常出现在汉墓中的随葬物品上,象征着宇宙循环的更新者、秩序的修复者——它们曾被死亡所搅乱。以重生与性欲为主题的神话在中国的葬礼上随处可见。(Yv Ying-shih,1981:84 页)。鲁惟一(Loewe)以一种类似的口吻谈道,西王母与织女的传说有一个共同的来源——"通过每年夏天与冬天的两次聚会,彰显出宇宙的生生不息"(1979:119 页)。并见 Teiser(1988)对中世纪时代鬼节背景的分析,这一分析强调了在佛教与道教中七月十五这一节日(鬼节)的重要性。

① 见 Yuan Dinghua(袁定华)1973,也见 Zang Xingzhou(张行周)1973:82 页对宁波各种仪式所作的描述。

② 见 Tun 1965:61 以及第 60 页的图示。七月中旬是一年的中点,是成熟、日夜长短、衰败的转折点。见 Lagerway 有关中国节日的历表:"七月是……供奉那些在地狱受苦的孤魂野鬼的最重要时期。这样的供奉——普度时节——整个七月一直在持续,但它的最高点,即使由僧人执掌仪式时也一样,则是在七月十五。"(1980:20 页)在普度时期,活着的人们努力通过供奉或者超度的形式平息恶鬼的怨气,使他们离开地狱升至天堂。从历史上看,至少早在唐代,七月十五已经被社会各阶层普遍认为是重生的日子:皇帝将第一批收获的果实呈给祖先;普通百姓将其视为"生死结合点"(Teiser 1988:26 页)。印度的僧侣将七月十五作为夏天静修结束的标记、忏悔之日、新年的开始、穿新袈裟的日子。在道教中,这一天是审判日。

来荡去，俟机报复。施食拜忏喂养它们并帮助它们来世投胎投得好一些的施主就积了德，这份功德据信还可以转记到其他亡魂的账上。这样的施主对观音大士更是特别诚心地信奉，因为她护佑那些"横死"的人，比如死于分娩的妇女，她们的灵魂需要格外的援救，才能耐受血盆地狱的煎熬。[1] 通过这种方式，七月诸节有助于人们表达和纾缓围绕着死生大事产生的忧虑。

葬礼和中元节的仪式与七夕异曲同工，使被生死分隔的人能够再次联系，[2]这多亏了观音菩萨和妙善传说中的另一位菩萨：地藏王。[3] 女信徒们最喜爱的《妙法莲华经》便告诉她们在信众面临死亡的时候，观音或者地藏菩萨会出面帮助。只要她默念着菩萨的神力，她便能得救而出离"阿修罗、地狱、饿鬼、畜生"等所有各种恶的处境。[4] 对于新鬼来说，在它们渡过阴间这道关口的时候菩萨的帮助尤其重要。在阴间，它们要在阎罗殿上经受关键的审判，这个阶段在死后持续七七四十九天，最终以它们转世投胎作为结束。在死后的 49 天里以及每年的忌日和鬼节，亡人的亲属们都要举办仪式呼唤观音和地藏王的到来。这样的仪式既能帮助亲人积德又使死者能安然超度。为了他们，居住在阴间的地藏王要向阎王挑战、打乱因果报应并将受到诅咒的亡魂解救出来。[5]

---

① 见 Sangre(桑高仁)1983：18 页。

② Teiser 论道："七月带给织女唯一一个跨过银河与牛郎见面的机会，就像鬼节带给住在阴间的鬼唯一一个机会回到阳间看望他们所爱的人一样。"(1988：30 页)他注意到这与 Mikhail Bakhyin(1984：8—9)所描述的那些与宇宙、生命和历史时期之间有着同样联系的诸多节日之间的相似之处。

③ Chun-fang Yu 注意到，在敦煌唐代壁画艺术中，地藏与观音经常成双出现(1990：229 页注 1)。

④ 引自 Dudbridge 1978：94 页。

⑤ 小说《红楼梦》中详细描述了贾府举办的一场规模宏大的丧事："这日乃五七正五日上，那一应佛僧正开方破狱，传灯照亡，参阎君，拘都鬼，宴请地藏王。"(《红楼梦》第十四回，189 页)同时，"那道士们正伏章申表，朝三清，叩玉帝；禅僧们行香，放焰口，拜水忏；又有十三众尼僧，搭绣衣，靸红鞋，在灵前默诵接引诸咒，十分热闹"(《红楼梦》第十四回，189—190 页)。

七月最后一天的地藏王生日标志着鬼门关终于再次关闭。在这一天家家的小孩都要在地上插上成排的香棒（"插地香"）。有关这个"末日"仪式的一份记载说，主持仪式的法师头戴昆卢帽，那是毗庐遮那（Vairocana）佛的象征。法师一边念颂着赞、偈、经文秘咒，一边混合水和米画出上下四方，这时他是四方的中心人物。在仪式的高潮，他一边念着咒文赞叹观音救苦救难的神力，一边做手势结出观音接引的手印，并将心念完全集中于观音菩萨。当他从专意观想的状态复出时，他宣称自己已经与观音合而为一。这标志着他现在具备了"破地狱"的能力，就是说放射无数道光明使鬼门关为之洞开。然后他复述着地藏菩萨的誓言："众生度尽，方证菩提，地狱未空，誓不成佛。"至此他开始呼唤地藏王和一切大慈大悲的诸佛菩萨来迎接无主的孤魂。然后他念起梁皇忏，施放甘露法食，超荐亡魂们往极乐世界去重生。此时，可以说他就是观音，或者说他重演了观音的经历。①

当法师主持七月的最后一个仪式的时候，俗家妇女们脑海里浮起的却是目连救母亲脱离因生育而堕入污脏处所的故事。在地藏王的生日，每个生过孩子的女人都要从身上脱下她专门为这个仪式染制的红裙子，生过一个孩子就要脱一条。脱裙子的习俗仪式意味着使她免除以后生产中的危险。②③ 观看过这个仪式、点过灯笼也看过目连救母杂剧的孩子们，从此就知道了男孩目连下到幽冥地狱拯救自己母亲的故事。④ 他们逐渐认识到沟通幽明两界的责任可以被一个孩子承

---

① Dudbridge 1978：95—96 页。

② 原文录自《集说诠真》，"是日吴俗有妇女脱裙之举，裙以红纸为之，谓曾生产一次者，脱裙一次，则他生可免产厄"。——译者注

③ Wener 1961：497—499 页；Zong and Liu 1986：489 页；D. Johnson（1989）对目连传说作了透彻的分析。

④ David Johnson（姜士彬）注意到"目连戏文"整年都有表演，尤以七月十五日为最。他举了大量在长江下游地区发现的这类例子，特别是在绍兴附近（1989：8 页）。

担起来，懂得了当母亲痛苦或垂死的时候，孩子们——尤其是儿子——有责任拯救她。在葬礼上儿子的作用有时表现为摔破瓦盆，有时要喝下一碗象征性的经血，这样就可以使亡母得到净化并从炼狱中得到解脱。[①] 孩子们同样可以用别的方式得到菩萨的帮助，比如在一份居士的传记中，一个男孩通过称念白衣观音的法号 12 000 次使她显灵。每呼唤 1 000 次代表一年，他恳求她减少自己 12 年（一纪或曰一周）的寿命，把这份寿数加添给他垂危的母亲。[②]

七月的仪式不仅仅是祭奠生死，对于女性来说，这样的仪式同时造就了孝顺的儿女和可以净化她们、超度她们的保护神。这种由父母和小孩乃至整个社区参加的集体仪式与老年妇女偏爱的内向、独处的宗教修炼殊不相同。同样，它们也区别于那种在家庭内部女性和男性分别进行的仪式，它们的作用是将妇女与她们男性亲戚的宗教行为整合在一起。

家宅以内的宗教仪式

186　　　污垢、疾病和死亡是妇女在家庭里日常关心的内容，也是她们精神生活和宗教生活集中的焦点。她们在闺中祀奉的神是照管她们这些日常话题的。家中供奉的女性神祇与灶神一样，只管辖这一小方天地，灶神归男人们祀奉。[③]

---

① 有关的解释见 Seaman 1981；在他观察到的仪式中，"血"是用酒染色而成的（389 页）。
② Peng Shaosheng 1872：下/33a。
③ 一直有学者争辩说，地域性的神祇是只有男性才能供奉的，女性则转向那些不存在地域范围和社会边界的神祇。这里我特别注意的是 Sangren（1983：18）的说法，他强调，观音"部分是由于她的性别，……而成为某个社会群体关注的象征，这个群体不是被任何以血亲关系和地缘关系所整合的，而这是那些以父系的祖先崇拜和地域性的男神祭祀所无法做到的"。但对厕神紫姑（Privy Goddess）的崇拜却表明也有女性供奉的地域性神祇。事实上，女性对家族神灵以及对观音一类神祇的双重崇拜，使人联想起由 Laurel　（转下页）

家庭内最为妇女重视的神是"紫姑",也就是厕神,之所以这么称呼是因为"紫"字是"厕"字的一个听起来较为文雅的谐音。她的崇拜者严格地限于家中的妇女,她从不出现在庙宇中,也不为男性所拜。据流传的说法,她与何仙姑同为唐朝武则天时代(684—705 年)的人。紫神对女性来说体现了多种含义。在一种说法中,她被认为是一个妾,被妒忌她的正房夫人杀害在厕坑里,武则天后来封她为圣。这个故事反映了性事上的争风吃醋以及家庭内部的纷争。另一个说法与三姑或称坑三姑娘有关,她在神话中商周之间的一场战争中被击败,死后封为神仙。坑三姑娘的象征物是代表妇女多产和能干的两样吉祥物品:金马桶和金龙剪刀。"厕"的意义体现在坑三姑娘名字里的"坑"字上,这指的是一种红漆的马桶,也用作接生时的容器,它是每个女孩子出嫁的一份必备的嫁妆。

不论这位女神的起源是什么,她所掌控的领域是和秽物以及人类的排泄物有关的家中一角,是男性避开的地方。就像织女一样,紫姑也给那些向她献上供品的人赏赐一些好处,她的节日也像供奉织女的七夕一样给人们带来丰饶和众多的子女。在一些地方传统中她是蚕桑的保护者并预报丰收。每年祀紫姑的日子在农历十二月二十九的夜里,那一天所有接近青春期的女孩都要为她献上一个盛满装饰品(耳环、花、发簪)的小粪筐。在上供的时候,女孩子们将舂碎的米洒在燃点香烛的供桌上。她们一边向紫姑询问心中的大事,比如来年收成好不好,或者一些更体己的问题例如能不能找到如意郎君,一边凝神注视着碎米,要从其中看出针线、烹调用具或者花朵之类的图样。小筐移动就表示她们的问题有了回答,问题一个接一个,筐子也越来越

(接上页)Kendall(1987)注意到的朝鲜家族内的双重宗教结构。进一步的研究将会告诉我们,跳神和其他女巫师(在本章中只有简短的提及)对中国家族的崇拜仪式也是非常重要的。

沉重,持续到女孩拿不动它为止。①

女子对于厕神的奉祀与供奉灶神的男性世界是有一定联系的。当灶神用了一星期时间把一家人的所作所为悉数向玉皇大帝汇报以后,在他下降回宅的那个夜晚,女人们正在祝告厕神。一年一度的新年里只有男人负责在灶神面前好言祝祷,不过,在江南的民间传说里,灶神与织女、与厕神都有些沾亲带故。一个苏州的传说认为灶神是织女的父亲,而织女是他第七个女儿。② 在其他江南的传说中(如嘉定),厕神是灶神的七个女儿之一。通过这一层孝亲的关系,厕神把家宅内妇女的祀奉活动与其他由男性主持的、祀奉家神的仪式联结到了一起。③

不论是单属于妇女个人还是属于家宅内的全体妇女,上文提到的种种示相化身、民俗仪式、精神修炼等,它们的影响都超越了信徒一己之身,而把她们与精神生活、宗教想象以及寺院制度等更广阔的结构联系起来。准备经受出嫁、育子、疾病、衰老和死亡这些考验的时候,妇女就是在这样的背景结构中,借着经文和师傅的帮助,在闺房中与外面的世界对话。

师傅、愿心

闺房是厕神坐镇的场所,她的神通局限于自家这座宅子。不过妇

---

① 录自《集说诠真》:"今俗每届上元节,居民妇女迎请厕神。其法:概于前一日,取粪箕一具,饰以钗环,簪以花朵,另用银钗一支插箕口,供坑厕侧。另设供案,点烛焚香,小儿辈对之行礼。案上摊糁白米,扶者将箕口紧对糁米,银钗即在米上乱画,略似笔砚剪刀花朵等形。祷者问其年岁若干,则箕口点若干点以示之。扶箕女谓乱画时粪箕微觉加重,且转动亦不能自由。"——译者注

② Chard 1990:168 页。稍后 Chard 又讨论了以下这个矛盾:一方面,祭灶仪式和灶神古已有之的权威都没有女性插足的余地,另一方面,民间传说和虚拟的家系把男神和女神在家庭活动的领域里联系起来,这又把妇女包括在家庭的祭拜仪式当中(181—183 页)。

③ 根据一些报道,紫神亦被称为七姑,是汉代对她真伪难辨的称呼之一的同音异写。有关紫神的详细描述,见 Zong and Liu 1986:418—425 页,并见 Chard 1990。

女也会离开家门入寺烧香(见图 4),也会长途跋涉去进山朝圣。更进一步,在阅读经卷的时候她们还会经常请教来自家庭以外的师傅们。换句话说,是宗教实践之力使妇女和妇女的思想能够跨越那道意在限制她们的家庭的边线。女性开始与自己家中和寺庙院观中精通佛理的人建立起紧密的联系。虔信的力量穿透闺房的墙壁,儒家关于妇女应该与世隔绝的信条直接遇到了挑战。

虽然为多数饱读诗书的女性所爱好,佛经仍然有难懂的奥义,需要一位师傅的专门指点。这些佛经属于华严宗一派,该宗派发源于隋唐时期,明显地是佛教中土化以后的形式。华严宗有一部伪托的经文,很受包括恽珠在内的清朝中期知书达礼女性的喜爱。经文最早用中文写成,名为《楞严经》,不过更为人熟知的是它那个伪托的梵文名字: Surangama sutra。[1] Surangama sutra 是华严经诸品中详细说明 tathagatagarbha(如来藏,一种湛然圆融的状态)的一部文字。佛经教导说,一切有情众生最初都有空静的本心。这个本心从无始久远以来就是本然清净、光辉、无碍、澄澈的。它被描绘成一种光明朗照的永在的觉悟("常知"),它常住不坏,永不生灭。有时它也被称作"佛性",或称 tathagatagarbha,即"心体"。[2] 华严宗采纳了禅宗的思想,认为信徒可以通过"顿悟"达到这一境界,并认为此后这个人的一切业障将开始逐渐地灭除,"犹汤销雪"。[3]

义理深邃的华严诸品与读书不多的信徒们所喜闻乐见的通俗的《宝卷》形成了鲜明的对照。对于渊博好学的女性来说,研究晦涩难解的华严经既是精神享受也是智力上的满足。对这部在盛清时期被称为"开悟的楞严"的经文做些内容分析,可以让我们看到这其中

188

① Chu-fang Yu(1990: 23 页)注意到,禅宗更喜欢这一文本,以及《心经》。
② 译文见 Gregory 1991: 217 页。
③ Gregory 1991: 150 页。

的道理。①

楞严经讲述了佛陀弟子阿难的故事，他必须破除感官愉悦的魔障。经文一开始先阐明六根（六种官能）的所在，然后逐一辨别由眼耳鼻舌身等感官输送的各种被扭曲的感觉（妄相）。接下来，经文告诉信徒如何破除六根的障碍达到清净圆通的状态。② 经文的故事描述佛陀一一询问他的弟子他们自己是如何觉悟的，借此决定哪一种开悟的方式最适合于阿难。最终轮到阿那婆娄吉低输菩萨（*Avalokitesvara*，观音菩萨早期的男性原型）发言的时候，他说他将要"身成三十二应，入诸国土"，即应人类的不同需求现出 32 种不同的身相来成就他们，其中他明确谈到的是，这些身相中确有一些专为妇女所设：

> 若有女人，好学出家，持诸禁戒；我于彼前，现比丘尼身，而为说法，令其成就。
> 若有女子，五戒自居；我于彼前，现优婆夷身，而为说法，令其成就。
> 若有女人，内政立身，以修家国；我于彼前，现女主身，及国夫人，命妇大家，而为说法，令其成就。
> 若有处女，爱乐处身，不求侵暴；我于彼前，现童女身，而为说法，令其成就。

应请求，阿那婆娄吉低输菩萨又详说他自己修成正果的途径："佛问圆通，我从耳门，圆照三昧，缘心自在，因入流相，得三摩地，成就菩

---

① 见 Lee Wai-yee 1993：59 页，引自 18 世纪初期一个评论家的评论。
② 该经文的语调导致 Arthur Waley 把它称为"实用的认识论"（applied epistemology）（Waley 1956：78—79 页）。

提，……"①

听过所有大菩萨及阿罗汉的谈话之后，佛让文殊师利选择一种 *189*
最适合阿难的方式——也就是说，最简便易行的方式。文殊师利回
答说用阿那婆娄吉低输菩萨"耳根圆通"的方法是最好的："五根所
不齐（眼舌鼻身意五根都有所不达，因为它们依赖于与特定对象的
作用或接触，或者需要由一定的活动来定义，例如依赖言语、气味、
味道、身体的运动、约束心念，等等），是则通真实（耳根能通真实，因
为即使在寂静无声的时候听闻的本性也没有消灭）。"他建议阿难以
自己的听觉器官反观自己的闻性："大众及阿难，旋汝倒闻机，反闻
闻自性，性成无上道，圆通实如是"，以正听求得成佛。② 阿难最后认
定阿那婆娄吉低输菩萨是所有觉悟者之中最觉悟的，因为他是从耳
根入手成就涅槃的，并且不需要刻意的努力便能持续地感知外物。
经文解释说这便是阿那婆娄吉低输之所以被称为"观世音"的缘故：
他不需努力而能经常听见世界上所有的声音。

或许这个故事对于像恽珠那样的士族妇女更富有吸引力，她们被
迫周旋在那样棘手的家庭事务中间，想必时时都要靠着明敏的听觉才
能从容应对。她们必须时刻谨慎自己的言语和举止，警惕欲望的泄
露，因此她们大概一定得经常磨炼自己在周遭的感情纷扰和感官淆乱
中间"闻声而起"的本领，就像观音大士一样。

《楞严经》的复杂表达只有学问最富的女性才能理解，但这些读者
中间却肯定包括一些有文化的艺妓。因为经文的主题有一个内容就
是一名艺妓脱离了欲海。结尾的部分中，在故事的一开始曾是一名妓
女的摩登伽便因闻听了佛顶神咒而"欲火顿消"，证成阿罗汉果。③ 由

---

① Luk 1966：137—138，142 页。
② Luk 1966：142—150 页，和 147、149 页的引文。
③ Luk 1966：101 页。

于我们对艺妓的了解大多是通过爱慕者的笔记，因此很少能见到关于她们宗教信仰的记录。但是明朝的一则记述秦淮风月的史料向我们提供了这样一个故事：一位在医生资助下赎身的艺妓"在一幅绣佛面前长时间地斋戒，并极端严格地遵守各项戒规"。为了报答她的恩人，这位艺妓"刺破自己的舌尖用血书写《法华经》"。她死后被埋在一个尼姑庵里。[1]

如那个持念经咒的艺妓一样，女人们研读和背诵佛经，还要把经文抄写下来，作为发愿、修行或者感恩的一种方式。有虔诚的女人甚至"日拜大方广佛华严经，周而复始者三"[2]。手头的资料告诉我们至少有一些男性对家庭中女眷的信仰生活配合得惊人地周到。凌氏婚后，日夜六时行大悲忏法拜华严经凡再周，常以五更起，入佛堂，其夫则"为煮汤果饷之"[3]。

誊写经文是一项特殊的许愿方式，有的时候是受施主或女亲戚所托。《红楼梦》中，为庆祝贾母81岁寿辰而举办的9昼夜的功德用了一年来准备。在这一年中贾母要求家中所有会写字的女人（包括女仆）抄写365部《心经》[4]，插在她发心让人誊写的365部《金刚经》里。她给每个人一扎特地预备的素纸，并要求在誊抄的时候要点上一支藏香。[5] 虚岁14就成百花诗的女诗人陶善，爱读佛书，"手书金刚弥陀诸经"[6]。

抄写经书不仅仅是单纯的发愿或者还愿。抄写的过程本身便能

---

[1] H. S. Levy 1966b：67页。男性有意识地用佛家对贞洁的隐语来形容那些迷人而难以接近的妓女（例见《雪鸿小记》：2/3a），体现出日本人对"浮世"的感觉多多少少来自男性欣赏艺妓时的审美观。但女性与佛教信仰之间的联系却与男性完全不同。西王母也是妓女的保护神。见 S. E. Cahill 1993：234—236页。

[2] Peng Shaosheng 1872：下/31a。

[3] 同上。

[4] 原文为："要几个亲丁奶奶姑娘们写上三百六十五部，如此又虔诚，又洁净……"——译者注

[5]《红楼梦》第八十八回，1,257页。

[6]《国朝闺秀正始集》13/11a。

够促成人们对经文的领悟,也许最好把誊经看作是研读经文的一种特殊方式。守寡将儿子们抚养成人并养育出两位名吏的陈安兹写了一首这样的诗:

> 书金刚经后
>
> 金刚质不灰
>
> 多罗香不蒸
>
> 云何见菩提
>
> 无住心不灭①

这首诗告诉我们一位虔诚的妇人是如何通过背诵抄写经文而领悟了它的难解之意。

在世俗的层面上,一些文本为拯救灵魂提供了更为简便易行的途径。屡被刊行的道德著作《太上感应篇》便是其中之一,它属于那些"因果报应簿"之类,对使人积德的善行和使人耗损阴德的恶事开列出清单和指南。② 另外一本同类型的册子明确地以女性作为社会阶层的一种,与士兵、医生、商人和僧侣并列。这本书的名字是《不费钱功德例》,陈宏谋很赏识它,将它收录在自己的规诫训诲书籍的集成中。③

这类功德书坚决拥护 18 世纪的士大夫阶层极为关注的家庭价值

---

① 《国朝闺秀正始集》14/22a。

② 在清代,这样的小册子(Tract)被大量再版。其中有两个版本似乎还是御制本,第一个是在顺治朝,第二个是在雍正朝。在 18 世纪,除雍正朝的御制本之外,注明日期的两个版本分别刊行于 1734 和 1758 年。1785 年,章学诚个人出资增订、重印了该书,并写了一个跋(见 Zhang Xuecheng[未注明出版日期]1922:29/12b—14a)。Cynthia Brokaw 在她 1991年对该文本的研究中,使用了《功德书》;尤见 110—111 页。据一种资料说,该小册子在晚清时期是女性阅读最多和影响最大的三种书之一。见 Guo Licheng(1904)1982:6 页。

③ Brokaw 1991:172 页,尤见注 41。

观。陈锡嘏在 1680 年的一篇文章就敦促家主及时为契约奴仆安排婚姻，同时还主张官员们应该教会妇女一些生产技能，例如纺织，以使她们

191
无暇去做有伤风化的事。① 但是，他们很少谈到妇女在宝卷和佛经当中获得的精神慰藉。功德书更接近于劝世的书籍，而不像是宗教作品。②

阅读这些功德书是不需要人辅导的，但要充分理解和躬行实践像《楞严经》里那样难懂的教诲，据我们所知，很多女性要依赖于师父。师父的职业多种多样，有高僧、尼姑，还有女道士。儒家劝世书里警告妇女要当心那些"虔婆"的诡计，因为她们突破内外大防，在外间的败坏世界和闺房的纯洁天地之间来来往往，对此许多有身份的俗家妇女完全不以为然，她们把师父请到了家中。

佛经和"宝卷"意味着深居家中的女人们能够享有丰富的宗教生活，而不必依赖游山朝拜、入寺烧香。在许多家庭，共同诵读佛经成了像儒学一样的"家学"的形式之一。常州的彭绍升、一个"学佛士人"和居士，每天晚饭后便回到内房向家中的女人传授佛教知识。彭绍升只有两个女儿，她们每次都要向他背诵《莲华经》的一段，然后他品上一杯龙井茶，回房休息。彭绍升家的这个传统有坚实的儒家基础：他是一位博学的宋氏夫人最小的儿子，他的《诗经》就得自母亲的传授。③

其他的师父大都来自家庭之外。游方化缘的女尼女冠们上门拜访女眷，把经文带给她们，有时这些人也主持诵经或打醮超度亡魂。士大夫男性通常把这一现象视为混乱和危险的源头。就像著名地方

---

① Brokaw 1991：195,199 页。

② Beata Grant(1989)讨论了道德教化书籍和宗教经卷之间的关系，它们在提倡儒家家庭社会规条的文本和女性借以得到超脱的文本之间建立了联系，实际上是一个整体(229—230 页各处，尤见 293 页注 10)。本书的证据显示，家庭义务和个人超升之间并不是划然分裂的，倒不如说这种分裂是人生历程运行的结果；证据还显示，女性能够容忍两类文本之间的不和谐，将其看作生活的必要条件。笔者同意 Reed(1992：169—177 页)的见解，认为佛教为女性提供了遵循或者摆脱儒家家庭角色的双重方式。

③ 见 Shek(石汉椿)1993：83,88—89 页。

官员黄六鸿的抱怨：

> 其三姑六婆乃诲淫之媒使，①风月之牵头。逞其邪说，
> 纵令贞妇也情摇；落彼奸圈，任是侯门皆狗窦。若男子纵其
> 来往，是欲受妻孥之封赠者也。亦宜张榜示，优尼道姑应静
> 修庵院，不许擅入人家抄化。稳婆除收生外不许托故重来。②

黄担心无知的女人会被引诱离家出走或者在佛寺里出现艳遇，他的忧
虑在史料中很难找到证据。我们手边的材料仅说明女性出门烧香的
时候常常有个让人眼花缭乱的排场。

在小说《红楼梦》中，贾府的女人们经常造访城里或刚出城门离 192
家不太远的道观，她们总是由丫鬟媳妇们陪同着，并且留神摆出一
副和气的姿态。③ 小说中，受贾府资助的道观为每次丧事中的盛大
道场提供场地和方便。这些道场中，和尚和道士同时诵经作法，整
个仪式要持续 49 天。小型的家庭祭奠由家庙中举行的仪式来补
充。④ 在秦氏的丧礼上，宁国府连续 49 天每晚戌初都要为她烧化纸
钱。⑤ 在出殡那天，秦氏的干女儿"自行未嫁女之礼外，捽丧驾灵，十

---

① 黄六鸿在这里提到的"六婆"，是在清朝中期为妇女所写的道德教化书籍中最受诋毁的人
　物。最著名的一段是赵翼的《陔余丛考》(Zhao Yi[c. 1775]1957：[38/3b—4a]832 页，引
　用明代笔记《辍耕录》，列举了九种最危险的女人："三姑"包括尼姑、道姑、卦姑；"六婆"包
　括牙婆、媒婆、师婆、虔婆、药婆、稳婆。并见 Furth 1986：65 页；Ayscough 1937：87 页。
② Huang Liuhong(1694)1984：609 页。
③《红楼梦》第二十九回，403—413 页。1845 年，四美牧师(Reverend George Smith)在宁波
　城内见到几个"来自上流社会，衣着华丽，由侍女陪同"的女人，去一个道观朝拜。"当
　我一露面，她们表现得极其谦恭，半转头，压抑着笑，静静地用她们蹒跚不稳的步伐所
　能允许的最大速度离去"(1847：210 页)。
④《红楼梦》第十三回，177 页；《红楼梦》第十四回，189 页。
⑤《红楼梦》第十四回，188 页。

分哀苦"①。

从宗教事务方面看,贾府的领域边界不断地被出门的贾家女眷和进门的尼僧穿越。尽管小说里已经描写得很清楚,多数尼姑和她们的施主之间有着严格的阶级藩篱,但是这种来来往往依然存在。水月庵每月都从贾府领取月例银子,即使是那里的主持,在佣人之妻周瑞家的看来也不过一个"秃歪刺"。② 小说将年轻尼姑们描述成风流佻达的女孩子们,对她们修行的誓愿不能过于当真。初识风情的小尼姑慧能由于时常从尼姑庵去贾府同那里的女孩子们一起玩,③终于住进了贾府,她在府中与主人公的亲密朋友相爱了。他们趁着男方姐姐出殡的机会在一天晚上偷食了禁果。④ 在小说后面的部分,慧能为了寻找她的情人逃出了尼姑庵。⑤ 作者暗示尼姑和下层的女戏子有相同的出身,比如贾府中买来唱戏的三个小丫头最后便遁入空门。尼姑在特定的场合也是"租用"的。当贾府为了迎接省亲的元妃,动工兴建花园的时候,他们决定应该有尼姑诵念经咒和女伶上台演出,因此他们派遣管家的妻子去采买 24 个小尼姑和小道姑(道家和佛家各 12 个)⑥。⑦

不过《红楼梦》中有一个尼姑却是例外,她受到贾家的尊敬对待:

---

① 《红楼梦》第十四回,159 页。当棺材被抬出家门时,领头的追悼者要在棺材前打碎一只瓷碗。对这一仪式有许多解释:追悼开始的标记;父母与子女、活人与死人别离的象征;子女与双亲关系转变的标记。见 Naquin 1988:42—43,57 页;Thompson 1988:75,81 页。

② 《红楼梦》第七回,110—111 页。

③ 《红楼梦》第七回,110 页。

④ 《红楼梦》第十五回,204—205、206—207 页。

⑤ 《红楼梦》第十六回,201—211 页。

⑥ 按此节并不在本书注释所称的第 17 章中,而似应在 18 章,原文为:"又有林之孝家的来回:'采访聘买得十个小尼姑、小道姑都有了……''贾蔷那边也演出二十出杂戏来,小尼姑、小道姑也都学会了念几卷经咒……'"——译者注

⑦ 《红楼梦》第十七回,242 页。并见第二章"社会性别"中的相关讨论。

知书达礼的出家人妙玉,她在贾府的庇护下一边致力修行一边与男主人公宝玉做伴。与慧能不同,妙玉不是来自尼姑庵。我们读到她出生于苏州的一个读书仕宦之家。她的父母认为她的身体多病不适合嫁人,便将她送入佛门带发修行。她年纪轻轻就死了父母,身边只有父母留下的两个上了年纪的保姆和一个女佣照看,这时妙玉打算独自修行。贾府中的人这么议论她:"文墨也极通,经文也不用学了,模样儿又极好。因听见长安都中有观音遗迹并贝叶遗文,去岁随了师父上来……"①

像妙玉这样出身的尼姑是不能被买下的。她一定要在劝说下才住进贾府。而即使这样她最开始也拒绝了,即使当时师父已死,而她正在等她的"结果"。她抱怨说,"侯门公府必以贵势压人",所以她是"再不去的"。② 贾府也认识到她"既是官宦小姐,自然骄傲些",一定是从官宦家庭出来的傲慢女孩。因此送出一份正式的请帖,并且"遣了人备车轿去接"③。但即使是妙玉,也被小说塑造为一个极力压抑自己情欲的青年女子。作者让我们相信,她一直暗暗地渴望一种亲密的关系,这从她明显地受到宝玉的吸引开始,后来她又梦到许多人争着要娶她,强盗掠走并强奸了她。一次惊人的劫持使她的命运充满讽刺性。④

与小说中对女出家人的轻佻描写不同的是,作者非常严肃地叙述着贾府中俗人信徒们的虔诚。年轻的读书人宝玉、黛玉和宝钗都是禅宗的信徒。有意思的是,宝玉在领悟晦涩的经文方面比他的姐

---

① 《红楼梦》第十七回,242 页。英译本略有不同。
② 《红楼梦》第十七回,242 页。
③ 《红楼梦》第十七回,242—243 页。
④ 《红楼梦》第八十七回,1,250—255 页。《红楼梦》第一一二回,1,542—545 页。

妹略逊一筹。[①] 宁国府当家的贾珍的小妹妹惜春甚至发愿出家为尼,使家里人大为错愕。[②] 不像妙玉,惜春被刻画为真心保守贞节的信徒。对于婚姻前景的灰心失望使她下决心不惜一切代价逃离男女关系的束缚,她对家人说"别的我做不来,若要写经,易如反掌"[③]。

彭绍升本着同样的严肃方式编纂的善女人传记中提到了和尚道士进入女性的家庭生活领域对她们进行精神引导的事例。[④] 一位母亲和她已婚的女儿同时拜古潭和尚为师,[⑤]还有个儿子招来和尚为他患病的母亲提供精神指引。这种男性与女性在私人及公共领域的交往尤其引起盛清时期政府官员的愤恨,这是我们以下要讨论的。

帝王的资助和官员的反对

清朝对于女性精神生活的看法是混乱的。一方面,清朝中叶的皇帝——他们本身就是虔诚的佛教徒,又是虔奉宗教的母亲的孝顺儿子——是佛教寺庙最慷慨的施主。帝王的赞助令佛教寺庙对世俗的吸引力倍增,皇太后和她孝顺的儿子经常临幸的寺庙往往会招徕数以千计的信众。帝王的朝拜也鼓舞了当地官员和世俗信众,他们捐资恢复和维修自己所中意的朝圣地。此外,康熙帝与乾隆帝的南巡刺激着民间手工业的发展,商人们在朝圣的道路和寺庙四周雇佣了大量善于制作宗教手工艺品的女子。

---

① 《红楼梦》第二十二回,308—310 页。
② 《红楼梦》第一一五回,1,577—578 页。贾家因自己家的一个成员要进尼姑庵而深感震惊。
③ 《红楼梦》第八十八回,1,258 页。
④ Peng Shaosheng 1872。关于彭绍升的传记,见《清代名人传》614—615 页。
⑤ Peng Shaosheng 1872:下/31a。

与帝王慷慨无度的施予形成讽刺性对比的，是在各省、县一级作为朝廷政策代言人的地方官员的看法。在盛清时代，为首的地方官员谴责那些朝拜的妇女，而这些妇女所拜谒的寺庙，往往就是皇帝曾经拜谒的。他们那些忧心忡忡的奏折和告示告诉我们，他们对于女信徒的看法颇为复杂：她们是如此不知检点，亟待管理；她们又是如此脆弱，需要保护。无论如何，地方官员总是将朝圣途中的女性视为失序和道德沦落的最令人烦恼的象征。他们将春游踏青的妇女——去野炊或赏花——看成是不正当的调情活动而加以解散。不过，他们把抨击的杀手锏留给江南女性钟爱的烧香拜佛活动。

在官方文献中对于妇女宗教活动的批评，总是将佛教的虔诚、性欲、社会的无序乃至犯罪活动混为一谈，这种自相矛盾的态度在《红楼梦》中也有反映。[1] 由于认为所谓的"游方僧道"都是由令人烦恼的底层游民和单身光棍所组成，[2]地方官员们指责僧侣利用他们的庙宇从事非法的性敲诈。他们认为和尚在诱骗无辜少女的同时也给荡妇提供了纵欲的机会。这儿有一则控词：

> 苏州治平寺有二十二户，囊橐饶裕，造密室，藏妇女，恣意淫纵。乾隆二十四年巡抚陈文恭公宏谋廉得其实，密掩捕之。搜获妇女四人并衣饰查具无算，公派员谳鞫，二十二房

195

---

[1] 在这个问题上中我也引用一些虚构的作品，如由 Glen Dudbridge 译自 17 世纪的小说《醒世姻缘传》中谈及进香的两回。这个丰富的材料讽刺精英阶层妇女将进香作为地位的象征来显示，也讽刺了女主角的怕老婆的丈夫。就像我的分析显示的那样，我观察到这类著作与其说是提供了妇女宗教活动的证据，倒不如说是表达了文人对于佛教僧侣的权力权威以及佛教信仰的畏惧。这些虚构的作品对于妇女宗教活动的描写可能更接近于真实，它揭露了虔诚妇女的花样多端的诡计，她们将夫家的财富攫取来满足自己在宗教活动上的花销或用于慈善目的。事实上，正如我们已经看到的那样，妇女对于她们心仪的宗教目的，捐助总是非常慷慨的。

[2] Kuhn 1990：42—47 页。

内犯奸者一十四房,淫僧一十六名,并供出被奸妇女二十五人。奏闻,械淫僧解京治罪。刑部请杖毙。奉旨发黑龙江给披甲人为奴。[1]

经验老到的县令黄六鸿在他为地方官员所著的标准的官箴书中在四个不同场合提醒读者一定不能让妇女入寺烧香,他用整整一卷的篇幅谈论这个问题。[2] 在黄看来,严禁女子拜访庙宇,与禁止溺婴、阻止主人滥打佣人和女奴一道,是维持地方秩序的根本。[3] 他写到,进香朝圣为在烧香的掩盖下进行通奸提供了条件。[4] 黄将进香期间的寺庙气氛描绘成一幅恐怖的图画,他警告说,妇女成群结队地到寺庙去进香礼佛,事实上是以烧香拜佛为借口,从事放纵的勾当。[5]

黄六鸿对于妇女和寺庙各种问题的关心,与著名的提倡妇女教育的地方大员陈宏谋所忧虑的问题相比,就显得微不足道了:

妇女礼处深闺,坐则垂帘,出必拥面,所以别嫌疑、杜窥伺[6]也。何乃习于游荡,少妇艳妆,出头露面,绝无顾忌。或兜轿游山,或灯夕走月,甚至寺庙游观,烧香做会,跪听讲经,僧房道院,谈笑自如。又其甚者,三月下旬,以宿神庙为结

---

① Zhong Qi(1897)1970,1;12/4a—b(523—524页)。另一个是18世纪广东省的例子,见蓝鼎元"邪教惑民"(原文见蓝鼎元《鹿洲公案》第三则——译者)。见 Ebrey 的译文(1981;202—203页)。

② Huang Liuhong(1694)1984;608—609页。

③ Huang Liuhong(1694)1984;64页。

④ Huang Liuhong(1694)1984;431页。

⑤ Huang Liuhong(1694)1984;551页。译文略有修改。Brook(1993;190页)将这类论调恰当地称之为"男人的幻想"。

⑥ "杜窥伺"在这里的意思就是"防患于未然。"

缘，六月六日，以翻经十次可转男身，七月晦日，以点肉灯为
求福，①或宿山庙还愿求子，或舍身于后殿寝宫，朔望供役，
僧道款待，恶少围绕，本夫亲属，恬不为怪。深为风俗之玷。

现在出示庵观，有听从少年妇女入寺庙者，地方官即将
僧道枷示庙前，仍拘夫男惩处。②

陈宏谋直截了当地将妇女的迷信作为地方文化中的核心问题，他
对江南风俗的评论很可能就建立在他于江苏任职期间的观察上。
1740 年他迁任江苏按察使，接着（有一度中断）从 1758 年到 1762 年又
被委任为江苏巡抚。③

他对妇女在家庭之外从事宗教活动的广泛描述，提醒我们注意妇
女在生命每个不同阶段的信仰行为。青年人结拜金兰姐妹，会在进香
时以信誓旦旦来表现。年轻的妻子为求子祈祷，老年的妇女则背诵经
文。当各种年龄的人群都聚集在寺庙中纪念观音的三个生日时，宗教
的体验是极其公共的。而在家庭内部，放在门边的进香用的拐棍和木

---

① 见注 86 和相关正文对于这些自残性仪式的讨论。它们也与另外两个佛教仪式有关，一个
是烧法船，届时各寺庙都要造一个纸船，在晚上将它烧掉，以此帮助无家可归的或被溺死
的孤魂野鬼越过"因死前罪孽而堕入的匮乏饥渴痛苦之海，往生涅槃"（Tun 1965：61
页）。第二个是盂兰盆会，在这一天每个佛教寺庙都要举办盂兰会，和尚们要点起灯笼，
念经为地下的灵魂超度。这个节日是与如来佛的门徒目莲的故事相关的——目莲的母
亲被打入地狱成为饿鬼，在那里她不能吃任何东西——盂兰盆会就是因此而形成的。在
每年七月的第十五天，人们要将各种不同味道的果子放进盆中作为贡献，"广积十方功
德"（Tun 1965：61 页）。被陈宏谋在下文叙述的点灯笼仪式与季节性的点灯仪式有关。
参见 Morohashi（1955—1960：29236.94）关于"肉灯"的解释，这些肉灯让人联想到张岱
（[1877]1935：47 页）讲过的点燃手指。
② Chen Hongmou《风俗条约》，《皇朝经世文编》68/4—6；引自 5 页。一篇略有不同的译文，
见 Rowe 1992：23—24 页。
③ 关于陈宏谋的阅历，可见《清代名人传》86—87。有关他对女子教育的论述，见 Rowe
1992。陈宏谋关于女子教育的文章《教女遗规》初次刊行于 1742 年。陈宏谋和蓝鼎元都
出版过关于女子教育和女子宗教活动的著作，各自表达了对妇女的伦理道德和贞洁的同
样的关切。见本书第二章"社会性别"。

鱼则表明了妇女对宗教的虔信和对独居的追求。①

官员们多半没有说错,女香客的处境确实危险。她们面临的最大威胁是拐骗者和明火执仗的男人,造谣中伤对她们的危害倒相对少些。但这些威胁并不能动摇良家妇女前往进香的决心。为了保护自己,她们通常结伴而行,富人会带上许多侍从。② 至于说和尚和尼姑本身就构成了对妇女安全的威胁,以及说寺庙为妇女与淫荡的僧侣发生性关系提供了庇护所,这些都是没办法证实的。我们确实知道,这里的"放荡"牵涉的只是妇女,而并不总是牵涉到男子,更别提和尚了。宗教偏执的出现在观音的信众中并不稀罕,许多最为虔诚的信徒用她们的手指或者身体的其他部位做成"肉灯笼"。③ 陈宏谋对这样一幅或许是他道听途说的图景深感嫌恶:一个女信徒将燃烧着的灯笼放在胸前。他描述了信徒用自残来夸示自己不惧肉体痛楚的一些方式,就如同我们从明代学者、遗老张岱(1597—1684 年)文中读到的一样。张岱的描述是关于朝山进香的极少数目击者记载之一。在前往普陀岛的观音庙参观"宿山"的过程中,张记下了以下的文字:

197

> 至大殿,香烟可作五里雾,男女千人鳞次坐,自佛座下至殿庑内外无立足地。是夜多比邱尼,燃顶燃臂燃指。俗家闺秀亦有效之者。燕灸酷烈,惟朗诵经文,以不楚不痛不皱眉

---

① 见第三章"人生历程"所引诗"示儿"。

② Wei,Wu and Lu(1982:5 页)引用一条史料,说杭州一富商的妻子到天竺去烧香拜佛,带有"苍头婢仆数十人"。遗憾的是他们提供的这条史料出处不对,而我一直没有机会到当地去查阅原文。

③ 自焚是香客表白自己信仰的一个内容。一份 9 世纪的文献记录了一个到普陀山朝圣的奇迹,一个在潮音洞前烧自己十指的外国僧侣,得到菩萨的酬谢,菩萨赠给他一块七彩宝石(Yu 1992:215 页)。

为信心为功德。①

然而,与康熙帝和乾隆帝将赞助佛教寺庙作为皇室慷慨施予的一部分相比,陈宏谋这样的官员的忧虑显得相形见绌。在盛清时期,就在地方官员在他们的管辖区内激烈地批评妇女的进香和朝拜活动的时候,皇帝却在积极地支持那些最吸引女信徒的庙宇。就在地方官声讨妇女远行进香行为的同时,皇帝耗费大笔钱财修建的寺庙吸引来了更多的人群。

当然,盛清的统治者很可能从未在南巡途中目睹这样的宗教狂热,他们到江南的南巡之路都是被精心布置过的。为恢复西湖的美丽,他们致力在杭州周围营建宏大的工程。在他们南巡的过程中,从1684年开始,两位皇帝各到了西湖六次。在不断建造亭榭楼阁的同时,还于1780年营造了藏放《四库全书》的文澜阁。②

皇家在长江下游地区的美学与文化生活领域进行如此奢侈的投资,部分原因是这两位皇帝都是大孝子,而他们的母亲又对杭州一带的寺庙情有独钟。也可能,清朝的统治者在有意识地重蹈晚明的先例。在1586年七月初七前夕,明万历皇帝的母亲梦见九朵莲花在普陀山上同时绽放。为给她祈福,她的儿子捐银1 000两修复了那里的一座寺庙。史家将万历帝这次捐资修庙的日期作为历史上由皇帝出钱建庙的转折点。③ 康熙和乾隆皇帝的母亲由她们的儿子陪伴,在南 *198*

---

① Zhang Dai(1877)1935:47 页。并见 Yu(1992:227 页)的翻译。有关张岱的生平与著作,见 Fang Zhaoying, EC 53—54。

② 见 Crossly 1990:63 页。

③ Qin Yaozeng 1843:15/18b,15/21b,15/23b,20/22a—23a,并散见各处。关于晚明时期社会性别与佛教圣地的男性赞助人等问题的富有洞察力的分析,参见 Brook 1993:188—191 页。Brook 注意到在晚明时期,妇女是不许向寺院捐助的;而男性在捐赠时往往摆出儒家的姿态,把自己对佛教的兴趣说成是女性亲属的影响。清朝皇帝个人对佛教的热诚和女性在佛事活动中进行赞助的诸多证据,说明清朝时的形势已经发生了变化。

巡路上修复古刹之后，她们的欣喜心情受到大肆宣扬。[①] 康熙皇帝曾经六下江南，时间是 1684,1689,1699,1703,1705 和 1707 年。[②] 他第三次南下时曾在杭州住了一个星期，皇太后也一起临幸。[③] 乾隆皇帝将第一次南巡的时间安排在母亲的 60 岁生日（1751 年）之时。[④] 他此后的三次（1757,1762,1765）南巡也都有她同行。当母亲年龄渐老，已经不能出行时，乾隆帝便一直拖延时日，直到她死后才安排最后一次南巡。[⑤] 与此前康熙帝和万历帝的母亲一样，乾隆帝的母亲也对修复几成废墟的小寺庙产生了特别的兴趣。[⑥] 这就是为什么一个作家会说，皇帝的南巡刺激了"修葺翻新领域的活跃"，"所有曾被皇帝游历过的皇家宫殿、山林寺庙、历史古迹和著名园林都被整修一新，在某种程度上还有所扩展"。[⑦]

皇家给杭州天竺寺的投资始于康熙即位之初的 1666 年，首先从重修上天竺寺着手。当康熙皇帝本人在 1699 年参观这座寺庙的时候，又拨了 500 两银子用于扩展大堂。此后他又陆续拨了一些钱，在 1705 年的时候他将亲笔书写的祈祷书赠送给寺庙。[⑧] 18 世纪江南最为宏伟的工程是皇帝捐资对普陀山诸寺的修复。到 18 世纪末，普陀山已经建成为中国的"Potalaka"，即观音菩萨的居止之山，而皇帝对这

① Crossly(1990：64 页)注意到在康熙和乾隆时期，皇太后都是"一再地"到来。

② 见《清代名人传》329。1665 年 6 月 25 日，荷兰人在从台湾逃走时登上了普陀岛，这提醒我们注意到康熙帝对普陀岛的兴趣，可能部分地是出于战略上的考虑，而且日期也正是从那时开始的。见秦耀曾对于登陆的记录（Qin Yaozeng 1843：13/4a）。

③ 按照 Jonathan Spence(1966：130 页)的说法。

④ Harold L. Kahn(1971：91—92 页)认为，取悦于晚年的皇太后，是皇帝进行这类巡游的首要原因。

⑤ Kahn 1971：88,93 页。

⑥ Kahn 1971：96 页。

⑦ Kahn 1971：96 页注 28,引自 Fuchs。

⑧ Cloud(1906)1971：60—61 页。Cloud 观察到，当他居住在杭州的时候，人们还每天用着这样的祈祷书。

里的大力捐助却早在明朝万历时期即已开始。[1] 从造像看,这一时期的观音形象逐渐变化,越来越多地融入了"南海"的因素而与南海的崇拜连在一起,这正是 18 世纪妇女的梦中之像,以这一形象出现的观音,居于"南海"中央的普陀岛上,她沐浴金光,身著一袭白裙,手执柳条和甘露宝瓶——她的出现刚好就与黎大宜在诗中描述的一样。[2] 普陀岛位于浙江沿海,香客们从沿海最近的港口镇海出发,只需三个半小时航程便可抵达。据一个 1845 年造访过那里的基督教传教士记载,在盛清时期,普陀岛上最多时曾居住过 1 200 个和尚。[3] 这个岛屿是一个由寺院住持管理的免纳赋税的避难所,这个住持对中央政府唯一的责任就是把刑事犯押送到定海县。[4] 300 多个从事各行各业的平民劳动者构成岛上的世俗人口;他们全是男性,这个避难所是不允许女性居住于此的。[5] 只有在进香的时候,才有成百上千的妇女聚集到这里,为观音和她的侍者烧香、颂经,履行公众崇拜的狂欢仪式。也只有此时人群才会膨胀到那样一种大规模,以致像张岱那样的游人看得入迷,像陈洪谋那样的官员既怒且厌。[6]

长江下游地区这些对寺庙和朝圣地的重建肯定刺激了新的商业

---

[1] Chun-fang Yu 1992:210—214 页。

[2] Chun-fang Yu 1992:224 页。诗见《国朝闺秀正始集》2/4b。Ann Waltner 曾经为我指出,这个南海观音的形象并不是 18 世纪新出现的。

[3] 到 19 世纪中期,那里的前寺只有 150 名和尚,后寺有大约 80 名,合计 230 名左右。此外还有一些和尚分散居住于岛上的 72 座寺庙中(Smith 1847:308,313—314 页)。

[4] Smith 1847:314 页。

[5] Smith 1847:315 页。并见 Franck 1926:27 页,在文中他把普陀岛直接称为"没有女人的岛"。

[6] 在清朝时期,究竟有多少女香客确实到普陀去参拜了修复的寺庙仍然是一个有待解决的问题。Chun-fang Yu 曾对女香客作过统计,其中包括张岱 1638 年的记录,在本章的开头已经有过讨论;但她也注意到,这种旅行是很困难和昂贵的(1992:227 页)。我们可以设想,大多数的女香客仅限于在陆地上的旅行朝拜,真正能够航海去普陀,一生中恐怕也就一次。当我自己于 1988 年想要亲往普陀的时候,我被旅行服务社告知,我必须在三天前就预订渡轮。即使在今天,这样的设施也使到岛上旅行的计划很难实现。

活动，也复兴了那些为进香朝圣者服务的旧行业。小旅馆、小酒馆和小商贩为香客们提供食宿和水。这些地区的乡下作坊生产护身符、小旗、木鱼、布袋和其他香客所需的小饰品，并使邻近的绍兴成为国内最大的"冥钱"以及"香纸"的生产地，这些东西都是烧来献给观音的。妇女和儿童在家里用竹纸折成金银元宝的形状，然后在表面贴上很薄的一层锡箔，①假如再使用黄色的涂料上色，就成为一种"金锭"，而"金锭"的价值则被设想为高于通用的银锭。所以我们不妨推断说，皇帝以对朝圣地投资的方式，不仅对妇女的精神生活有贡献，甚至还提高了她们的劳动价值。

结　　语

在发自朝廷、贯穿地方社区、最终延伸到家庭成员之间的意义结构网络中，信女们的语言、仪式和信仰都是组成部分之一。妇女的宗教活动经常成为官方话语的批评对象，但她们所拜谒的寺庙却是由官方出资修建的。尽管如此，妇女的宗教生活似乎明显地脱离于国家的支配和官员的控制之外。无论从社会上还是从文化上，国家出资捐助和修复寺庙的政策与妇女对宗教的虔信都几乎毫不相干，即使妇女们的虔信产生了几分刺激作用。前往普陀岛那个没有女性居住的地方进香，是许多虔信妇女生命中的中心事件。结伴同行共同参拜的年纪相仿的女香客、在人生旅途上陪同照料她们的儿孙们，这些人都属于

---

① 据一名 20 世纪初的观察者（Franck 1926：37—38 页）说，直到他在那里旅行的时候，绍兴人中还有百分之七十到八十是以买卖冥钱为生。用来做冥钱的锡箔（是用从云南输入的一种锡矿石制的）先要被浇灌成锡锭或一种大约一英寸半厚的锡棒，然后再放在铁砧上敲打十到十五天，直到它变得像纸一样薄。苦力们会将成捆被打薄的锡纸背到背上，送往农村的家庭，在那里完成最后的工序。

她们自己的虔信天地,这方天地有着国家资金的扶植,鲜受官府禁令的影响。它的存在远离了平时将绝大多数妇女束缚其中的一整套家庭义务,或者不如说,它成了家庭义务之外的另一选择。

如果说女信徒和朝廷以及朝廷的官员也具有共同立场的话,那就体现在孝子与母亲的关系上,或者在较弱的程度上,体现在丈夫与他们的妻子之间。然而,由于政府主要是通过儒家的教化来操纵和形成家庭关系,所以即使在这里,国家势力能够达到的领域也是有限的。[200]正如我们看到的,佛教和道教对儒教赋予女性的角色进行了重塑,使无论母亲、寡妇还是老年妇女的精神和感情经历都更加丰富,它们甚至创造了一个小小的空间,使孝顺的女儿得以完全拒绝婚姻。

回到试图在其境内消除佛教影响的地方官员和信仰基础受到前者威胁的虔信妇女之间的明显冲突来说,孰胜孰败其实不消多问。虔信的女子始终不是官员攻击的目标,官员的对手是佛教僧人无孔不入的影响和他们的宗教权威。佛教僧人的学识和文化再加上满洲统治者对他们的支持,无疑加倍威胁到儒家士大夫在清朝的地位。[①] 令地方官员恐惧和鄙视的是那些佛教僧侣,而不是将他们视为精神的指导者和老师的妇女。但是官方即使能够将佛教寺庙转化为儒家的学校,他们也不能够抹去妇女心目中对观音的宗教想象。官员们对僧侣的怒气找错了发泄对象。是妇女的信仰赋予僧侣以权力,而且妇女的信仰还将继续成为僧侣的支撑,因为官方的禁令奈何她们不得。

探讨中国历史上妇女对于佛教势力的重要性,对当代的历史学家是一场挑战,正如对盛清时期的官员一样。历史学家都知道佛教在中

---

① 能够注意到这一点,我要感谢与我的同事 Beverly Bossler 的一场谈话。

国思想和文化史的研究中一直处于边缘。① 但我们长期以来迄未看到,这种边缘化正是我们过于依赖儒家的男性精英的观念和著作的结果。而一旦将研究转向中国的女性,立刻就可以看到佛教在清朝中叶的社区生活和每一个家庭的事务中起到的重要的中心作用。② 社会性别作为一种分析视角,又一次打破了学术探究中的无形壁垒,这些壁垒若非得到如此揭示,很可能就逃离了我们的视野。

---

① 一个值得注意的例外见 Brook 1993。
② 这一点已经被 Ebrey 很好地论证了。1993：124—125 页。

第八章　结论：贯穿于不同地域与时期的 社会性别关系

现在让我们回到史学编纂的问题上来,回顾一下本书叙述过程中 产生的几个问题,即关于女性的地域分布与文学空间、关于女性在历史记载中的地位等。

地域的与文学的空间

毫无疑问,在清代,江南是诞生女性文学的核心地区。但是在这一地区,精英阶层的女性会普遍地接受教育,为什么她们在某些地点会比在其他地点更显而易见呢? 地图 2(6 页)和附录中的数据显示,那些集中了清代 70% 的女性作家的核心州县,被周边五个小地点所簇拥,就好像是一条卫星带。在这些卫星带虽然也有重要的女作家,但不像核心地带那么明显。这是为什么? 胡适是最早注意到前近代中国受教育女性这种地域集中的学者之一。在 1931 年的一篇关于妇女在历史上地位的文章中,他指出清代妇女作家分布区域的相对集中似乎是同时代"男性学者和历史名流"分布状况的反映。① 但是事实不完全如此。

我们有充分的理由认为,女性作家应该集中在以常州和杭州为中

---

① 见 Hu Shih(1931a)1992：12 页。

202 心的地区，也就是说，在为科举而进行的教育投入（为男人的）和女诗
人的突出成就之间有着特别紧密的关联（见附录）。但是从地图2可
见，地区之内的变化应该出于另一些原因。例如，扬州和南京——晚
明时是妓女文化的中心——清代却被苏州取代。而且，从清中期开
始，男性文人已不再像他们晚明时期的前辈那样热衷于收存妓女的作
品，这些历史转变结合起来，很可能还使存世女性作品的总量向着苏
州进一步地倾斜，而扬州和南京所占的比例更加偏少。另一个卫星地
带桐城，是朱熹理学学派的老家，特别注重家族仪礼。书院的主要代
表方苞是以对妇女观念特别保守著称的。[①] 很可能桐城派的保守导
致那些家族限制了想要写作的妇女的出版机会。新安是江南大盐商
家族的祖籍地，树立着表彰烈女及守节寡妇的庄严的牌坊。这样的地
区看起来并不能够滋养出被盛清鉴赏家所赞赏的女性的文学才华。

　　在绍兴，这是著名的文化繁盛的中心，有鉴于清朝时当地男性在
学识上的造诣与女性受教育之间紧密的相应关系，我们以为会涌现出
大量的女作家，但是，在清朝只有很少数的几个著名女作家出自绍
兴。[②] 事实上，绍兴在清朝产生女作家的著名家族的排行中几乎位于
最低点，产生女作家的比例要远远低于当地深厚的古典学术传统以及
密集的人口有能力造就的份额。[③] 据章学诚的观点，绍兴地区是一个
独特的文化地带，他将这一文化地带称为"浙东"，在一篇饱受争议的
文章中，章提出绍兴的地域文化与相对应的"浙西"在品味和传统上都

[①] 可以回想方苞如何使著名的浙西学者汪中大为不快，方苞拒绝在其家的祠堂中安放女
性祖先的牌位，认为这冒犯了传统礼仪的规矩。

[②] 最好的一例是商景兰；见 Ko 1994：226—132 页等处。

[③] 在绍兴府，每平方公里平均人口为 579.55 人，要比杭州府或常州府的人口更为稠密。事
实上，绍兴是浙江省人口最为密集的一处，仅次于嘉兴。见《大清一统志》(1820) 的计算，
并见梁方仲 (1985：275 页) 的再次推算。

有着显著的区别,①他甚至认为这两个区域构成了两种不同的地域文化类型。②

实际上,被章学诚定义为浙西的地区才是女性作家最活跃的地方。时人对于绍兴地域文化风格的描述,有些与章学诚的评价暗合,认为浙东文化以"纯粹""简约"和"朴质"为主要特点,这与人们对浙西的想象形成了鲜明的对比:③他们想象的浙西地区,尤其是杭州和苏州,④有着"细巧尖新"甚至"雕琢过度"的知识氛围。这些对浙东价值观的想象,正好符合了一些认为女性角色限制了她们作为诗人的才华的观念,也支持了如章学诚一类学者对女性写作诗歌持厌恶态度的观点。203

由此看来,将审美意趣和文学理论与当地特有的学派结合起来,可以进一步认识浙西女作家何以如此非同寻常。常州是清代最重要的两大女作家集中的地区之一,也是著名的阳湖古文派和常州词派的

---

① 见附录。浙东指的是钱塘江以东,以绍兴、余姚和宁波为中心的地区。钱塘江以略向南北倾斜的角度流经杭州城再向东进入杭州湾。钱塘江以北以西的地区被称为浙西,不仅包括杭州,还包括长江下游的市镇网络,它们散布在省界内外,有一些坐落在江苏,浙西最重要的城镇有嘉兴、苏州和常州。

② 见"浙东学术"Zhang Xuecheng(1832)1964:51—53页。章学诚本人有时显得并不情愿将知识分子的传袭完全按照地区来作对比,而且当进一步分析的时候,他的两分法也是很难成立的。见 He(1991)对文学的回顾。以英文对浙东学术所作的论述见 Elman 1981;并见戴密微(Paul Demiéville)1961:169—170页。通过对浙东学术中的主要人物如全祖望的详细研究,司徒琳(Lynn Struve)总结了这个地域学术文化的几个特征:(1)哲学上的独立;(2)在程朱和陆王的学术位置之间找到某个中间地带的趋势;(3)博学和在学术上卓有成就,以及(4)面对政治上的限制,特别是在动乱和外族入侵时具有反抗性(1988:116页)。

③ 这种对某个群体的"群体想象"被 Anderson(1983)作出了发挥和解释。

④ 见 Cole 1986:8页。引自李慈铭(1830—1894)《越缦堂文集》2/12b。李慈铭是会稽人(见 EC 493页),是一个著作等身的学者和敏锐的观察者,他详细记录了他的看法和观察。对于浙东和浙西文化的区别,他是这样说的:"吾浙东西划分两界,山川既异,气候亦殊,所毓人文遂殊轨辙。"他引用一部在他之前的著作,李总结说浙西的学风是"秀而文",浙东的学风则是"纯而朴"。

诞生地。正是古文和抒情诗词构成了常州从 18 到 19 世纪的文学特色。[1] 常州词派推崇诗词的雅致,这为受过良好教育的女性们打开了一个广阔的天地。艾尔曼(Benjamin Elman)的研究戏剧化地表现了妇女的学识在常州名门大族中所起到的关键作用。他讲述了常州最有名望的家族之一——庄氏,是如何与另一著名家族唐氏保持世代通婚传统的。出自唐门的博学母亲们用正统的朱熹理学来教育庄家的子孙,使学术传统得以成功地延续下来。[2] 在常州士族学术圈内的妇女被普遍认为应该受良好教育,这既是为了能与门第相当的人们来往也为教育子嗣所需。[3] 受过良好教育的常州妇女在做了母亲以后,经常往来于婆家与娘家之间,有时甚至把她们的孩子带给外公,进行单独的辅导。[4] 这里有一点很关键:常州的男学者们更重视古文的写作,而将诗词视为“装饰”。[5] 男人的不屑一顾为受过良好教育的常州妇女提供了将写作诗词视为己任的自由天地。她们被认为不仅应该会写诗,而且可以以诗成名。[6] 换句话说,在盛清时代,常州的地域文化——亦即它深厚的学术土壤——滋养并发展了妇女的博学多才。

对我们来说,要回答浙西这些闪光的诗人怎样为自己赢得了公共声望的问题,还是很容易的。首先,她们乐于使用她们的字和号。例如张惠言的四个外甥女,除姓名之外,每人都有至少一个由宠爱她们的父母(她们的母亲也是一位诗人)所取的文学色彩甚浓的字,[7]而且

---

[1] Elman 1990:86 页。

[2] Elman 1990:87 页。

[3] Elman 1990:57—58 页。

[4] Elman 1990:71 页。

[5] Elman 认为在常州,至少从晚明唐顺之的时候开始,散文就是一种为“道”服务的文学流派(文以载道),见 Elmar 1990:291 页。常州的大学者赵翼和张惠言都工于诗词,但是他们仅仅将其视为学问之余的消遣(Elman 1990:293 页)。

[6] 仅庄氏家族在清代就出了 22 名女诗人,最著名的是庄盘珠。见 Elman 1990:57 页。

[7] 有关“字”在社会和文化上的重要性,见 Watson 1986。

每人都留下了手书镌版的诗文集，是由她们的父亲和弟弟精心收藏并刊行，并撰写了序和跋的。① 再如袁枚，他曾介绍了他所知的杭州城中才华出众的妇人和少女，这似乎引起人们对所谓随园女弟子的不必要的关注，因为他的那些私人轶事引来了外界对他和他那些女弟子的道德操守及文学天赋的恶毒攻击，为首者便是浙东道德标准的卫道者如章学诚。然而无论如何，浙西女性作家已受到高度关注，是毋庸置疑的。

在这个意义上，这些女性作家可以说在公共生活中占有一席之地 *204* 了。但她们在这一方面其实与其他妇女并无太大的区别。盛清时期，名字被隐去的妇女一样可以受到公开的颂扬，她们家庭生活中的私密细节也一样可能公之于众。她精打细算暗中撙节，挽救家庭免于破产。她在别人都不懂家礼或者不愿为此操心的时候坚持奉行它们。她典卖陪嫁的首饰为患病的婆母购买可口食物，或为寒窗苦读的丈夫购置珍本书籍。她将媵妾所生的孩子当自己亲生的孩子一样疼爱。她丈夫的事业会因她在最恰当的时机给出的战略性建议而被拯救。她安慰考试落榜的甥侄和表亲，耐心地忍受一个失意丈夫的放荡行为，而且在没有丈夫的情况下（甚至是丈夫不管的情况下），安排一切让她的儿子们踏上仕途。

在 18 世纪，妇女对她们在公共领域的影响也进行过哲学化的探讨，对于家庭角色和越出家庭以外的社会秩序之间的关系，有一种练达的理解。这种理解在前面提到的一个受教育程度很高的女子——江兰的作品中得到了集中的概括。在章学诚为她作的传记中，带着钦佩的心情引述了她一段著名的话：

① 见《清代名人录》(EC)25—26 页。

> 是时大家闺秀，如刘氏、吴氏、纪氏、王氏，并以姻娅过
> 从，更唱迭和，一时称盛。兰尤深隽，善清言，女伴或言："每
> 恨妇人身处闺阁，不知廊庙经纶"，兰遽答曰："正恐廊庙不乏
> 闺阁中人，若论闺阁，则孝友施于有政，何地非经纶邪。"①

江兰能达到这种理解并非偶然。她是她的时代的产物，深受始于
17 世纪晚期的学术复古的影响。她钻研过《诗经》，在这部诗集中，既
有规劝任性丈夫走上正路的贤惠妻子，也有把全部感情贯注到诗句里
的多情女诗人，两种形象同样生动。她熟知班昭的故事。这个女史学
家撰写了官修《汉书》的一部分，也编纂了褒美妇女道德的列女传。江
兰理解自己作为政治话语中心以及审美表达核心的地位。她尤其明
白她的力量正是来自她的闺阁地位。这种力量感来源于江兰特有的
历史意识，这种历史意识自身就是 18 世纪学术复古的产物。

记录在中国历史上的妇女

在盛清时代，受到古代男性为妇女撰写历史的鼓励，妇女开始书
写自己的历史。中国的史学著作赋予女性一种很明确的独特地位。
Gerda Lerner 曾有议论，说西欧和北美的女性之所以持续不断地重写
她们自己的历史，是因为对于过去妇女的成就，没有任何成系统的记
录被保存和流传下来。② 但是中国从来就不存在这样的情况。③ 中国

---

① Zhang Xuecheng［未注明出版日期］1922：30/109a—110a。
② Lerner 1986。
③ Ann Waltner 在 1993 年 6 月 23—26 日耶鲁大学一个关于中国明清时代妇女与文学的会
　议上，对于有关妇女对自己历史的意识问题的讨论，曾经有过类似的观察。也见 Ko
　（1994：14—15 页）的有关讨论。

史书上对妇女的记录始于刘向，这一传统为此后历朝历代伟大的史家所继承，他们将列女传作为每一部王朝正史的规范化记录的一部分。由此，中国的历史学家就在历史记忆中为女性开创了一个领域。汉代刘向编撰的《列女传》成了后世各王朝为妇女写传的典范。与男性的传记不同的是，男人们的传记都分归于各种类型之下，比如"循吏""儒林""贤者""方术""僧侣"，等等，女子的生活历史却仅仅按照品行和道德归类，以作为妇女言行举止的永恒范例。

这些载入史书的妇女范例都有教化意义。最初《古列女传》的七卷中，有一卷为孽嬖传，记述的都是反面的例子。但是后继者就一概以褒扬为主了。这些被树为典范的女子一生体现了诸多美德，如对父母的孝顺、机智的判断力、对子女的仁慈、严格的荣誉感、贤明的教诲本领，还有学问上的才能。这些美德除一项之外，都要求妇女在一个联合大家庭处理上上下下关系时发挥出来。例如，孝顺是儿媳对公婆应尽的义务。机智的判断力是一位有献身精神的妻子必须具备的才能。对子女的仁慈是以母子间的爱为特征的。严格的荣誉感则保证了那些多子女的妇女在性方面的纯洁，从而保证了男系家族血统继承的合法性。而妇女具有明智的教训能力，就能使年幼的男孩子为参加科举考试的学习有更早的开始。

但是在对妇女美德的历史记载中却有一项十分醒目，是与这些人伦美德无关的，那就是才华。如果说其他的妇德都是在与男性或女性亲属的关系中展现出来的话，那么说一个女性具有"才华"，就意味着一种完全个人化的审美感觉。出于这个原因，一个被载入史册的才女，就有助于我们看到盛清时代在有才学妇女的地位之下存在着极度的紧张与自相矛盾。可能就因为这个，在正史中几乎全然没有出现这类女性。

在盛清时代，如前文所述，江兰的家族要在成员中培养出几位才女是比较容易的。这种才女是象征名门望族的资本中必要的一部分，她们的存在能大大加强家族的地位。实际上，无论婚前婚后，才女们都构成了"家学"的一部分，这种家学诉诸她们祖先的名望，是她们父母博学的突出展示。但也就是才女的这种品质，使她的忠心分成了两份，一则密切了她与娘家的联系，一则提高了她在夫家的身价。父母在女儿的教育上花费大量投资，这是他们的教养之责与关切之情在物质上的体现。而一个受过教育的女儿，可以通过写作，成为使父母和兄弟得到强烈的个人快乐的源泉，一如那些传记所证实的。这使得对女儿婚姻的打算和她婚后的离家而去成了一个给整个家庭带来巨大压力的问题。与此同时，女儿的写作能力使她能保留自己的隐私，而且无论她嫁出多远，也无论她婚后的情况如何，都能与娘家的父母和兄弟一直保持联系。所以，才女在婚后仍然有着感情所深深寄托的对象，信件和诗文使她们与已经离开的娘家亲人保持着接触。这也就无怪乎女儿的不幸婚姻所带来的折磨是 18 世纪的文学家所熟知的最痛苦的感情之一；对于父母，他们会认为是他们错误的选婿导致了女儿的不幸，对于年轻的新娘，她们只能挣扎着吞咽下悲惨的苦果。而这种伤痛又被擅长表达的受过教育的女儿们在作品中作了进一步的深化。

在与娘家保持紧密的联系之外才女们享受到的教育还在其他一些方面给她们履行儒家规定的妇职增加了难度。在帝国晚期的社会中，教育使女性得以发出令人羡慕的审美上自由阐释的声音。她们因不会被强迫参加科举考试而解脱出来，这样，中国盛清时代的女作家们（顺便说一下，她们有时也会拥有一个自己的房间——见图 14 对恽珠画室的说明）就可以运用受到的教育来展开自己主观上对她在家庭和社会中所处地位的解释，同样地也可以发表她对生活和艺术的见解。作为一个才女，她既要求有对自己的身份认同，也要在家学传统中占有自己的位置。

　　见载于史籍的女性传记所展示出来的各种妇德当中，蕴含着矛盾
的还不仅仅是才学这一项。女作家和女读者都能接触到的那些妇德
故事里面便包括一名传奇性的女战士——花木兰，她将一位儒家女英
雄的德行发挥到了极致。① 她信念坚定，准备着为家族的荣誉而牺牲
自己，在痛苦和死亡面前无所畏惧，这个女战士的美德正是那些贞洁
寡妇行为的写照。但是她在道德上和伦理上的主动性却触及到那些
最具影响力的女性传记中的一个中心主题，这些传记甚至也包括殉节
的妇女。这些强有力的女子生活的历史，是以一种生动的传统风格被
讲述的，除了直接的引述，还不时点缀些戏剧化的感叹，因而紧紧抓住
了年轻女读者的想象力。我们知道，许多不幸的年轻女子被史书中舍
生取义女子的形象吸引，很可能就从中找到了自尽的勇气。另一些女
子则在心中想象着别的女英雄，幻想自己身披战袍驰骋疆场的情景。
还有一些女子将自己与历史上的女性文学家、画家、书法家的艺术感
觉融为一体并去摹仿她们的作品。当代的文学评论家们正在探寻盛
清时期戏剧、小说以及诗词中女扮男装的表达形式，它们有时会出于
逗笑，或者出于讽刺目的而处心积虑去混淆社会性别。汪筠的梦想以
及陈端生创作的非凡的弹词都表明，在妇女的作品中，她们不仅把自
己想象成女战士，甚至还想象成男学者——他参加科举考试，获取高
位，而且发号施令。② 总而言之，随着妇女历史意识的觉醒，她们那种
被排斥于管理行政事务和政治权力之外的感觉也变得更为尖锐。与

---

① 花木兰的故事最早出现在六朝时的一首诗歌中。该诗讲述了一位年轻女子的故事：她作
　为家中最大的孩子，"阿爷无大儿，木兰无长兄"，丢下机杼，女扮男装替父从军。在战场
　上作为一个男子转战 12 年后，她拒绝了天子因她的军功而赏赐给她的高官厚禄，只求天
　子允许她回到家乡父母身边。这首诗的英译见 Waley 1961：99—101 页。
② 关于汪筠（生于公元 1757 年，故于 1802 年以后）的传记，见 Zheng Guangyi 1991：1667—
　1672 页。她的不肯认同女人身份，她想成为一名有学问官员的幻想，以及她对古代文武
　两方面的女英雄的赞美——包括班昭和木兰——充斥于她的作品之中。汪筠诗的英
　译见 Ropp 1994：141—142 页。关于陈端生，见 M. H. Sung 所述最近有关的英文研究。

此同时,历史记载又给她们提供了想象和寻求其他力量——特别是作为文学家的力量——的范例。因此毫无疑问,正如李木兰指出过的,中国文学作品中女战士的形象并不代表女性对男权的渴望,也不代表她们对摆脱女性无权状态的向往。与此相反,她只不过在激励女读者要为某一"崇高目的"献身,这尤其反映在父母有难或发生一场悲惨的社会危机的时候。① 尤其是,就像班昭和其他越界担负起男性职责的模范的女子一样,她这么做只是因为当时特殊历史环境的召唤。② 因此,这并非暗示着一场性别革命的到来。

208　　　　记述了这些复杂的却又鼓舞人心的女性楷模的书籍,在盛清时代曾大量刊行,其中包括明朝编撰的带插图《列女传》的再版。其中一部刊刻于1779年的流行本被收入知不足斋丛书之中,这是为了那些素无储备却又想收藏好书的家庭准备的一套齐全的书籍。③ 另一类妇女史是"百美图"——一套带有圣徒崇拜意味的木版印刷书籍,收录了著名的妇女和她们的品性。书中所附的插图使她们看上去更像是女神而非妇德的典范。颜希源的《画谱百美图并新咏合编》中收录有一

---

① Edwards 1994:97页。并见她对女战士的精到观察,她认为她们并未显示出具有"男子汉"气质的"义"。她们也没有结拜义兄义弟——即使联合起来,她们也是为着服务于一个家长(101—102页)。

② 见本章前面部分对于章学诚评论的讨论。并见 Edwards 1994:105页。

③ 有关这一时期竞相刊行丛书的风尚,见 Elman 1984:151—152页。有关《历代名媛图说》的版本之一见罗文昭(1779)1879。这个版本与刊行于同样日期,被收入知不足斋丛书的应该是同一个本子,但我未得亲见。Carlitz(1991)谈到一个有十六章的带插图的版本,书名为《绘图列女传》,收入1779年版的知不足斋丛书中。其中一幅插图画的是刘长庆之妻割掉耳朵,收入知不足斋丛书,见 Carlitz 1991:130页(图2),并见罗文昭(1779)1879:上/27a。我收藏的一个书名被简单标为《古列女传》的插图本是一个影印本,原本是著名印书家族福建建安俞氏(序言日期为1063年)以自己收藏的本子刊刻的宋刻本。我很感激包筠雅对它价值的肯定。这个本子再版于1825年,而且,根据一些史料所言,曾被冒充作初版本来蒙骗有钱的收藏家(见 Carlitz 1991:138页第48条)。列女的故事,正如Carlitz 指出的,其中插图来自一些好像是小说里出现的夸张情节。事实上 Carlitz 已经谈到过,出版商在列女故事和粗制滥造的演义或剧本中都使用同样的插图母题。

个清刻本，附有 1787、1790、1792 和 1804 年的序言（其中一篇为袁枚所作）。这一版本中的人物画像包括著名的女诗人和书法家苏蕙、管道升、薛涛和朱淑真，她们各自手执自己的标志物：针、笔、纸、书。"百美图"不仅从文学和艺术的角度，也从神话和传说中选录了诸多历史上的著名女性，诸如花木兰和织女，这使人间的妇女和超现实的女人以及她们在精神上和智力上的不同天赋等一概混为一谈（图 30 与图 31）。对于人生故事的关注点也从戏剧化的、令人愉悦的叙事转向为表现个人才华和个人品行的理想化的肖像画。

图 30　"木兰（女战士花木兰）"，选自 Yan Xiyuan（1755）注释 66。

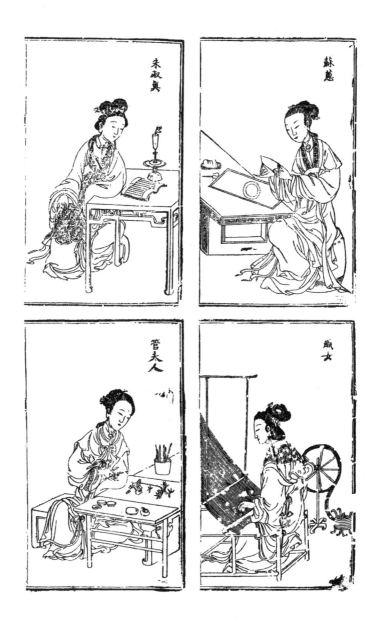

图 31 "百美图"所收其他类型的历史或神话人物像：朱淑真秉烛读诗,与丈夫别离的苏蕙在绣"璇玑图",书法家管道升画竹,织女在织机旁。重印自 Yan Xiyuan(1755),73、61、64、100 号。

这些历史上的妇女，从各种版本的《列女传》到"百美图"，都出自男人之手，后者中男性观众的欣赏口味显现得尤为明显，从那些溢美的序言和悦目的插图中大概就可见一斑。即使如此，这些文本也仍然可以被女读者作为她们自己历史的史料来源和她们历史意识的灵感而加以使用。阅读过去时代对于妇女的记录，给予女读者以力量，使她们能够把自己想象为另一类角色，并把其他女人生活中的戏剧性片段插入到自己的生活经历之中。

妇女写的妇女史

在盛清时代，妇女已经跨越了阅读而去亲自书写自己的历史。这些写作妇女史的第一批妇女之一就是——我们再次遇到了——完颜恽珠。在她出版于 1831 年的《兰闺宝录》(深闺少女生活和心情的珍贵记录)中，①我们可以看出，一名妇女对于妇女史的阅读，无论在内容还是体例上与古代和当时由男人编纂的同类作品的距离究竟有多远。在恽珠为该诗集写的序言中，她告诫我们说，我们面对的可能是一种完全不同的文学类型，她将要讲述的既不是美女，也不是一般意义上的妇德典范的故事，而是"有着高尚志向的女性"(志女)。这个命题暗示了庭院深处极少露面的妇女那部分世界，响应着恽珠那部诗选的主旨，即这一领域的道德基础在于妻子与母亲的权威。

她的编辑主旨决定了她的编撰标准。首先，她告诉我们，她排除了已经收入刘向的文集和后世同类书籍中的女子。其次，她在安排章节时，以指导妇女行为的"三从"准则来作为该书的开始，这三条即孝顺地侍奉父母、聪慧地辅佐丈夫和仁慈地教导子女(孝行、贤德、慈

_209_

---

① 见《兰闺宝录》，序言所记日期是夏日第二个月的前十天，1831(大约为六月中)。

范)。下面的章节依次是,一章节烈,即勇于殉节的贞女烈妇,她们始
211 终严守自己的贞操。接下来的两章值得注意,这是关于才能的两章,
一章记录见识远大的智略,另一章记录的是绚烂的才华。二者都向我
们展示出女子居住的"金屋"所具备的另外的维度。再次,她写道,对
于她所记录的妇女,在每一章中都是按照编年顺序,从汉朝到明朝依
次展现的,而将宫廷女子排在民间女子之前(出于特别的慎重,对于自
己身处的清代,恽珠则毕恭毕敬地尽量不去触及对宫廷贵妇尊严和秘
密的记载,而是直接采自公开发行的八旗通志、一统志和各省通志为
满汉妇女所写的传记)。最后,她宣称她只选择那些最不平凡的范例,
还有很多较为普通的女子,她们的故事就留待史籍志书的读者自己去
开掘了。①

如果恽珠是有意要使自己编选的诗集不同于刘向的话,那么让我
们看一下她的安排有什么不同吧。刘向将人物列为七类,每卷题目分
别是:"母仪传""贤明传""仁智传""贞顺传""节义传""辩通传""孽嬖
传"。② 恽珠的分类与此不同,这倒并不奇怪:她不露痕迹地取消了刘
向书中第七卷那样的一类,如同所有继承刘向而写作《列女传》的历史
学家一样,她不为那些有害的和堕落的女人作传。然而,她为自己书
中这前后六章选择范例的方式却很能说明问题。首先,她通过女性一
生的生命过程来依次展现各种美德。她先列女儿,接着是妻子,然后
是母亲。如果我们仅集中观察选自清代的那些女子事例,就可以发现
在九个描述孝行的例子中,四个是未出嫁的女儿孝顺父母的故事。③
接着在下一章记述的七个清代的贤德女子中,四个是妻,一个是妾,还
有两个是后来成了主人家中唯一支柱的贴身丫鬟。第三章是表现母

<hr>

① 《兰闺宝录》"例言"1a—b。
② 对这些词的十分到位的翻译,见耶稣会士 Alfred R. O'Hara(1945)。
③ 《兰闺宝录》1/27b—29a。

德——仁慈的，包含六篇记叙清代母亲事迹的传记。第四章是关于节烈妇女的，这本来并没有什么不寻常之处，但有三十名清代妇女的全传，是其他各类清代女子数目的五倍，这反映出清朝中叶妇女史的特点，即对英勇的殉节行为过于浓厚的兴趣。在一个显然是颂扬下层妇女美德的部分，恽珠详细记叙了一个讽刺性的传说，一位女仆在所侍奉的夫人阅读、讲解刘向的《列女传》时，总是仔细聆听。后来当她丈夫死的时候，她不顾主母反对，像故事中的烈女一样殉节自尽。[1] 第五章收入的是有办事能力的妇女，以四个事例说明有勇有谋类似战略家的"贤内助"的品质。其中第一例是一位清朝官员的妻子，在官兵们守卫城池，苦苦抵挡占优势的叛军残余的攻击时，她指挥丈夫衙门里的仆人将武器弹药运送到官兵阵营中去。正因为她的壮举，官兵们才坚持到援军到来的时刻。[2] 另外三个类似的故事，都与因妇女在受到攻击的情况下凭借勇气而取得胜利有关。她们的聪明谋略和德行安抚了难以控制的部落，并终于挫败了凶恶的叛军。[3]

值得注意的是，这些故事中有几个零散的例子是从少数民族地区爬梳出来的。在最后提到的三个故事中，有一个讲述的是一位部落酋长的母亲如何说服自己的族人遵从雍正"改土归流"法令的故事。在恽珠讲述的禄氏夫人故事中，作为前任酋长的母亲，这个女人为了使族人皈依朝廷的新政策和为使儿子博取新官衔，往来"飞驰"在一个又一个围栅之间。族人最终在她的劝诫之下幡然醒悟，放弃抵抗并一起帮助朝廷军队捍卫云南边界地区的行政中心。[4] 恽珠在第一章"孝行"中谈到一位部落酋长女儿的故事：为给重病的婆婆买药，她不惜

[1]《兰闺宝录》4/49b—50a。
[2]《兰闺宝录》5/28a。
[3]《兰闺宝录》5/27a—29a。
[4]《兰闺宝录》5/29a。

变卖了一件珍贵的银首饰——自己周岁生日时在部落仪式里得到的护身符。① 恽珠反复讲述这些来自帝国边缘的故事，旨在证明一个信念，即在她所处的繁荣鼎盛时代，中原文明已经渗入到边缘地区的部落民之中。由于这些故事颂扬了部落首领家庭中的女性，它们也就证明了盛清时代"改土归流"政策的英明。

在所有的故事中最有趣的，是恽珠记叙了诸多有修养的才女，无论在刘向的列女传还是在模仿他的各种撰述中都未曾见到过同样的类别。这些才女中有许多人在清代非常著名，就像我们从章学诚的著作知道的那样。这一章以秦朝一位治《尚书》的博士——伏生的女儿的故事开始。《尚书》在公元前 213 年秦始皇"焚书坑儒"时惨遭劫难。汉初文帝在位时，朝廷曾要寻找一部完整准确的《尚书》本子。此时伏生已经 90 多岁，不再能够亲自进行指导，于是便命他的女儿口头背诵出全文。这篇因为她的努力而得以保留下来的《尚书》凡二十八章，就是后来的"今文经"本，被 18、19 世纪的学者们奉为至宝，②也使她在盛清时代的文学家们的意识中占据了特殊的地位。

恽珠推崇的其他才女包括了最著名的几位：班昭；③谢道韫；④王羲之的书法老师魏夫人；⑤苏惠，她给在外的丈夫在手帕上绣出精美的回文；⑥韦逞的母亲宋夫人，她保存了其父家族口传的《礼记》，让前秦统治时这一经典的复原成为可能；⑦还有众多为当权者提出过忠告并为其他妇女作出表率的后宫妃嫔：宋氏五姐妹中的三个，她们中最

213

---

① 《兰闺宝录》1/30a。
② 《兰闺宝录》6/1a。
③ 《兰闺宝录》6/1b—2a。
④ 《兰闺宝录》6/4a—b。
⑤ 《兰闺宝录》6/5a。
⑥ 《兰闺宝录》6/6a—b。
⑦ 《兰闺宝录》6/5b—6a。

年长的一个曾编写《女论语》来教育她的妹妹们①以及宋朝著名政治家和哲学家的母亲（如苏轼、欧阳修、程氏二兄弟的母亲等）。

这些故事听起来都有类似的主题：聪明的女子继承了家庭治学的传统；她们的成长得益于父亲的教育；她们出生于儿子或很少、或没有、或无能的家庭；她们在童年时即表现出非凡的天才。比如宋氏五姐妹，恽珠在为她们写的传记中说道："廷芬（她们的父亲）男独愚，不可教，为民终身。"②她还提到一个无名的南海小姑娘，她只有七岁，却在她哥哥远去京都时写下这样动人的诗句：

> 别路云初起，离亭叶正飞。
>
> 所嗟人异雁，不作一行归。③

恽珠记述的才女多集中于六朝时期和唐朝（上述诗歌的来源）。事实上，她对这一时期的记录与她对宋元时期才女评传的相对稀少形成了鲜明的对比。对于宋朝，恽珠只记叙了四位才女，这恰好印证了伊沛霞的观点：对于那个朝代的妇女来说，文学才华并不是明显的阶级标志。④

如果把恽珠的著作作为一个整体，去进一步追寻她的写作构思，我们可以将这部《兰闺宝录》作为一个特定朝代的象征，至少恽珠的本意是如此（见表1）。例如从汉至唐，可为模范的人物具有各列中所列举的各种妇德，在宋代，则明显集中于家内所需的品行了，尤其是那些慈母们。明代的模范女性主要集中于节烈一类中，另有

---

① 《兰闺宝录》6/9a—10a。

② 《兰闺宝录》6/10b。

③ 《兰闺宝录》6/9a—b。这首诗被重印过无数次，也被袁枚收入他的诗话中。

④ Ebrey 1993：120—124 页。

214 少许是贤德的妻子。事实上,贞女烈妇充斥于恽珠对明清两代妇女的记录中,庞大的数量压倒了其他所有的模范妇女。总之,如果我们仅根据恽珠的著作去判断,肯定会得出这样一个结论,即六朝时期是中国妇女史上妇女生活最活跃、最丰富多彩的时期。这里,具有讽刺意味的是,恽珠好像与章学诚对六朝的评价一样了:这是一个女教师与柳絮诗并行的时代,一个女性在男性的公共生活中占据着活跃而积极部分的时代。

表 1 恽珠文集中的模范女子

朝代	女子范例的类型						
	孝行	贤德	慈范	节烈	智略	才华	总数
秦	0	0	0	0	1	0	1
汉	7	7	6	7	2	6	35
六朝	10	15	7	11	30	13	86
隋	3	1	3	1	1	2	11
唐	15	13	10	10	8	11	67
五代	1	4	0	3	1	1	10
宋	11	12	19	13	2	4	61
辽/金	4	5	2	4	5	2	22
元	11	8	3	6	1	1	30
明	15	27	4	53	10	3	112
清	9	7	6	30	4	5	61
总数	86	99	60	138	65	48	496

资料来源:《兰闺宝录》。

作为妇女史的妇女诗歌

恽珠的妇女史已经十分丰富了,但她的《正始集》表现的也仅仅是宏富的清代妇女生活画卷中的一个片段。本书中大部分证据都取自她的这部诗集，经她仔细选择的妇女的声音告诉了我们那个时代的故事。就像章学诚和袁枚的文集一样，她以一种单纯的风景来表达一个复杂的世界。但是也正因为这是通过妇女的声音表达出来的，也使以往广为人知的熟悉场景呈现出陌生的新面貌，并且总是将妇女置于中心的位置。

恽珠独具匠心的行文安排和结构组织可能是出于这样的一个目的，她希望能用女性的诗歌来表达自己对所生活的"盛世"的热爱。她认为有学识的女性取得的成就是盛清时期和平与繁荣的象征，也是衡量满洲皇朝文化在教化子民的过程中究竟向边陲地区推广到多么远、向民人和奴仆阶层渗透到多么深的一个重要尺度。

虽然恽珠小心翼翼地没有将皇室成员的作品囊括到她的文集 215
中，但是她选择的诗歌也包括了许多满族妇女的作品，从节妇烈女到博学的画家再到信奉佛教而拒绝婚姻的女性。[1] 这些诗歌可能源于满族女诗人瑞芸编纂的八旗妇女的诗集《白山诗抄》。[2] 满族人把长白山（位于今天的吉林省）当成他们发源地的代名词，恽珠的婆家也来自这里。恽珠自觉地从长白山来俯视中国大地，并以此为中心来选择各地有代表性的诗歌。妇女诗人有的来自珠江三角洲的顺德，有的来自由部落首领控制的少数民族聚居区，有的来自与越南接壤的广西边境、云南边疆，还有甘肃哈密的回民区，以及湖南的苗地。[3] 就像我们见到的，妇女诗歌的这一景象激发了她的惊奇与欣喜。她这样评价

---

[1] 分别见于《国朝闺秀正始集》12/2b，13/9a，14/1a。其他被收入恽珠诗选的满洲妇女的诗词可见于《国朝闺秀正始集》9/1b，12a；10/13b；11/6a；16/11b；18/16b，23b—24a；19/3a；20/10a。

[2] 《国朝闺秀正始集》18/23b—24a。

[3] 分别见于《国朝闺秀正始集》4/16b，5/3b，10/21b，8/22b，17/1a，17/21b。

云南边境的诗人:"蒙自地处极边,距交趾国仅隔一水,乃有此隽才,仙乎仙乎。"①对广西那位守贞持节 75 年的生活在"烟瘴之地"的女诗人,恽珠叹道:"以极边烟瘴之地而有才品兼优之女士,设非沐浴圣化曷克得此!"②有时,恽珠的评价也可被视为对清朝武功的赞颂。她注意到甘肃河西走廊的回民地区是直到康熙朝才被平定的,"哈密在嘉峪关外,驿路十八日程,地本回疆,民俗朴野,于康熙末始入版图。休养百年,闺阁中竟有此人,足征文教化行之远"③。她对一位来自毗邻湖南苗地的女诗人著作的评价提到:"江华与凤凰等三厅苗疆接壤,近数十年始广学额,欧阳氏遂以诗名闺中,亦隽才也。"④恽珠对女性诗歌在地域和文化领域的说明以及在盛清时代文化上的意义,在"例言"中有清晰明确的表达。当提到只有不到半数的诗歌选自标准的清朝官方的妇女诗文集的时候,她对自己视野的扩展是这样解释的:

> (余皆)随时采择,积久成多。滇黔川粤,均不乏人。且有蒙古命妇,哈密才媛;土司女士,海滨渔妇。末卷又附载朝鲜国四人,更足征圣朝文教昌明。声教所讫,无远弗届。此内土司哈密均隶版图,故散载各卷。朝鲜虽自天聪年间即奉正朔,究系属国。故附录之后,特是香闺隽逸,率自珍秘。搜罗难遍,挂漏实多。尚冀有心人随时录示,以备续辑。⑤

216

---

① 《国朝闺秀正始集》8/22b。
② 《国朝闺秀正始集》10/21b。
③ 《国朝闺秀正始集》17/1a。
④ 《国朝闺秀正始集》17/21b。
⑤ 《国朝闺秀正始集》"例言"4a—b。

恽珠对边境地区在教化方面的这种自觉的、非同寻常的关注可能出于两个原因：她婆家在满洲贵族中的地位以及她本人在儿子麟庆的陪伴下在偏远地区广泛的旅行经历。但仅仅恽珠个人的癖好并不足以解释她文集中女诗人分布地域如此宽广的重要性。很清楚，清朝中叶妇女诗歌的阅读者和写作者已经可以跨越方言、族群和地域的界限，而且清朝中期的帝国，也使女诗人更深入地意识到她们在王朝的精英阶层中所处的位置，也使她们更易接受为朝廷政策所宣扬和汉人家庭所实践的传统观念。

与恽珠对文学作品与众不同的宽阔视角形成对比的，是她对妇女在家庭场所接受教育的注意。和许多同时代的人一样，她敏锐地意识到"家学"的重要和妇女在承继"家学"中起到的关键作用。女性"承其家学"①，有时将其传授给儿子，也有时传给女儿。所谓"承母教"和"承慈训"便是女儿和儿子用来形容母亲对他们的教育的。②

紧密的血缘纽带为诗歌所强调和证实。女儿与她的母亲、兄弟姐妹，甚至嫂子——她们几乎可以肯定会因出嫁而离开这些人——通过诗歌进行交流。③ 最幸福的要属嫁给同一家族兄弟的那些姐妹，她们在家里就可以作为妯娌彼此交流诗作。④ 妇女以学识创建了一条婚姻也不能切断的新的纽带。诗歌被用来表达对远方亲人和常年奔波的丈夫、父亲、兄弟的感情。在珠江三角洲，

---

① 《国朝闺秀正始集》9/5b。
② 《国朝闺秀正始集》13/14a，15/6b，18/15a。
③ 《国朝闺秀正始集》14/8b（"与母氏合刻"）；8/20b—21a（"送兄归苕溪"），9/3b（"折杨柳送汉求弟游粤东"）；10/6a，19/14b（"别景素四姊""辞姊妹"）；11/3a—4a（"代书三十韵寄弟妇循之"）。
④ 《国朝闺秀正始集》11/21a。

217　哭嫁的说唱是极少数我们可用来观察持久的家庭纽带的方式。①
但是尽管哭嫁歌是那样凄楚，我们却只在某种仪式场合才能听到。
与此相对照，我们可以将诗词当作一种无论妇女在何时何地都可
持续运用的个人材料。写在丝绸或纸张上的诗词也许并没能进一
步强化感情的纽带，但与哭嫁歌不同的是，她们由此进入了一个文
人话语的新舞台，在那里她们赞颂的感情更为高雅和更受欣赏，而
且被士大夫家庭的男性和女性同样视为理所当然的事情。

　　恽珠编选的妇女诗文集是写给所有各种类型的读者的。有的诗
词是对一些著作的唱和，如钱孟钿的"读史偶成"，②也有一些是写给
"诗友"的，③还有的是关于如何写作的思考。一个诗人可能会问怎样
才能使她的诗表达自己真实的感情，④或者思考她与读者的关系："作
诗如结交，譬若蚕缫丝……"⑤。被小心保存下来，并常常由家中的男
性亲属最终刊行的这些诗歌，会在婚姻市场上被用作一种象征性的资
本。⑥　未来新郎的父母可以因待娶的儿媳的诗才而得意，并在宣布成
亲的时候博取朋友的恭维。"佳偶！"他们会喊道："绝配！"书生才俊与
能文女子的幸福姻缘简直就像才子佳人⑦故事在现实中的搬演，至少
慈爱的父母愿意这样想。

　　诗文得到刊行的女作家，数量无疑要远远低于其作品被遗失或被
作者本人有意识地销毁的作家们。⑧　尽管不知什么原因，一些以焚稿
为主题的诗词却流传下来，例如年轻妇女在病床上写的临终诗，悲痛

---

① E. L. Johnson 1988。

②《国朝闺秀正始集》11/1a。

③《国朝闺秀正始集》11/4b。

④《国朝闺秀正始集》11/6b—7a。

⑤《国朝闺秀正始集》15/6b。

⑥ 有关恽光瑶嫁妆的故事（《国朝闺秀正始集》16/14b），在第四章"写作"中曾经提到。

⑦ McMahon 1994。

⑧ 见《红楼梦》九十七回中林黛玉焚烧诗稿的戏剧性时刻。

地宣称她已经烧掉了所有她的诗词，因为诗词本"非妇人事业"。[1] 但并非所有的临终诗都是病态或伤感的。一个濒临死亡的女诗人诗中写道："哪知终不如蟫蠹，死后身犹在简编。"[2]一些临终诗甚至用了冷嘲的口吻，诸如有诗人告诫读者："少时咏絮吟红，了不足录。"[3][4]一个诗人在自尽之前向父母道歉的诗描述了她作为一个年轻诗人，因服从道德规范而导致不可忍受的冲突，惟有死亡是唯一的解脱方式。这首题为"慰母"的诗写道：

> 大义千年重，浮生一粒轻。
> 留儿贞节在，儿死胜儿生。[5]

作者只有十五岁，在她的聘夫死去后也绝食而死。另一首诗叫"别父母绝句"：

> 夫死难独生，儿将归黄土。
> 父母鞠育恩，请俟来生补。[6]

我们在第三章曾经提到过这首诗。它的作者在吞服盐卤自杀未遂后成功地绝食而亡，诗是在她衣柜内的衣服中发现的。

恽珠对于为道德而殉节妇女的赞赏，解释了她为什么不厌其烦地

---

[1]《国朝闺秀正始集》4/19a。
[2]《国朝闺秀正始集》5/12a。
[3] 原文为："淑履早寡，家益窘，携三孤儿就食母家。……将殁，出《峡猿草》，曰：'少时咏絮吟红，了不足录，独此为心血所在耳'。子乃承命刊之。"——译者注
[4]《国朝闺秀正始集》6/6a。
[5]《国朝闺秀正始集》13/13a。
[6]《国朝闺秀正始集》19/21b。

将大量这类诗词收入她的文集之中。与此形成对照的是，由于她对爱情诗特别是妓女的诗作普遍心存偏见，正始集中除了少量有关"七夕节"的诗词之外几乎没有收入爱情诗。[1] 任何可能出自妓女之手的带有肉欲与色情一类的诗词更是被完全排除在外。因而她的文集呈现给我们的，便是清朝中期女诗人的一种极端正统的形象。与这种专横的道德准则相对的，则是年轻女性因悲伤、痛苦和死亡而发出的痛切的声音。当然，她们的声音原本是为了加强在恽珠眼里如此不可抗拒的道德准则。然而在我们听来，她们的声音是一种批判性的不和谐的音符，即使在抨击为道德付出的痛苦代价的时候，仍然要从道德教化的语言中获得它们的力量。

毫无疑问，成熟的女作家自信地将她们在道德上的权威带进了她们的诗词中。盛清时期精英阶层女作家发出的道德教化的声音，听起来与西方历次改革运动中基督教女信徒的声音一般无二。就像美国清教徒禁酒运动的情况一样，儒家中的妇道也越过了闺内的范围而控制了公共事务中男性的行为。然而在这里值得注意的是，盛清时代的妇女诗词只以诗词来讲话，既没有任何教堂一类的机构来将她们的声音传播到公众领域，也没有任何组织会设法让她们的话受到读者的关注。而是那些盛清时期中国的市民文化提供的笔墨纸张和印书的雕版将单个妇女的词句和思想传递到最广泛的潜在的读者之中——这些受过传统榜样训练的读者会仔细阅读妇女的话。她们被注意到了吗？是的，正如前面"关于女性的论战"（Querelle des femmes）提到过的。她们造成了某种不同吗？的确，那些著名男人和他们的母亲、伯母、姐妹以及表姐妹的传记就是证据。没有她们，我们就不能理解18

---

[1] 见《国朝闺秀正始集》7/19b；8/16a—b；9/2b，18b—19a；10/12b；11/6a；13/22a；15/19a—b；17/15b；18/24b；19/17b。并见 Harrell 1995。

世纪的社会生活。

置妇女于盛清时代

将妇女作为中心来研究盛清这个时代究竟会有什么不同呢？关于中国家庭的历史，将妇女置于分析的中心需要我们对 18 世纪经济和历史人口的变化建立新的理解。虽然缺乏直接的历史人口数据，但我们可以推断，在 18 世纪，妇女劳动力市场的扩大，官方将其纳入计划以及对它的支持，使女婴生存的机会大为增加，也提高了婚姻市场上女性的供给量。对劳动力的需要提升了女孩子的价值，女儿作为劳动力和新娘都在增值导致了溺女婴现象的减少。城镇市场和城市的娱乐场所对女劳力（包括对高级妓女和一般娼妇）的需求都大为活跃，居住在外的地主靠着从种植经济作物的土地收租变得日益富裕，加上城镇中一个商人精英阶层的崛起，开辟了一个雇佣妇女作为家庭务工人员和买卖妾媵的新市场。这样一个需求引起供给的循环过程，发生于劳动者之内同样也发生于精英阶层之内，因此我们可以设想，盛清时期的人口爆炸使性别比例趋向于更加平衡，至少在经济转型发展到顶点的长江下游地区是如此。

如果这些设想都是确实的话，那么在盛清时期，由于妇女地位的变化及其在婚姻市场上的影响，父系家长制的家族制度也随之得到了壮大。同样的现象也反映在中国的汉族人成功取得的境外霸权之中。历史学家已经说明，中国的儒家文明在它征服朝鲜和越南后已经打破了那里原有的结构，建立起类似的父权体制。[1] 儒家霸权的胜利告诉我们精英的女性作家不仅仅是体制的一部分，她们被日益扩张的国家

---

[1] 见 Deuchler 1992；Woodside 1971：5,21,27,44—45 页。

赋予了意识形态的力量并从中受益。恽珠对于她的文化价值观向边疆广为传播的心满意足的评论,使她成为中国沙文主义最雄辩的声音之一。于是她无论在盛清的军事征服和镇压反叛的战争中,还是在家内事务中,都处在了话语的中心。作为妻子、母亲和作家,她是一个文明进程的标志:儒家的家庭制度和它的礼仪已经传播到中国边境之外,父系家长制家族体系的影响已经成功地遍及整个东亚。

最后,将妇女置于盛清时代的中心,还阐明了一个有着明确而充足的历史证据却一直被忽略的现象:作为时代标志的"关于女性的论战"(*Querelle des femmes*)。这场论战源自与历史人口的转型相关的矛盾,特别是随着经济机会的扩展和晋身欲望的膨胀所引起的资源和地位之间竞争的尖锐化。这些矛盾激化了关于妇女教育问题的争论,使人回想起从 16 世纪开始直到 17 世纪这一争论浮出水面的过程。①然而,这一矛盾在 18 世纪的重新浮现已使讨论提升到一个新的阶段。在盛清时期,劳动力、性与婚姻的市场都唤起了对妇女价值的重视,这种价值靠着与有钱有势人家攀亲的诱惑,靠着富人控制住寡妇与妓女不让她们再次进入婚姻市场,而得到大大提高。即使是日益富足的有钱人家,为女儿嫁妆的花费越来越大,美貌滕妾的价格也日益攀升。培养一个待嫁的女儿,为她的前途考虑,越来越需要进行适当的"教育",不仅仅在烹饪食品、祭祖礼仪乃至基本的礼貌举止方面,甚至也要学习传统典籍,那是一个出色的女儿应该掌握并用来扩大家庭影响的,也是一个聪慧的妻子必须了解并用来培养一个有学问的儿子以光耀门楣的。

另一个可作为 18 世纪争论标志的矛盾,表现在有关拐骗、强奸和卖妻的诉讼案件中。盛清时期的妇女买卖导致人们更加固执地幽闭

---

① 见 Handlin 1975;Ko 1994。

女性和隔离男女，这让饱学的女性很不自在，她们其实迫切希望通过出版或与男女同行的交流来展示自己的才华和丰富自己的知识。与此同时，受过教育的精英妇女——即闺秀——作为受过传统文化训练、日后要扮演母亲角色的女性，她们不希望自己被与歌妓混为一谈。她们力图将有才学的歌妓在文学领域内边缘化，力图增加自己作为有教养的已婚妇女——妻子与母亲的影响力。18世纪这种有才学女性在等级上的转换，标志着晚明社会传统的断裂，正如高彦颐指出的，晚明的艺妓在士大夫阶级的文学和道德伦理的话语中，甚至在政治生活中扮演过中心角色。①

我们有理由相信，清朝政府在乡村普及儒家伦理道德观念的计划，其实施的效率在18世纪达到顶点。新婚家庭接受精英阶层为公众树立的行为规范，其间包括要尊敬老人、重视祭祖敬宗的礼仪，以及对妇女的适当封闭以维护清白，等等。② 这些观念与对于轮回、死后报应以及观音菩萨救苦救难的信仰一起，无疑加重了千万个在贞节观念中养育成人的青年女子精神上的骚动，无论她们是作为寡妇、被拐骗者，还是作为穷困的佣工而被迫置身于婚姻市场和劳动市场。的确，矛盾冲突存在于18世纪每一社会性别问题的核心。无怪乎盛清时期的男性不知道应该如何谈论女人。女人天性堕落，"水性杨花"，需要训诫和适当的教育。女人任性放纵，爱慕虚荣。女人工作勤苦，娴于纺织针线。女人熟知传统的嘉言懿行，这些古礼可以回溯到周天子的黄金时代。女人美丽、知书达礼、精致、优雅、有才、多情、自我牺牲、无所不能。角色这样矛盾的女性却往往成为一个地区为之骄傲的标志，她们浮现在方志编纂者书写的传记和冗长的殉节"烈女"的名单

221

---

① Ko 1994；并见 Kang-i Sun Chang 1991。
② Chow 1994。

里,浮现在旅人们追忆南京和苏州柳巷风情的怀旧文字中,浮现在地方大员力图让外省妇女效法江南女性工作榜样而推行的奖掖纺织桑蚕的计划之内,也浮现在袁枚赞美学养深厚的浙西女作家和章学诚称颂浙东贤德妻子的文章里面。

形形色色的妇女买卖,涉及范围从刑事犯罪直至奴隶交易和性虐待的肮脏领域,它引发了有关 18 世纪经济和人口变迁等其他问题。如果更多的女婴能活到成年,但等待她们的未来却是成为一个靠出卖色相为生者或者性奴隶,这对她究竟是好是坏呢? 被苏州文学圈所津津乐道的 13 岁歌妓是该被羡慕还是该被同情? 这些妇女中的许多人是不是生还不如死? 那些自尽的、早夭的,那些伴着自怨自恨把隽妙诗稿付之一炬的,那些诗词中发出的绝望声音,还有那些悲惨的婚配,对此我们又能说些什么? 面对这些问题,可以使我们更接近那些父亲和兄弟、母亲和姐妹在他们生活的那个充满希望也充满绝望的年代所遭遇的巨大痛苦。这些问题我们不能回答,他们自己也不能够。

如果为盛清描绘的新景象使我们对中国历史上的社会性别关系以及妇女在其中的地位有了更为复杂的理解,我们要问一个进一步的问题:接下来的那个世纪又如何呢? 传统的中国妇女史以 19 世纪晚期反对缠足团体的兴起和普及妇女教育作为"妇女运动"的开端,偶尔也会追溯到袁枚和俞正燮对缠足的批评以及讽刺性小说《镜花缘》,将其作为到 20 世纪才开始席卷中国的大潮中一个最早的浪花。① 但是 19 世纪究竟发生了什么呢? 在一个普遍的妇女解放的过程中,我们难道真的能够假设存在一种带有目的论的连续性,其间女性的自我意识和她们转变中的角色会推动历史向着妇女解放的世界潮流前进?

①见 Ropp 1976,1981;并见 Lin Yu-t'ang(1935)1992;Li Ruzhen(1828)1965。

　　高彦颐的研究表明在明末清初,性别关系因那个时代的城市印刷文化而具有了一种独一无二的特性。而我却认为,随着清军入关和满洲统治导致的文化环境的转变,盛清时代的社会性别关系再次发生了变化。古典的复兴再定义了正妻在伦理关系中的地位,并使歌妓边缘化。清朝的政治家又通过他们对家庭经济中妇女工作的关怀扩大了这种效应。更值得注意的是,妇女在写作和宗教活动方面的力量意味着她们本身已经参与了社会性别关系的重建。这些转变是我们仅仅站在男性的立场无法理解的。

　　但是各种理由也使我们认为,盛清晚期的情况与本书描述的历史进程已经有些偏离,性别的社会关系再次发生了转变。1820 年的衰退腐蚀了 18 世纪大多数时期都在持续发展的妇女劳动力市场。[①] 鸦片战争的爆发,为卖淫开辟了军人和外国人两个大市场,持久地改变着传统的青楼文化,把它们的经营中心转移到通商口岸,西方人眼中的歌妓在历史上获得了新的位置。[②] 太平天国运动对性别关系的影响值得专门提出来进行研究,太平军洗劫了盛清时代妇女才学最兴盛的地区。小野和子(Ono Kazuko)曾经详细描述了魂飞胆丧的江南妇女怎样被太平军强迫解开裹脚布,而且更过分的是,走出家门到田间劳动。[③] 我们可以设想,在太平军占领结束后的反弹时期,在被芮玛丽(Mary Wright)如此恰当地称之为"中国保守主义的最后抵抗"时期,[④]上层社会的男人和女人重新界定了不容置疑地代表汉族传统特质的妇女形象:缠足,退回深闺,做贤妻良母,以及易受侵害的脆弱性质。所以当我们了解到,当儒家的教育体系崩解,旧式的藏书楼随之

---

① 关于 19 世纪初期金融危机的分析,参见 Lin Man-hong 1991。

② Hershatter 1997。

③ Ono(1978)1989:11—13 页。

④ Wright 1957。

在樟脑气味中尘封的时候,那个我们一直在探索的时代——那个中国社会中两性关系的转捩点,它塑造了中国身居高位的士大夫们的思想观念——也随之被人们从记忆中抹去时,我们就不应该惊讶了。

凭借着把妇女置于盛清历史的中心,我们可以对于长达一个半世纪(1843—1993 年)的学术论断提出挑战。中国激进主义者和西方传教士将中国妇女看成被"传统文化"压迫的牺牲品,直到西方教育和价值观被引进之后才得到解放。这样的设想一直将对中国妇女的研究锁定在"对西方回应"(response-to-the-West)的范式之内,大多数研究中国领域的学者长期以来都未消除这种想法。更糟的是,学习中国历史的学生一直被灌输一种有关社会性别的东方主义观点,西方学术界的研究应该对此负责。① 简单地说,对于盛清时期中国妇女的研究表明,在中国史的研究中我们迟迟未能摆脱种族中心论残留的桎梏。中国现代妇女史仍旧是一个她们在 19 世纪末 20 世纪初怎么因受西方式教育和受西方改革运动影响而被解放的故事。

如果我们在社会性别关系的理解方面删掉了 18 世纪,便会导致对中国历史的第二个误读。这种误读在最近关于中国在以往与未来是否存在一个"市民社会"兴起问题的争论中就可以发现。② 这些争论带有太多东方主义的色彩,也就是说,他们用一种很成问题的西方标准来衡量中国文明的历史进程。"市民社会",这是一个西方自由主义的政治哲学的发明,它将"公共"范围与家庭和家族的"私人"范围加以严格的区分。正如西方女性主义学者曾经注意到的,市民社会的整个概念都是漏洞百出的,因为它有系统地将妇女排除在外。③ 对于盛

① 有关东方主义的论述,最经典的可见 Said 1978。
② 见"学术讨论会"(1993)中有关这一争论所写的文章,尤见 William T. Rowe 和 Frederic Wakeman。
③ 见 Pateman 1988。

清时代社会性别的研究也戏剧性地戳穿了市民社会这一范式的漏洞。清朝作家从来没有过一个与家庭空间分离的"市民社会"的概念。① 相反,盛清时期性别关系的历史清楚地显示出,在当时的中国文化背景下,在精英阶层的公共话语中是承认妇女的家庭地位的,当时影响最著的知识分子对此也有清晰的表达,如思想家章学诚便承认,处于公共领域的男人对于退守闺阁的女人话语的倚赖,可能是每个人所共有的("共")。基于中国的道德哲学将妇女和家庭置于政治秩序中心的漫长历史,章学诚对于妇女的"公共"声音的理解便消解了西方政治哲学所宣扬的"市民社会"公私截然分开的论断。简而言之,对于中国妇女的历史记录——包括了她们在其间的地位以及她们作为被记录者的意识——都显示出一种对家庭生活和公共政治之间具有紧密联系的普遍深入的意识。

　　一旦将妇女置于历史分析的中心,中国士大夫生活的特点就被突出出来。这对于把市民社会范式强加于对帝国晚期中国历史研究之上的努力提出了挑战。这些特点让我们注意到,按照西方习惯的方式思考,会阻碍我们对中国文化和历史的理解。它们也迫使我们反思在我们自己的分析范畴中因性别偏见造成的影响。

　　社会性别关系在历史上的转变是不容易充分记载的。但史料已 *224* 经清楚地显示出,盛清时期是一个社会性别关系得到讨论和受到新的详细审视的时代。这些争论所引起的认识上的改变很难以实证方法衡量。但是从诗词中还是可以看出,对于组成帝国精英的那个很小的集团来说,这种争论是多么重要。作为史料的诗词大多数来自长江下游地区,在那里历史学家已经仔细地标绘出了盛清时代多种多样的经济、社会、政治和文化的转型轨迹。那么又为什么在所有这些学术研

────────────────

① Ko 在她的序言中很出色地论证了这一点(1994：12—17 页)。

究当中,有关社会性别的争论会如此经常地被忽略呢,特别是那个时代的人们已经发现它是如此显而易见的时候?孙康宜(Kang-i Sun chang)在她讨论妇女作品文集的经典文章中思考了一个类似的问题,她将中国文学研究中对社会性别的忽略归结为各种因素的综合。她认为主要的问题,是帝国晚期利用文本的机会有限,能否得到这种机会,首先就取决于文集的编纂方式。所谓的"标准"文集总是男性的,妇女的作品极少被收入,而且总是放在最后,甚至将其与和尚的作品归为一类,她们便因此而被边缘化。与此同时,大多数女性的文集是单独编撰的,原因恰恰是常规文集的编撰体裁无法容纳数量如此庞大的作品。因此她认为,这样大量的珍贵史料被忽略,应归咎于 20 世纪的文学史家和文学批评家,因为他们未能将这些作品纳入自己的著作中,也未能认识到这些作品在帝国晚期文学中的位置。①

不幸的是,治中国史的学者们却不太容易拿上述理由当作忽视女性的借口。本书中引用的所有史料都来自已出版的中国文献——而不是档案,其中一些是第一手资料,它们是被精心编撰的,出版的工本高昂,而且在盛清时期曾被男人和女人广为传阅。伊沛霞关于宋代婚姻的历史研究以及高彦颐关于 17 世纪妇女文化的分析已经向我们展示了在有关社会性别关系问题上中国历史文献的宏富,说明了中国妇女有自己的一部历史。换句话说,尽管我们总是需要更多和更完备的史料,但我们也不能忽略对已有的丰富史料以新的方式进行解读。

那么,我们的史料和解读的新方式究竟告诉了我们什么呢?妇女的确"拥有一个盛清时代"吗?问题本身当然就是有漏洞的。"中国妇女"是一个多样化的人群,在地域、社会地位和族群等各方面都存在显

---

① 见 Kang-i Sun Chang 1992:120—121 页。

著区别。① 当精英阶层的妇女作家在盛清时代已经找到自我的时候，劳动妇女——她们被束缚于日益增长的家庭工业中，作为妻子和母亲，比以往任何时候都更紧密地与家庭经济联系在一起——却有可能作为经济增长的结果而在男性面前退却。出于同样原因，当在盛清的江南地区给予女性的经济机会相对于男人可能减少的时候，这些机会 225 却似乎一直在向那些养蚕种桑被首次推广的边境地区扩展。最后我们还应该注意，完颜恽珠作为清帝国女性代言人之引人注目，有可能与她和满族的婚姻联系有关。汉族的女作家对于这种帝国的教化工程未必会有如此浓厚的兴趣。

大多数学者对清朝妇女作用的评价都是将妇女作为一个单一类型来归纳的。由于清代朝廷特别热衷于提倡妇女贞节，许多人便得出结论说满族统治者对妇女的压迫特别沉重。举例来说，魏斐德就曾认为在清朝统治之下妇女的地位有所降低，他认为这是满族统治者对于晚明城市文化和它所孕育的"新的女读者"如此激烈抵制的结果。② 魏斐德与许许多多对晚清政府作严厉批评的人一样，他将满洲的政策归入"新儒家清教主义"一类，它是一种"被强化的父权"，并且"抑制了家族中每个成员尤其是妇女的独立"。③ 从那些沦为奴婢、陷入包办婚姻、从事经济生产和在风月场所谋生的女性生活中得来的证据，的确给予魏斐德的观点以肯定的支持。但是从妇女的文学作品中却显示了，即使"新儒家清教主义"也有可能成为女性力量的源泉，佛教和

---

① Ko 将这个差异当作她对 17 世纪妇女研究的一个主要论题。关于 20 世纪的例子，见 Honig 1986。

② 见 Wakeman 1985，2：1094 页第 47 条。其中提到的"新的女读者"一词，见 Handlin (1975)对有关 16 世纪出现了一个妇女读者群的精彩分析。

③ Wakeman 1985，2：1094 页第 47 条。对于其他的批评内容，可参见从当代其他重要学者像 T'ien Ju-K'ang(1988：135,147 页等处)等到 20 世纪初具有改革精神的作家如刘纪华 (1934)等。

道教的精神生活也为女性提供了一个完全避开父权统治的自治空间。满洲统治者、满洲官员和普通男性可能确实有这样的意图，即将清教徒式的枷锁强加在妇女身上以加强父权的统治。但是妇女无论作为作家还是作为劳动者，都是社会生产和文化生产进程的一部分，而这些进程重塑了盛清的社会性别关系。精英阶层的妇女用自己的方式去接纳时代的精神，也用她们的才华强化自己的权力，尤其是在家庭之内。

　　罗浦洛对于盛清时代持更为乐观的看法，他将重点放在18世纪末19世纪初异军突起的讽刺与批判话语对于儒家旧道德的质疑之上，他通过对盛清时代讽刺小说进行分析而作出论断，认为18世纪的特殊状况培育起一种对于社会性别角色的全新的锋利评判。他认为这些评判是中国"早期现代性"的标志，是"近代中国文化浮现的萌芽"的一部分，后者昭示了20世纪兴起的妇女解放运动。①

　　我这本书提出的证据同样也使罗浦洛的乐观主义解读变得复杂起来。我们没有证据显示，精英阶层的女性曾经留心到讽刺作品、话本小说或学术批评中对社会变革的呼唤。她们之所以未曾留意，我相信，至少部分地是由于精英女性作为作家，在盛清时代享受着非同寻常的自我满足和喜悦感。写作赋予妇女以手段，使她们能够存己之珍重、颂己之爱赏、伤己之永失。就感情而言，在一个不太可能指望会有其他慰藉的世界中，写作提供了某种安慰。就社会而言，作品的被发表使作者得到了重视和声誉，而且打开了一个闺房远不能及的友谊和文友之间交往情谊的广阔的社会网络。作为书写活动的主体，盛清时代的女作家需要受教育而且值得受教育，她们是因这种身份而成为中国近代化的先头部队。也正是从这一方面，她们预示了20世纪早期

---

① 见 Ropp 1976,1981;引文出自 1976：19—23 页。

那些娴于文章辞令、受过良好教育、独立自强而且热心拥护革命的妇女们的出现。

在晚清的改革期间受过教育的妇女怎么样了？在中国近代的"家庭革命"期间母亲的权威又遇到了什么情况？而且为什么在20世纪为性别平等而进行的全球性的斗争中，中国妇女一直没有站在前沿？答案或许就在于受教育的女性与广大妇女之间存在着巨大的鸿沟，无论过去还是现在的中国文化都是如此。正如高彦颐曾明智地指出的那样，将中国妇女区分开来的差异要超过任何一种可能使她们联合起来的性别认同。虽然知识女性的数量从17世纪以来便在持续增长，但她们的权威还是来自传统文化和写作的力量。这种力量能够使受过教育的妇女在"文"（即儒家的上层文化）的语境内形成某种道义上的和人情上的身份认同，而权力使其在儒家"文"的方面具备了人文和道德权威的身份。但同是这种力量，在20世纪剧烈的变革中，在"文"的基础被革命领袖们——有男人也有女人——丢掉时，也随之消失了。因而，要想理解中国现代的社会性别关系，我们必须要问，受过教育的妇女是怎么样、又是在哪里重新定位自己，从而在新的政治制度下或保持、或挽回、或重新创造自己在道德和文化上的权威地位。

附录　清代女作家的地域分布

在这里,我准备将胡文楷1957年著作的内容制成表格,以此为据来分析清代女作家在地域上的分布。最初我曾以为女作家的分布是与人口密度相关的,人口越密集的地方,女作家的人数也越多,反之亦然。这个假设是否成立,请看表A-1。

表A-1　清代女作家的地域分布

地区	城市人口在地方人口中的比例	女作家人数	在清代女作家总数中所占比例
长江下游	7.9	2 258	70.9
华北	4.2	213	6.7
东南沿海	5.9	191	6.0
长江中游	4.6	180	5.7
岭南	7.0	125	3.9
赣江	—	81	2.5
长江上游	4.2	55	1.7
西北	4.9	46	1.4
云贵	4.1	29	0.9
东北 a	—	3	0.1

注:女作家人数见胡文楷的估算([1957]1985)。胡考证出3 181名女作家的出生地。这些数字包括了整个清代而不仅限于18世纪。不过,城市人口在当地人口中的比例是1843年的,引自Skinner(1977:235页),其中没有提供赣江地区和东北地区的比例数。

a译者注:东北,原文为Manchuria,系指今黑龙江与吉林的部分地区,下同。

　　表 A-1 显示了清代女作家在地域上的分布情况。在 3 181 名籍贯有据可考的女作家中,有 2 258 名亦即 70.9％ 来自长江下游地区。而在 1843 年,整个长江下游地区的总人口却仅占这个帝国(除了东北三省)总人口的 17％。[1]

　　如果人口的一般分布状况对于女作家的产生并没有什么直接关系的话,我们便可以设想,女作家主要来自中国城市化最发达的地区。长江下游地区迄今为止一直是中国人口最密集的地区,1843 年的平均人口密度达到每平方公里 348 人,而同期整个清帝国版图内的平均人口密度仅为 103 人,并且该地区城市人口占总人口的比例也大约达到 7.9％,在所有的大经济圈中是最高的。[2] 但是表 A-1 所显示的城市化水平的高低并不能完全解释这一地区产生女作家最多这一突出现象,因为同一时期的岭南地区,其城市化率高达 7％,在清代却只出现了很少的女作家——125 名,不及总数的 4％,排名尚在另外三个城市化率远远不及的地区之后。[3]

230

　　可见,人口分布和城市化水平并不能完全解释长江下游地区女作家异常集中的现象。不过从大体上看,清代女作家相对集中的地区也有些共同点,即这些地区的男子中出现的进士人数也是最高的,这表明了该地区在男子科举教育方面的投资和女性的学习之间有着很强的相关性联系。表 A-2 列举了长江下游地区清代出现女作家最多的 17 个府。府的顺序是按所出现的女作家在该地区总人口比例的大小排列的。排在前面的 13 个府,除一个以外(安庆),在清代都是文化上居于领先地位的地区。这种文化上的领先地位是由何炳棣(Ho Ping-ti)根据该地考取

---

[1] 见 Skinner 1977:213 页。

[2] 见 Skinner 1977:213,235 页。

[3] 杜荣佳(Wing-Kai To)曾向我指出,这些数字也可能只是取样偏差的体现,因数据编制者或许会有一些倾向性,比如低估或完全忽略长江下游以外地区的作品。(属私下的交谈)。

进士的数量和享有第一等头衔人士的数量而得出的。[①]

表 A－3 将清代女作家的籍贯以县为单位逐一排列,旨在更进一步地探究这种地域上的集中性。这些详细到县一级的数据表明了,在整个长江下游地区,各区域内的文化变迁可能对妇女的写作环境也产生了影响。

表 A－2 长江下游各府的女作家人数

府名	女作家人数	女作家在当地总人口中的比例
杭州	387	0.012 1
嘉兴	274	0.009 8
苏州	466	0.008 5
松江	172	0.006 5
常州	248	0.006 4
太仓	91	0.005 1
湖州	121	0.004 7
安庆	78	0.004 4
江宁	71	0.003 8
扬州	103	0.003 1
徽州	72	0.002 9
镇江	55	0.002 5
通州	24	0.002 5
和州	10	0.002 3
绍兴	107	0.002 0
瞿州	3	0.002 0
台州	33	0.001 2

注：人口数引自《大清一统志》(1820)1966。凡女作家在当地总人口中的比例不到千分之一的府均未列入此表。女作家的数据引自胡文楷(1957)1985,该数据包括了整个清代。

---

① 见 Ho Ping-ti 1962：246—249,250—254 页。

表 A - 3 清代出现过较多女作家的江南诸县

县的编号 a	县的名称	产生的女性文学家的数目 b
1447	钱塘	276
1370	常州	213
1388	吴	148
1398	嘉兴	132
1387	常熟	106
1395	海宁	96
1401	吴兴	94
1400	吴江	91
1391	松江	86
1450	绍兴	72
1360	江都	71
1350	江宁	70
1415	修宁	66
1371	无锡	66
1329	桐城	60

注：女作家的数据引自胡文楷(1957)1985，该数据包括了整个清代。

a 县的编号引自 Skinner 1977。

b 女作家的人数仅包括能够将籍贯落实到县一级的。尽管还有些女作家因为不能证实其具体到县的出生地而被忽略，但是表中的数字还是令人信服的。即使这个数字的涵盖面更广，也只能使这里给出的结果发生非常细微的变化。

这些在较低一级行政区划中显示的变化，从地图 2(原书 6 页)中也可看出，它表现出妇女文学作品产生数量的六个不同等次。在 A - 3 中排在最前面的九个县，也就是图 2 中阴影最重部分表示的地区，在整个清代每县都出现了 86 名或者以上的女作家。[1] 这九个核心的县 *231*

---

[1] 我的估测显然是粗略的：整个清代的数字仅仅是一个大约的总数，即使对于这些出生地仅仅能够确认到县一级的长江下游女作家的人数的估算也同样如此。然而可以确信，这一模式仍然是具有普遍性的。

都在 18 世纪被学者称为"浙西学派"所在的地区之内，也就是在江南紧挨着钱塘江西岸的那些县。[①] 作为清代女作家出现最多的地区，杭州和它的周边地区（钱塘县）是最值得骄傲的。紧随其后的是常州（由武进和阳湖等县组成），然后是吴县（以苏州为中心），再然后是嘉兴，等等。从这九个县和各县的中心城市中一共产生了 1 242 名女作家，占据清朝女作家总数的将近 40％。可见表 A‑4。

表 A‑4　清代据记载诞生女作家最多的诸县

县名 a	女作家人数 b	在清代女作家总数中所占百分比
钱塘	276	8.6％
常州	213	6.7％
吴	148	4.6％
嘉兴	132	4.1％
常熟	106	3.3％
海宁	96	3.0％
吴兴	94	3.0％
吴江	91	2.9％
松江	86	2.7％
总计	1 242	39.0％

注：女作家的数据引自胡文楷（1957）1985，该数据包括了整个清代。

a 所有的县均位于浙西。

b 该表中列举的各县女作家总人数以及在清代女作家总数中所占据的百分比都仅限于能够确认其出生地的人。对这些数字的估算方法如下：首先，我根据胡文楷（1957）1985 提供的所有女作家的出生地计算出每县的人数，再根据 G. William Skinner（1977）在对这个大地域作分析时所用的编码进行设计。数字都以 Skinner 的编码中与可辨认的县最接近者为基础。在县名和地区名无法统一的地方，我的解决办法是查阅地理辞典以及 Plarfair（1910）1968。至于百分比的估算，我的作法是（1）将所有的地名置于相关的县数之下；（2）找到重复的地名；（3）从清代女作家总数（3 556）中减去所有其出生地不详的人数；而且（4）得出出生地可考的女作家总数为 3 181 人（为凑整，在计算百分比时未将其计入总数）。

---

① 关于浙西边界的论述，参见第八章注释 5。

　　所以,尽管江南或谓长江下游,作为一个完整的大地域,产生的女作家多过了清朝女作家总数的 70％以上,但是,这个大区域本身看来 *232* 又可分为一个核心区域,即常州—钱塘一线,以及五个卫星地带,即环绕在周边的绍兴、扬州(江都)、南京(江宁)、桐城和新安(修宁)。关于这个大地域内部的差异,笔者在本书第八章中曾作过简要论述。

引用书目

用缩写引用的书目

EC   Hummel，Arthur W. 主编，1943. *Eminent Chinese of the Ch'ing Period*
       （《清代名人传》），Washington，D. C.：U. S. Government Printing Office.

GGZJ   完颜恽珠：《国朝闺秀正始集》，1831 年编，红香馆本。

GGZX   完颜妙莲保：《国朝闺秀正始续集》，1836 年编，红香馆本。

GGZXB   完颜妙莲保：《国朝闺秀正始续集补遗》，1836 年编，红香馆本。

HLM   曹雪芹、高鹗：《红楼梦》(1791)1988，北京：人民文学出版社。

JSWB   贺长龄：《皇朝经世文编》(1826)1963，台北：国风出版社再版。

LGBL   完颜恽珠：《兰闺宝录》，1831 年编，红香馆本。

Nanjing   1784 珠泉居士：《续板桥杂记》，香艳丛书本 1914,18：1/1a—17b。

Nanjing   1787 珠泉居士：《雪鸿小记》，香艳丛书本 1914,19：2/1a—8a。

Nanjing   1817 捧花生：《秦淮画舫录》，香艳丛书本 1914,14：3—4。

Nanjing   1818 捧花生：《秦淮画舫余录》，香艳丛书本 1914,18：1/18a—36b。

Ningbo   1841 二石生：《十洲春语》，香艳丛书本 1914,15：3。

QGSZ   施淑仪：《清代闺阁诗人征略》(1922)1987，上海：上海书店再版。

SNS   袁枚：《随园女弟子诗选》，1796。

SS   袁枚：《随园诗话》(1793—1796)1982，顾学颉编，再版第二卷，北京：人民文
       学出版社。

SSB   袁枚：《随园诗话补遗》(1793—1796)1982，再版为《随园诗话》第二卷。

Suzhou   1803 西溪山人：《吴门画舫录》，香艳丛书本 1914,17：3/7a—19a。

Suzhou   1813 简中先生：《吴门画舫续录》，香艳丛书本 1914,17：3/20a—42b。

其他引用书目

Abu-Lughod，Lila. 1986. *Veiled Sentiments*：*Honor and Poetry Society*. Berkeley：University of California Press.

——. 1993. *Writing Women's Worlds*：*Bedouin Stories*. Berkeley：University of 295 California Press.

Ahern，Emily M. 1975. "The Power and Pollution of Chinese Women." In Margery Wolf and Roxane Witke，eds.，*Women in Chinese Society*. Stanford：Stanford University Press.

Anderson，Benedict. 1983. *Imagined Communities*：*Reflections on the Origin and Spread of Nationalism*. London：Verso.

Arkush，R. David 欧达伟. 1984. "'If Man Works Hard the Land Will Not Be Lazy'：Entrepreneurial Values in North Chinese Peasant Proverbs." *Modern China* 10. 4：461—480.

Armstrong，Nancy. 1987. *Desire and Domestic Fiction*：*A Political History of the Novel*. New York：Oxford Umversity Press.

Ayseough，Florence [Mrs. Harley Farnsworth MacNair]. 1937. *Chinese Women Yesterday and Today*. Boston：Houghton Mifflin.

Bakhtin，Mikhail. 1984. *Rabelais and His World*. Trans. Helene Iswolsky. Bloomington：Indiana University Press.

Ban Zhao 班昭. (1624) 1893. 女诫 (Instructions for women). In 女四书(Four Books for Women). Annotated by Wang Xiang 王相. Imperially commissioned edition.

Bayly，C A. 1988. "The Origins of Swadeshi (Home Industry)：Cloth and indian Society，1700—1930." In Arjun Appadurai，ed，*The Social life of Things*：*Commodities in Cultural Perspective*. Cambridge：Cambridge University Press.

Beattie，Hilary J. 1979. *Land and Lineage in China*：*A Study of T'ung-ch'eng County*. *Anhwei*，*in the Ming and Ch'ing Dynasties*. Cambridge：Cambridge University Press.

Bol，Peter K 包弼德. 1992. "*This Culture of Ours*"：*Intellectual Transitions in T'ang and Sung China*. Stanford：Stantord University Press.

Boltz，Judith M 鲍菊隐. 1987. *A Survey of Taoist Literature*：*Tenth to Seventeenth Centuries*. Berkeley：Center for Chinese Studies，Institute of East

Asian Studies，University of California.

Bray，Francesca 白馥兰. Forthcoming 1997. *Inner States：Domestic Technologies and the Socicl Order in Late Imperial China*. Berkeley：University of California Press.

Bredon，Juliet，and Igor Mitrophanow. (1927) 1982. *The Moon Year：A Record of Chinese Customs and Festivals*. Reprint，New York：Oxford University Press.

Brokaw，Cynthia 包筠雅. 1991. *The Ledgers of Merit and Demerit：Social Change and Moral Order in Late Imperial China*. Cambridge，Mass. ：Harvard University Press.

Brook，Timothy. 1993. *Praying for Power：Buddhism and the Formation of Gentry Society in Late Ming-China*. Cambridge，Mass. ：Harvard University Press.

Brown，Judith C. 1986. "A Woman's Place Was in the Home：Women's Work in Renaissance Tuscany. " In Margaret W. Ferguson，Maureen Quilligan，and Nancy J. Viekers，eds. , *Rewriting the Renaissance：The Discourses of Sexual Difference in Early Modern Europe*. Chicago：University of Chicago Press.

Byron，John. 1987. *Portrait of a Chinese Paradise：Erotica and Sexual Customs of the Late Qing Period*. London：Quartet Books.

296 Cahill，James 高居翰. 1960. *Chinese Painting*. Skira edition. Cleveland：World Publishing Company.

Cahill，Suzanne E 柯素芝. 1993. *Transcendence and Divine Passion：The Queen Mother of the West in Medieval China*. Stanford：Stanford University Press.

Carlitz，Katherine 柯丽德. 1991. "*The Social Uses of Female Virtue in Late Ming Editions of Lienu Zhuan*. " Late Imperial China 12. 2：117,48.

Carpenter，Frances. 1945. *Tales of a Chinese Grandmother*，New York：Doubleday，Doran.

Chan，Wing-tsit. 1973. *A Source Book in Chinese Philosophy*. Princeton：Princeton University Press.

Chang，Kang-i Sun 孙康宜. 1991. *The Late-Ming Poet Ch'en Tzu-lung：Crises of Love and Loyalism*，New Haven：Yale University Press.

——. 1992. "A Guide to Ming-Ch'ing Anthologies of Female Poetry and Their Selection Strategies. " *The Gest Library Journal* (special issue) 5. 2：119,74.

Chang，Kang i Sun，and Haun Saussy，eds. Forthcoming 1997. *Chinese Women Poets：An Anthology of Poetry and Criticism from Ancient Times to 1911* .

Stanford: Stanford University Press.

Chard, Robert L. 1990. "Folktales on the God of the Stove." *Chinese Studies* 8. 1: 149—182.

Chen Hongmou 陈宏谋, comp. (1742) 1868; 1895. 教女遗规 (Bequeathed guidelines for instructing women). In 五种遗规。

Chen Peng 陈鹏. 1990. 中国婚姻史稿,北京: 新华书店。

Chodorow, Nancy. 1978. *The Reproduction of Mothering : Psychoanalysis and the Sociology of Gender*. Berkeley: University of California Press.

Chow, Kai-wing 周启荣. 1986. "Scholar and Society: The Textual Scholarship and Social Concerns of Wang Chung (1745—1794)." *Hanxue yanjiu* 4. 1: 297 312.

—— 1994. *The Rise of Confucian Ritualism in Late Imperial China : Ethics, Classics, and Lineage Discourse*. Stanford: Stanford University Press.

Ch'u T'ung tsu(瞿同祖). 1961. *Law and Society in Traditional China*. 法律与中国社会。Paris: Mouton.

Chugoku rekidai josei zoten 中国历代女性像展 (Exhibit of portraits of Chinese women through history), 1987. Tokyo: Center for Pan. Asian Cultural Exchange.

Cleary, Thomas, ed. and trans, 1989. *Immortal Sisters : Secrets of Taoist Women*. Boston: Shambhala.

Cloud, Frederick D. (1906) 1971. Hangchow: The "*City of Heaven.*" Shanghai: Press byterian Mission Press. Reprint, Taibei: Chengwen.

Clunas, Craig 柯律格. 1991. *Superfluous Things : Material Culture and Social Status in Early Modern China*. Cambridge. Eng. : Polity Press.

Cole, James H. 1986. *Shaohsing : Competition and Cooperation in Nineteentk-Century China*. Tucson: University of Arizona Press.

Cormack, Mrs. J. G. (1922)1974. *Chinese Birthday. Wedding , Funeral and Other Customs*. Shanghai: Kelly and Walsh. Reprint, Taibei: Chengwen.

Crossley, Pamela Kyle 柯娇燕. 1987, "Manzhou yuanliu kao and the Formalization of the Manchu Heritage." *Journal of Asian Studies* 46. 4: 761 90.

——. 1989. "The Qianlong Retrospect on the Chinese-Martial (Hanjun) Banners." *Late Imperial China* 10. 1: 63—107.

——. 1990. *Orphan Warriors : Three Manchu Generations and the End of the Qing World*. Princeton: Princeton University Press.

297

Da Qing Shizong Xianhuangdi shilu 大清世宗宪皇帝实录(Veritable records of the Yongzheng reign). (1937) 1964. Facsimile reprint of Da Manzhou diguo guowuyuan edition, Taibei: Huawen shuju。

Da Qing yitong zhi. 大清一统志(Comprehensive gazetteer of the realm). (1820) 1966. Jiaqing edition. Reprint, Taibei: Taiwan shangwu yinshuguan.

Dalby, Liza Crihfield. 1983, *Geisha*. Berkeley: University of California Press.

Demieville, Paul 戴密微. 1961. "Chang Hsueh ch'eng and His Historiography." In W. G. Beasley and E. G. Pulleyblank, eds. *Historians of China and japan*. London: Oxfurd University Press.

Despeux, Catherine 戴思博. 1990. *Immortelles de la Chine ancienne : Taoisme et alchimie feminine*. Puiseaux: Pardes.

Deuchler, Martina. 1992. *The Confucian Transformation of Korea : A Study of Society and Ideology*. Cambridge, Mass. : Harvard University Press.

Dietrich, Craig. 1972. "Cotton Culture and Manufacture in Early Ch'ing China." In W. E. Willmott, ed. , *Economic Organization in Chinese Soeiety*. Stanford: Stanford Univerglty Press.

Doolittle, Rev. Justus. 1867. *Social Life of the Chinese*. 2 vols, New York: Harper.

Dudbridge, Glen 杜德桥. 1978. *The Legend of Miao-shan*. London: Ithaca Press.

——. 1992. "Women Pilgrims to T'ai Shan: Some Pages from a Seventeenth-Century Novel." In Susan Naquin and Chun-fang Yu, eds. , *Pilgrims and Sacred Sites in China*. Berkeley: University of California Press.

Ebrey, Patricia Buckley 伊沛霞, ed. 1981. Chinese Civilization and, Society: A Sourcebook. New York: Free Press.

——. 1990. "Women, Marriage, and the Familly in Chinese History." In Paul S. Ropp, ed. , *Heritage of China : Contemporary Perspectives on Chinese Civilization*. Berkeley: University of California Press.

——. 1993. *The Inner Quarters : Marriage and the Lives of Chinese Women in the Sung Period*. Berkeley: University of California Press.

Edwards, Louise P 李木兰. 1994. *Men and Women In Qing China : Gender in "The Red Chamber Dream."* Leiden: E. J. Brill.

Elman, Benjamin A 艾尔曼. 1981. "Ch'ing Dynasty 'Schools' of Scholarship," *Ch'ing'shih wen ti* 4. 6: 1—44.

——. 1984. *From Philosophy to Philology : Intellectual and Social Aspects of*

Change in Late Imperial China. Cambridge, Mass,: Council on East Asian Studies, Harvard University.

——. 1990. *Classicism, Politics, and Kinship: The Ch'ang-chou School of New Text confucianism in Late Imperial China*. Berkeley: University of California Press.

Elman, Benjamin A., and Alexander Woodside, eds. 1994. *Education and Society in Late Imperial China, 1600—1900*. Berkeley: University of California Press.

Elvin, Mark 伊懋可. 1972. "The High-Level Equilibrium Trap: The Causes of the Decline of Invention in the Traditional Chinese Textile Industries." In W. E. Willmott, ed., *Economic Organization in Chinese Societ*. Stanford: Stanford University Press.

——. 1973. *The Pattern of the Chinese Past*. Stanford: Stanford University Press.

——. 1984. "Female Virtue and the State in China." *Past and Present* 104: 111—152.

Enloe, Cynthia. 1990. *Bananas, Beaches, and Bases: Making Feminist Sense oJ International Polities*. Berkeley: University of California Press. Fang Guancheng 方观承. (1809) 1988. 钦定授衣广训 (Imperially commissioned edition of wide-ranging instructions on the provision of clothing),上海国际书店影印本。

Fei, Hsiao tung 费孝通. (1939) 1962. *Peasant Life in China*. London: Routledge and Kegan Paul.

Feng Erkang 冯尔康. 1986.《清代的婚姻制度与妇女的社会地位述论》(Monograph on the marriage system in the Qing dynasty and the social status of women). 中国人民大深清史研究所:《清史研究集》第五集,北京:光明日报出版社。

Feng Hefa 冯和法主编, 1933.《中国农村经济资料》(Source materials on China's agricultural economy)第二集,上海黎明书局。

Findlen, Paula. 1993. "Science as a Career in Enlightenment Italy: The Strategies of Laura Bassi." Isis 84: 441—169.

Folbre, Nancy. 1986, "Cleaning House: New Perspectives on Households and Economic Development." *Journal of Development Economics* 22. 1: 5—40.

——. 1987. "The Pauperization of Motherhood. Patriarchy and Public Policy in the United States." In Naomi Gerstel and Harriet Engel Gross, eds., *Families*

298

and Work. Philadelphia: Temple University Press.

——. 1993. *Who Pays for the Kids? Gender and the Structure of Constraint*. London: Routledge.

Fortune, Robert. （1847）1972. *Three Years' Wanderings in the Northern Provinces of China, Including a Visit to the Tea, Silk, and Cotton Countries*, 2d ed. London: John Murray. Reprint, Taibei: Chengwen.

Franck, Harry A, 1926. *Roving Through Southern China*. London: T. Fisher Unwin.

Freedman, Maurice. 1958. *Lineage Organization in Southeastern China*. London: University of London, Athlone Press.

Fu Yiling 傅衣凌. 1956. 明清时代商人及商业资本(Merchants and commercial capital during the Ming and Qing dynasties). 北京：人民出版社。

Furth, Charlotte 费侠莉. 1986. "Blood, Body, and Gender: Medical Images of the Female Condition in China. " *Chinese Science* 7: 53—65.

——. 1987. "Concepts of Pregnancy; Childbirth, and Infancy in Ch'ing Dynasty China. " *Journal of Asian Studies* 46. 1: 7—35.

——. 1994. "Rethinking van Gulik: Sexuality and Reproduction in Traditional Chinese Medicine. " In Christina K. Gilmartin, Gall Hershatter, Lisa Rofel, and Tyrene White, eds. , *Engendering China: Women, Culture, and the State*. Cambridge, Mass,: Harvard University Press.

Garrett, Valery M. 1987. *Chinese Clothing in Hong Kong and South China, 1840—1980* . Hong Kong: Oxford University press.

A Glance at the Interior of China Obtained During a Journey Through the Silk and Green tea Districts. 1849, Shanghai: n. p.

Grant, Beata 管佩达. 1989. "The Spiritual Saga of Woman Huang: From Pollution to Purification" In David Johnson, ed, *Ritual Opera, Operatic Ritual:"Mu-lien Rescues His Mother" in Chinese Popular Culture*. Berkeley: Chinese Popular Culture Project, University of California.

——. 1994. "Who Is This I? Who Is That Other? The Poetry of an Eighteenth Century Buddhist Laywoman. " *Late Imperial China* 15. 1: 47—86.

Gregory, Peter N. 1991, *Tsung-mi and the Sinification of Buddhism*. Princeton: Princeton University Press.

Grove, Linda, and Christian Daniels, eds. 1984. *State and Society in China: Japanese Perspectives on Ming-Qing Social and Economic History*. Tokyo: University of Tokyo Press.

299

Guisso, Richard W., and Stanley Johannesen, eds. 1981. *Women in China: Current Directions in Historical Scholarship.* Historical Reflections, Directions Series 3. Youngstown, N. Y.: Philo Press.

Gujin tushu jicheng 古今图书集成(Completed collection of graphs and writings of ancient and modern times) (1728) 1985. 北京：中华书局重刊。

Guliang zhuan 谷梁传(Guliang commentary on the Spring and Autumn Annals). (1927—1928) 1965. 四部备要本,台北：中华书局重刊。

Gulik, R. H. van 高罗佩. 1961. *Sexual Life in Ancient China.* Leiden: E. J. Brill.

Guo Licheng 郭立诚. （1904）1982. 写在女人经前页(Written as a foreword to the Classic for Women). 台北：大力出版社重刊。

Guo Songyi 郭松义. 1987. 清代人口问题与婚姻状况的考察（A study of population and marital status in the Qing dynasty).《中国史研究》3：123—137.

Guy, R. Kent. 1987. *The Emperor's Four Treasuries: Scholars and the State in the Late Ch'ien-lung Era.* Cambridge, Mass.: Council on East Asian Studies, Harvard University.

Handlin, Joanna F. 1975. "Lu K'un's New Audience: The Influence of Women's Literacy on Sixteenth-Cemury Thought." In Margery Wolf and RoxaneWitke, eds., *Women in Chinese Society.* Stanford: Stanford University Press.

Harrell, Stevan 郝瑞. 1985. "The Rich Get Children: Segmentation, Stratification, and Population in Three Chekiang Lineages, 1550—1850." in Susan B. Hanley and Arthur P. Wolf, eds., *Family and Population in East Asian History*, Stanford: Stanford University Press.

——. 1995. "Introduction: Civilizing Projects and the Reaction to Them." In Harrell, ed., *Cultural Encounters on China's Ethnic Frontiers.* Seattle: University of Washington Press.

Hawkes, David 霍克思. 1959. *Ch'u Tz'u: The Songs of the South.* London: Oxford University Press.

He Guanbiao 何冠彪. 1991. "清代'浙东学派'问题评议"(A critical assessment of the controversy surrounding the Zhedong school of scholarship),载《明末清初学术思想研究》,台北：台湾学生书局。

Headland, Isaac Taylor. （1914）1974. *Home Life in China.* london: Methuen. Reprint, Taibei: Chengwen.

Herlihy, David. 1990. Opera Muliebria: *Women and Work in Medieval Europe.* New York: McGraw Hill.

300

Hershatter, Gall 贺萧. 1989. "The Hierarchy of Shanghai Prostitution, 1870—1949. " *Modern China* 15. 4：463—498.

——. 1991. "Prostitution and the Market in Women in Early Twentieth-Century Shanghai. " In Rubie S. Watson and Patricia Buckley Ebrey, eds. , *Marriage and Inequatity in Chinese Society*. Berkeley：University of California Press.

——. 1992. "Sex Work and Social Order：Prostitutes, Their Families, and the State in Twentieth-Century Shanghai. " In Institute of Modern History, Acadenlia Sinica, eds. , *Family Process and Political Process in Modern Chinese History*, vol. 2 Taibei：Institute of Modern History, Academia Sinica.

——. Forthcoming 1997. *Dangerous Pleasures：Prostitution ami Modernio in Twentieth-Century Shanghai*. Berkeley：University of California Press.

Hinsch, Bret 韩献博. 1990. *Passions of the Cut Sleeve：The Male Homosexual Tradition in China*. Berkeley：University of California Press.

Hirschmeier, Johannes. 1964. *The Origins of Entrepreneurship in Meiji Japan*. Cambridge, Mass. : Harvard University Press.

Ho, Clara Wing-chung （Liu Yongcong 刘咏聪）. 1995. "The Cultivation of Female Talent：Views on Women's Education in China During the Early and High Qing Periods. " *Journal of the Economic and Social History of the Orient* 38. 2：191—223.

Ho Ping-ti. 何炳棣. 1959. *Studies on the Population of China*. Cambridge, Mass. : Harvard University Press.

——. 1962. *The Ladder of Success in lmperial China：Aspects of Social Mobility, 1368—1911* . New York：Columbia University Press.

——. 1967. "The Significance of the Ch'ing Period in Chinese History. " *Journal of Asian Studies* 26. 2：189—195.

Hoang, Pierre 黄伯禄. 1916. *Le mariage chinois au point de vu legal*. 2d ed. , rev. and corrected. Varities sinologiques no. 14. Shanghai：Catholic Mission.

Hodous, Lewis. （1929） 1984. *Folkways in China*. Reprint, Taibei Orient Cultural Service.

301 Holmgren, Jennifer 衣若兰. 1986. "Observations on Marriage and Inheritance Practices in Early Mongol and Yuan Society, with Particular Reference to file Levitate. " *Journal of Asian History* 20. 2：127—192.

——. 1991. "Imperial Marriage in the Native Chinese and Non-Han State, Han to Ming. " In Rubie S. Watson and Patricia Buckley Ebrey, eds, *Marriage and Inequality in Chinese Society*. Berkeley：University of California Press.

Hong Liangji 洪亮吉. (1793) 1969. "意言二十篇"(Opinions：Twenty essays). 卷施阁文甲集(Essays film the Pavilion of the Juanshi Plant，first collection)，卷一. 载《洪北江先生遗集》守经堂版卷一，台北：华文书局重刊。

Hong Shuling 洪淑苓. 1988. 牛郎织女研究（A study of the folktale of "The Cowherd and the Weaving Maid"）. 台北：台湾学生书局。

Honig，Emily 韩启澜. 1986. *Sisters and Strangers*：*Women in the Shanghai Cotton Mills*，*1919—1949*. Stanford：Stanford University Press.

Hsiao，Kung-chuan 萧公权. 1960. *Rural China*：*Imperial Control in the Nineteenth Century*. Seattle：University of Washington.

Hsiung Ping-chen 熊秉真. 1992. 好的开始：近世士人子弟的幼年教育（A good start：childhood education of scholars in modern history），载"中央研究院"近代史研究所编：《近代中国历史上的家庭进程和政治进程》卷一，台北："中央研究院"近代史研究所。

——. 1994. "Constructed Emotions：The Bond Between Mothers and Sons in late Imperial China." *Late bnperial China* 15.1：87—117.

Hu Shih（Hu Shi，胡适）. (1931a) 1992. "Women's Place in Chinese History." In Li Yu ning，ed. *Chinese Women Through Chinese Eyes Armonk*，N. Y：M. E. Sharpe.

——. 1931b. 章实斋先生年谱（Yearly chronicle of the life of Zhang Shizhai (Xuecheng)）. 姚明达增补本，上海：商务印书馆。

Hu Wenkai 胡文楷编. (1957) 1985. 历代妇女著作考（A survey of women writers through the ages），上海：上海古籍出版社。

Huang Liu hung（Huang Liuhong 黄六鸿）. (1694) 1984. 福惠全书。翻译及编著：Chu Djang. Tucson：University of Arizona Press。

Huang，Philip C. C 黄宗智. 1990. *The Peasant Family and Rural Development in the Yangzi Delta*，*1350—1988*. Stanford：Stanford University Press.

Huang Yizhi 黄逸之. 1934. 黄仲则年谱（A chronological biography of Huang Jingren）. Shanghai：Commercial Press.

Huangchao zhengdian letzuan 皇朝政典类纂（Sources on governmental institutions of the reigning dynasty，arranged by category）. (1903) 1969. 台北：成文出版社重刊。

Hucker，Charles O 霍克. 1985. *A Dictionary of Official Titles in imperial China*. Stanford：Stanford University Press.

Jin shu 晋书（History of the Jin dynasty）. (646—648) 1974. 卷十，北京：中华书局标点本。

302

Jing Junjian 经君健. 1981. 论清代社会的贱民等级（The structure of stratification in Qing dynasty society），《经济研究所集刊》3：1—64。

——. 1993. 清代社会的贱民等级（The status of pariah populations in Qing society). 杭州：浙江人民出版社。

Johnson, David 姜士彬, ed. 1989. *Ritual Opera*, *Operatic Ritual*：*"Mu-lien Rescues His Mother" in Chinese Popular Culture*. Berkeley：Chinese Popular Culture Project, University of California.

Johnson, Elizabeth L. 1975. "Women and Childbearing in Kwan Mun Hau Village." In Margery Wolf and Roxane Witke, eds., *Women in Chinese Society*. Stanford：Stanford University Press.

——. 1988. "Grieving for the Dead, Grieving for the Living：Funeral Laments of Hakka Women ?" In James L. Watson and Evelyn S. Rawski, eds, *Death Ritual in Late Imperial and Modern China*. Berkeley：University of California Press.

Johnson, Kinchen. (1932) 1971. *Folksongs and Children-Songs from Peiping*. Taibei：Orient Cultural Service.

Johnston, Reginald F. (1910)1986. *Lion and Dragon in Northern China*. New York：John Murray Reprint, Hong Kong：Oxford University Press.

Jones, Susan Mann. 1972. "HungLiang-chi (1746—1809)：The Perception and Articulation of Political Problems in Late Eighteenth-Century China." Ph. D. diss. Stanford University.

Jones, Susan Mann, and Philip A. Kuhn. 1978. "Dynastic Decline and the Roots of Rebellion," In John K. Fairbank, ed. *The Cambridge History of China*. Vol. 10：*Late Ch'ing*, *1800—1911*, part 1. New York：Cambridge University Press.

Kahn, Harold L 康无为. 1971. *Monarchy in the Emperor's Eyes：Image and Reality in the Ch'ien-lung Reign*. Cambridge, Mass. ：Harvard University Press.

Kelly, Joan. 1984. *Women*, *History and Theory：The Essays of Joan Kelly*. Chicago：University of Chicago Press.

Kendall, Laurel. 1987. *Shamans*, *Housewives*, *and Other Restless Spirits*：*Women in Korean Ritual Life*. Honolulu：University of Hawaii Press.

King. Margaret L. 1980. "Book-Lined Cells：Women and Humanism in the Early Italian Renaissance." In Patrieia H. LaBalme, ed., *Beyond Their Sex*：*Learned Women of the European Past*. New York：New York University

Press.

Ko，Dorothy Y 高彦颐. 1994. *Teachers of the Inner Chambers：Women and Culture in China*，1573—1722. Stanford：Stanford University Press.

———. Forthcoming 1997. "The Body as Attire：Footbinding and the Boundaries of Alterity in Seventeenth-Century China." *Journal of Women's History*.

Kohn，Livia，ed. 1993. *The Taoist Experience：An Anthology*. Albany：State University of New York Press.

Kuhn，Dieter. 1988. *Science and Civilisation in China*. Vol. 5：*Chemistry and Chemical Technology*，part 9，*Textile Technology：Spinning and Reeling*. Cambridge：Cambridge University Press.

Kuhn，Philip A 孔飞力. 1990. *Soulstealers：The Chinese Sorcery Scare of 1768*. Cambridge，Mass.：Harvard University Press.

Lagerwey，John 劳格文. 1987. *Taoist Ritual in Chinese Society and History*. New York：Macmillan.

Lan Dingyuan 蓝鼎元. (18 世纪初)1977. 女学(Women's learning). 台北：文海出版社重刊。

Lau，D. C 刘殿爵. 翻译. 1982.《论语》，New York：Penguin Books.

Lawton，Thomas 罗覃. 1973. *Chinese Figure Painting*. Washington，D. C.：Freer Gallery of Art.

Lee，James，Cameron Campbell，and Guofu Tan. 1992. "Infanticide and Family Planning in Late Imperial China：The Price and Population History of Rural Liaoning，1774—1873." In Thomas G. Rawski and Lillian M，Li，eds.，*Chinese History in Economic Perspective*. Berkeley：University of California Press.

Legge，James，翻译. (1885)1967. 李贽：Book of Rites. Ed. Ch'u Chai and Winberg Chai. 2 vols. New Hyde Park，N. Y.：University Books.

———. 翻译. (1893—1895)1991. 中国古典名著卷一为孔丘：《论语》,《大学》与《中庸》;卷二为《孟子》;卷四为《诗经》;卷五为《春秋左传》。台北：SMC Publishing. Reprint of the last editions，Oxlord：Oxford University Press.

Lerner，Gerda. 1986. *The Creation of Patriarchy*. New York：Oxford University Press.

Leung，Angela Ki Che（Liang Qizi 梁其姿）. 1993a. "To Chasten Society：The Devlopment of Widow Homes in the Qing." *Late Imperial China* 14.2：1—32.

———. 1993b. "贫穷"与"穷人"观念在中国俗世社会中的历史演变(The historical transformation of concepts of "poverty" and "the poor" in Chinese popular culture). 载黄应贵编：《人观·意义与社会》，台北："中央研究院"民族学研究所。

Leupp, Gary P. 1992. *Servants, Shophands, and Laborers in the Cities of Tokugawa Japan.* Princeton：Princeton University Press.

Levering, Miriam L. 1982. "The Dragon Girl and the Abbess of Maoshan：Gender and Status in the Ch'an Buddhist Tradition." *Journal of the International Association of Buddhist Studies* 5.1：19—35.

Levy, Howard S 李豪伟. 1966a. *Chinese Footbinding：The History of a Curious Erotic Custom.* New York：Walton Rawls.

——. trans. 1966b. *A Feast of Mist and Flowers：The Gay Quarters of Nanking at the End of the Ming.* Yokohama：privately printed.

Levy, Marion J., Jr. 1949. *The Family Revolution in Modern China.* London：Oxford University Press.

Levy, Marion J., Jr., and Kuo-heng Shih. 1949. *The Rise of the Modern Chinese Business Class：Two Introductory Essays.* NewYork：Institute of Pacific Relations, International Secretariat.

Li Bozhong 李伯重. 1984. 明清时期江南水稻生产集约程度的提高——明清江南农业经济发展特点探讨之一（The rising intensification of rice production in Jiangnan during the Ming-Qing period — the first inquiry into the special characteristics of the development of Jiangnan's agricultural economy during the Ming Qing period），载《中国农史》1：24—37.

——. 1985a. "桑争稻田"与明清江南农业生产集约程度的提高——明清江南农业经济发展特点探讨之二（"Mulberry versus paddy fields" and the rising intensification of agricultural production in Jiangnan during the Ming Qing period — a second inquiry into the special characteristics of the development of Jiangnan's agricultural economy during the Ming-Qing period），载《中国农史》1：1—12.

——. 1985b. 明清江南农业资源的合理利用——明清江南农业经济发展特点探讨之三（The rational use of agricultural resources in Ming-Qing Jiangnan — a third inquiry into the special characteristics of the development of Jiangnan's agricultura economy during the Ming-Qing period），载《农业考古》2：150—163.

——. 1986. 明清江南种稻农户生产能力初探——明清江南农业经济发展特点探讨之四（A preliminary study study of the productivity of peasant rice cultivators in Ming-Qing Jiangnan — the fourth inquiry into the special characteristics of the development of Jiangnan's agricultural economy during the Ming-Qing period），载《中国农史》3：1—12.

Li Dou 李斗. (1794—1797) 1984. 扬州画舫录(Guide to the pleasure quarters of Yangzhou),扬州：江苏广陵古籍出版社。

Li，Lillian M. 1981. *China's Silk Trade：Traditional Industry in the Modern World，1842—1937*. Cambridge，Mass.：Harvard University Press.

Li Ling and Keith MeMahon. 1992. "The Contents and Terminology of the Mawangdui Texts on the Arts of the Bedchamber." *Early China* 17：145—185.

Li Ruzben 李汝珍. (1828) 1965. 镜花缘. 译文作 *Flowers in the Mirror*. Trans. and ed. Lin Tai-yi. Berkeley：University of California Press.

Li，San-pao. 1993. "Ch'ing Cosmology and Popular Precepts," In Richard J. Smith and D. W. Y. Kwok, eds, *Cosmology, Ontology, and Human Efficacy：Essays in Chinese Thought*. Honolulu：University of Hawaii Press.

Li Wai-yee 李惠仪. 1993. *Enchantment and Disenchantment：Love and Illusion in Chinese Literature*. Princeton：Princeton University Press.

Liang Fangzhong 梁方仲编. 1985. 中国历代户口、田地、田赋统计(Population, land, and tax data through Chinese history),上海：人民出版社.

Liang Qizi. See Leung，Angela Ki Che(梁其姿).

Liang Yizhen 梁乙真. (1925) 1968. 清代妇女文学史. 台北：中华书局重刊本。

Lin Man-houng 林满红. 1991. "Two Social Theories Revealed：Statecraft Controversies over China's Monetary Crisis，1808—1854." *Late Imperial China* 12. 1：1—35.

Lin Yu-t'ang 林语堂. (1935)1992. "Feminist Thought in Ancient China." in Li Yu-ning, ed., *Chinese Women Through Chinese Eyes*. Armonk, N. Y.：M. E. Sharpe.

Linqing 麟庆. (1897) 1981；n. d. 鸿雪因缘图记 (Sketches of a wandere's tortune). 王锡祺编：《小方壶斋舆地丛钞》no. 3：144—58. 上海：著易堂本。

Reprint (3 vols., unpaginated [w]L 3, illustrations),台北：广文书局。

Liu I-ch'ing 刘义庆，(c. 430) 1976. 世说新语.

Liu Jihua 刘纪华. 1934. 中国贞节观念的历史演变,载《社会学界》8：19—35.

Liu Ts'ui-jung (Liu Cuirong 刘翠溶). 1985. "The Demography of two Chinese Clans in Hsiao-shan, Chekiang, 1650—1850." In Susan B. Hanley and Arthur P. Wolf, eds, *Pamily and Population in East Asian History*. Stanford：Stanford Universlty Press.

——. 1992a. "Formation and Function of Three Lineages in Hunan" In Institute of Modern History, Academia Sinica, eds., *Family Process and Political*

305

Process in Modern Chinese History，台北："中央研究院"近代史研究所.

——. 1992b. *Lineage Population and Socio-economic Changes in the Ming-Ch'ing Periods*. 2 vols. 南港，台北："中央研究院"经济研究所研究专刊，第 15 号.

Liu Xiang 刘向.（16 B. C. E.）1966. 列女传（Biographies of exemplary women). 台北：四部备要本.

Liu Yunfen 刘云份，comp.（1673）1936. 翠楼集（Collected poems from azure chambers). 夜香堂版，上海：杂志公司.

Loewe，Michael 鲁惟一. 1979. *Ways to Paradise：The Chinese Quest for Immortality*. London：Allen & Unwin.

Lou Shou 楼璹.（1696）1808,御制耕织图（Imperially commissioned illustrations of plowing and weaving). 焦秉真绘制, N. p.

Luk，Charles（Lu K'uan Yu），trans. 1966. The Surangama Sutra（Leng Yen Ching). London：Rider.

Luo Wenzhao 罗文昭，comp.（1779）1879. 历代名媛图说（Illustrated tales of famous beauties throughout history). 2 vols. 上海：点石斋.

McDermott，Joseph P. 周绍明. 1981. "Bondservants in the T'ai-hu Basin During the Late Ming：A Case of Mistaken Identities." *Journal of Asian Studies* 40. 4：675—701.

——. 1990. "The Chinese Domestic Bursar." *Ajia bunka kenkyu*（November)：15—32.

——. 1991. "Family Financial Plans of the Southern Sung." *Asia Major*，3d ser. 4. 2：15—52.

McMahon，Keith 马克梦. 1988. *Causality and Containment in Seventeen-Century Chinese Fiction*. Leiden：E. J. Brill.

——. 1994. "The Classic 'Beauty Scholar' Romance and the Superiority of the Talented Woman," In Angela Zito and Tani E. Barlow，eds. ，*Body*，*Subject*，*and Power in China*，Chicago：University of Chicago Press.

Mann，Susan 曼素恩. 1972. See Jones，Susan Mann.

——. 1985，"Historical Change in Female Biography from Song to Qing Times：The Case of Early Qing Jiangnan," Transactions of the International Conference of Orientalists in Japan，no. 30：65—77.

——. 1987. "Widows in the Kinship，Class，and Community Structures of Qing Dynasty China." *Journal of Asian Studies* 46. 1：37—56.

——. 1991. "Grooming a Daughter for Marriage：Brides and Wives in the Mid-

Ch'ing Period. " In Ruble S. Watson and Patricia Buckley Ebrey, eds. , *Marriage and Inequality in Chinese Society*. Berkeley: University of California Press.

——. 1992a. "Classical Revival and the Gender Question: China's First Querelle des Femmes. " In Institute of Modern History, Academia Sinica, eds. , *Family Process and Political Process in Modern Chinese History*, vol 1. Taibei: Institute of Modern History, Academia Sinica.

——. 1992b. "'Fuxue' (Women's Learning) by Zhang Xuecheng (1738—1801): China's First History of Women's Culture. " *Late Imperial China* 13. 1: 40—63.

——. 1992c. "Household Handicrafts and State Policy in Qing Times. " In Jane Kate Leonard and John R. Watt, eds. To Achieve Security and Wealth: *The Qing Imperial State and the Economy*, 1644—1911 . Cornell East Asia Series no. 56. Ithaca: Cornell University East Asia Program.

——. 1993. "Suicide and Survival: Exemplary Widows in the Late Empire. " In *Chugoku no dento shakai to kazoku: Yanagida Setsuko sensei koki kinen ronshu* 中国传统社会的家族: 柳田节子先生古稀纪念论集. Tokyo: Kyuko shoin.

——. 1994. "The Education of Daughters in the Mid-Ch'ing Period. " In Benjamin A. Elman and Alexander Woodside, eds. , *Education and Society in Late Imperial China*, 1600—1900 . Berkeley: University of California Press.

——. 1996. "Women in the Life and Thought of Zhang Xuecheng. " In Philip J. Ivanhoe, ed. , *Chinese Language, Thought and Culture: Nivison and His Critics*. La Salle, Ill: Open Court Press.

Mann, Susan, and Philip A. Kuhn. 1978. See Jones, Susan Mann and Philip A. Kuhn.

Martin, Emily. 1988. "Gender and Ideological Differences in Representations of Life and Death. " In James L. Watson and Evelyn S, Rawski, eds. *Death Ritual in Late Imperial and Modern China*. Berkeley: University of California Press.

Mayers, William Frederick. 梅辉立. (1897) 1966. *The Chinese Government: A Manual of Chinese Titles, Categorieally Arranged and Explained, with an Appendix*. Shanghai: Kelly & Walsh. Reprint, Taibei: Chengwen.

——. (1910) 1974. *The Chinese Reader's Manual*. Shanghai: American Presbyterian Mission Press. Reprint London: Probsthain.

Meijer, Marinus J. 梅耶尔. 1980. "Slavery at the End of the Ch'ing Dynasty. " In

307

Jerome Alan Cohen，R. Randle Edwards，and Fu-mei Chang Chen，eds. *Essays on China's Legal Tradition*. Princeton：Princeton University Press.

Meng Fanke 孟繁科编. 1989. 中国妇女之最（China's greatest women）. 北京：中国六有出版社。

Metzger，Thomas A. 墨子刻. 1977. *Escape from Predicament：Neo-Confucianism and China's Evolving Political Culture*. New York：Columbia University Press.

Mohanty，Chandra Talpade. 1991. "Under Western Eyes：Feminist Scholarship and Colonial Discourses." In Chandra Talpade Mohanty，Ann Russo，and Lourdes Torres，eds. *Third World Women and the Politics of Feminism*. Bloomington：Indiana University Press.

Morohashi Tetsuji 诸桥辙次. 1955—1960. Dai Kan-Wa jiten 大汉和辞典（Comprehensive Chinese-Japanese dictionary）. 东京：大修馆书店.

Nakagawa Tadahide 中川子信. （1799）1983. Shinzoku kibun 清俗纪闻（Travelers' accounts of Qing customs）. Reprint，Taibei：Dali chubanshe.

Naquin，Susan 韩书瑞. 1988. "Funerals in North China：Uniformity and Variation." In James L. Watson and Evelyn S. Rawski eds.，*Death Ritual in Late Imperial and Modern China*. Berkeley：University of California Press.

Naquin，Susan，and Evelyn S. Rawski. 1987. *Chinese Society in the Eighteenth Century*. New Haven：Yale University Press.

Needham，Joseph 李约瑟. 1956. *Science and Civilisation in China*. Vol. 2：*History of Scientific Thought*. Cambridge，Eng.：Cambridge University Press.

Ng，Vivien 伍慧英，1987. "Ideology and Sexuality：Rape Laws in Qing China." *Journal of Asian Studies* 46. 1：57—70.

Nienhauser，William H. 倪豪士，Jr.，ed. and comp. 1986. *The Indiana Companion to Traditional Chinese Literature*. Bloomington：Indiana University Press.

Nivison，David S. 倪德卫. 1966. *The Life and Thought of Chang Hsueh-ch'eng（1738—1801）*. Stanford：Stanford University Press.

O'Hara，Rev. Alfred R. 1945. *The Position of Woman in Early China According to the Lieh Nu Chuan，"The Biographies of Eminent Chinese Women."* Washington，D. C.：Catholic University of America Press.

Ono Kazuko 小野和子. （1978）1989. 中国女性史. *Trans. as Chinese Women in a Century of Revolution，1850—1950*. Ed. and trans. Joshua A. Fogel. Stanford：Stanford University Press.

Ortner，Sherry. 1978. "*The Virgin and the State*." Feminist Studies 14. 3: 19—35.

Overmyer，Daniel L. 1985. "Values in Chinese Sectarian Literature: Ming and *308* Ch'ing Pao-chuan." In David Johnson，Andrew J. Nathan，and Evelyn S. Rawski，eds.，*Popular Culture in Late Imperial China*. Berkeley: University of Calitornia Press.

Owen，Stephen 宇文所安. 1990. "Poetry in the Chinese Tradition." In Paul S. Ropp，ed.，*Heritage of China: Contemporary Perspectives on Chinese Civilization*. Berkeley: University of California Press.

Pateman，Carole. 1988. *The Sexual Contract*. Stanford: Stanford University Press.

Paul，Diana Y. 1985. *Women in Buddhism: Images of the Feminine in Mahayana tradition*. 2d ed. Berkeley: University of California Press.

Peng Shaosheng 彭绍升，comp. 1872. 善女人传 (Biographies of female lay devotees). 卷二，N. p.

Peng Zeyi 彭泽益. 1984. 中国近代手工业史资料 (Materials on the history of China's modern handicraft industries) 卷一. 北京: 中华书局。

Perdue，Peter. 1992. "The Qing State and the Gansu Grain Market，1739—1864." In Thomas G. Rawski and Lillian M. Li，eds，*Chinese History in Economic Perspective*. Berkeley: University of California Press.

Peterson，Willard J. 裴德生. 1968. "The Life of Ku Yen-wu (1613—1682)." Part 1. *Harvard Journal of Asiatic Studies* 28: 114—156.

——. 1979. Bitter Gourd: *Fang I-chih and the Impetus for Intellectual Change*. New Haven: Yale University Press.

Playfair. G. M. H. (1910) 1968. *The Cities and Towns of China: A Geographical Dictionary*. 2d ed. Reprint，Taibei: Chengwen.

Qian Xiao 钱晓，comp. 1939. 庭帏杂录 (Scattered records of the home life of Yuan Zhong and his brothers). 长沙: 商务书店。

Qin Yaozeng 秦耀曾，comp 1843 重修南海普陀山志 (Gazetteer of Mount Putuo in the Southern Seas，revised).

Qinding Da Qing huidian shi li 钦定大清会典事例 (Imperially endorsed edition of the statutes and precedents of the Qing dynasty). （嘉庆版）1991/1992，台北: 文海出版社重刊。

Qinding Da Qing huidian zeli 钦定大清会典则例 (Inlperially endorsed edition of the regulations and precedents of the Qing dynasty). 1748. 乾隆版。

Qingdai hua Falang tezhan mulu 清代画珐琅特展目录（Catalog of a special exhibition of Qing dynasty painted enamels）. 1984，台北：故宫博物院。

Quataert, Jean H. 1985. "The Shaping of Women's Work in Manufacturing: Guilds, Households, and the State in Central Europe, 1648—1870." *American Historical Review* 90. 5: 1,122—148.

Rawski, Evelyn S. 罗友枝, 1991. "Ch'ing Imperial Marriage and Problems of Rulership." In Rubie S. Watson and Patricia Buckley Ebrey, eds. , *Marriage arid Inequality in Chinese Society*. Berkeley: University of California Press.

Reed, Barbara E. 1992. "The Gender Symbolism of Kuan-yin Bodhisattva." *In Jose Ignacio Cabezon , ed, Buddhism, Sexuality; and Gender*. Albany: State University of New York Press.

Robertson, Maureen 雷麦伦. 1992. "Voicing the Feminine: Constructions of the Gendered Subject in Lyric Poetry by Women of Medieval and Late Imperial China." *Late Imperial China* 13. 1: 63—110.

——. Forthcoming 1997. "Changing the Subject: Gender, Representation, and Self-Inscription in Author's Prefaces and 'Shi' Poetry by Women in Ming-Qing China." In Ellen Widmer and Kang-i Sun Chang, eds. , *Writing Women in Late Imperial China*. Stanford: Stanford University Press.

Ropp, Paul S. 罗浦洛. 1976. "The Seeds of Change: Reflections on the Condition of Women in the Early and Mid Ch'ing." *Signs: Journal of Women in Culture and Society* 2. 1: 5—23.

——. 1981. *Dissent in Early Modern China: "Ju-lin wai-shih" and Ch'ing Social Criticism*. Ann Arbor: University of Michigan Press.

——. 1985. "Between Two Worlds: Women in Shen Fn's Six Chapters of a Floating Life." In Anna Gerstlacher, ed. , *Women and Literature in China*. Bochum, Germany: Brockmeyer.

——. 1994. "Vehicles of Dissent in Late Imperial Chinese Culture." In Leon Vandermeersch, ed. *La societe civile face a l'Etat: dans les traditions chinoise, japonaise, coreenne et vietnamienne*. Etudes thematiques 3 Paris: Ecole Francaise d'Extreme-Orient.

Rowe, William T. 罗威廉. 1992. "Women and the Family in Mid-Qing Social Thought: The Case of Chen Hongmou." *Late Imperial China* 13. 2: 1—41.

Said, Edward. 1978. *Orientalism*. New York: Pantheon Books.

Sangren, P. Steven 桑高仁. 1983. "Female Gender in Chinese Religious Symbols: Kuan Yin, Ma Tsu, and the 'Eternal Mother.'" *Signs. Journal of*

309

Women in Culture and Society 9.11:4—25.

Santangelo, Paulo 史华罗. 1993. "Urban Society in Late Imperial Suzhou." In Linda Cooke Johnson, ed., *Cities of Jiangnan in Late Imperial China*. Albany: State University of New York Press.

Schafer, Edward H. 1985. *Mirages on the Sea of Time: The Taoist Poetry of Ts'ao T'ang*. Berkeley: University of California Press.

Schipper, Kristofer 施舟人. 1993. *The Taoist Body*. Trans. Karen C. Dural. Berkeley: University of California Press.

Schneider, Jane. 1985. "Trousseau as Treasure: Some Contradictions of Late Nineteenth-Century Change in Sicily." In Marion A. Kaplan, ed, *The Marriage Bargain: Women and Dowries in European History*. New York: Haworth Press.

Schneider, Laurence A 1980. *A Madman of Ch'u: The Chinese Myth of Loyalty and Dissent*. Berkeley: University of California Press.

Scott, Joan W. 1986. "Gender: A Useful Category of Historical Analysis." *American Historical Review* 91.5:1,053—75.

Seaman, Gary. 1981. "The Sexual Politics of Karmic Retribution." In Emily Martin Ahern and Hill Gates, eds., *The Anthropology of Chinese Society*. Stanford: Stanford University Press.

She xian zhi 歙县志(安徽)(Gazetteer of She county)(1937) 1975. 台北:成文出版社重刊.

Shek, Richard 石汉椿. 1993. "'Testimony to the Resilience of the Mind: The Life and Thought of P'eng Shao-sheng (1740—1796)." In Richard J. Smith and D. W. Y. Kwok, eds., *Cosmology, Ontology, and Human Efficacy: Essays in Cginese Thought*. Honolulu: University of Hawail Press.

Shen Fu 沈复. (1877) 1983. 浮生六记. Trans. as *Six Records of a Floating Life*. Trans. Leonard Pratt and Chiang Su-hui. Harmondsworth, Eng.: Penguin Books.

Shen Yizheng 沈以正. 1984. 历代美人画选 (Collected paintings of beauties through the ages). 台北:艺术图书公司.

Shinu hua zhi mei 仕女画之美 (Glimpses into the Hidden Quarters: Paintings of Women from the Middle Kingdom). 1988, 台北:故宫博物院.

Skinner, G. William 施坚雅, ed. 1977. *The City in Late Imperial China*. Stanford: Stanford University Press.

——. 1985. "Presidential Address: The Structure of Chinese History." *Journal of Asian Studies* 44. 2: 271—292.

——. 1987. "Sichuan's Population in the Nineteenth Century: Lessons from Dis-aggregated Data." *Late Imperial China* 8. 1: 1—79.

——. 1992. "'Seek a Loyal Subject in a Filial Son': Family Roots of Political Orientation in Chinese Society." In Institute of Modern History, Academia Sinica, eds. , *Family Process and Political Process in Modern Chinese History*, vol. 2. 台北: "中央研究院"近代史研究所。

Smith, George 四美. 1847. *A Narrative of an Exploratory Visit to Each of the Consular Cities of China and to the Islands oJ Hong Kong and Chusan.* London: Seeley, Burnside & Seeley.

Smith, Thomas C. 1977. Nakahara: *Family Farming and Population in a Japanese Village*, 1717—1830. Stanford: Stanford University Press.

Solomon, Richard H. 1971. "Confucianism and the Chinese Life-Cycle." *In Mao's Revolution and the Chinese Political Culture*. Berkeley: University of California Press.

Sommer, Matthew 苏成捷. 1994. "Sex, Law, and Society in Late Imperial China." Ph. D. Diss. , University of California, Los Angeles.

Song Ruozhao. 宋若昭 (1624) 1893. 女论语, 载《女四书》(Four hooks for women). 王相, an not. Imperially commissioned edition.

Spade, Beatrice. 1979. "The Education of Women in China During the Southern Dynasties." *Journal of Asian History* 1. 13: 15—41.

Spence, Jonathan 史景迁. 1966. *Ts'ao Yin and the K'ang hsi Emperor: Bondservant and Master.* New Haven: Yale University Press.

——. 1967. "The Seven Ages of K'ang hsi (1654—1722)." *The Journal of Asian Studies* 26. 2: 205—212.

——. 1985. *The Memory Palace of Matteo Ricci*, New York: Penguin Books.

Stockard, Janice, 1989. *Daughters of the Canton Delta.* Stanford: Stanford University Press.

Struve, Lynn A. 司徒琳. 1988. "The Early Ch'ing Legacy of Huang Tsung-hsi: A Reexamination." *Asia Major*, 3d ser. , 1. 1: 83—122.

311 Sullivan, Michael. 1967. *A Short History of Chinese Art.* Berkeley: University of California.

Sun, E-tu Zen. 1972. "Sericulture and Silk Textile Production in Ch'ing China." In W. E. Willmott, ed. , *Economic Organization in Chinese Society*. Stanford: Stanford University Press.

Sun Xin gyan 孙星衍 n. d. 真节堂记（Record of the Hall of Purity and Chastity），《五松园文稿》，1/15a—b. 载《孙渊如诗文集》，四部丛刊本。

Sung，Marina H. 1981. "The Chinese Lieh-nu Tradition." In Richard W. Guisso and Stanley Johannesen，eds.，*Women in China：Current Directions in Historical Scholarship*. Youngstown，N. Y.：Philo Press.

——. 1994. The Narrative Art of "Tsai-sheng-yuan"：A Feminist Vision in Traditional Chinese Society. 台北：Chinese Materials Center Publications.

Sung Ying-Hsing. 宋应星（1637）1966. 天工开物：*Chinese Technology in the Seventeenth Century*. Trans. E-tn Zen Sun and Shiou chuan Sun. University Park：Pennsylvania State University Press.

Swann，Nancy Lee 孙念礼. 1932. Pan Chao：*Foremost Woman Scholar of China*. New York：Century.

"Symposium：'Public Sphere'/'Civil Society' in China?" 1993. *Modern China* 19. 2.

Takahashi Yoshiro 高桥芳郎. 1982. "Minmatsu-Shinshoki nuhi kokojin mibun no saihen to tokushitsu［明末清初期奴婢雇工人身份之再编与特质］." *Toyoshi kenkyu* 41. 3：60—85.

Tan Danjiong 谭旦炯. 1987. 陶瓷汇录（Survey of ceramic arts）. 台北：故宫博物院。

Tan Qixiang 谭其骧主编. 1982. 中国历史地图集（The Historical Atlas of China）. 第八集，上海：地图出版社.

Teiser，Stephen F. 太史文. 1988. *The Ghost Festival in Medieval China*. Princeton：Princeton University Press.

Telford，Ted A. 1992a. "Covariates of Men's Age at First Marriage：The Historical Demography of Chinese Lineages." *Population Studies* 46：19—35.

——. 1992b. "Family and State in Qing China：Marriage in the Tongcheng Lineages，1650—1880." In Institute of Modern History，Academia Sinica，eds.，*Family Process and Political Process in Modern Chinese History*，vol. 2. 台北："中央研究院"近代史研究所。

Temple，Robert. 1986. *The Genius of China：3，000 Years of Science，Discovery，and Invention*. New York：Simon & Schuster.

Terada Takanobu 寺田隆信. 1959. Yoseitei no semnlin kaihorei ni tsnite 雍正帝的贱民开放令（Concerning the emancipation of the jianmin in the Yongzheng reign）. *Toyoshi kenkyu* 18. 3：124—141.

Thompson，Stuart E. 1988. "Death，Food，and Fertility." In James L. Watson and Evelyn S. Rawski, eds., *Death Ritual in Late Imperial and Modern China*. Berkeley: University of California Press.

312 T'ien Ju-k'ang 田汝康. 1988. *Male Anxiety and Female Chastity: A Comparative Study of Chinese Ethical Values in Ming-Ch'ing Times*, Leiden: E. J. Brill.

Tong, Ginger. 1989. "Yun Shou-Ping and His Patrons." In Li Chu-tsing, ed., *Artists and Patrons: Some Social and Economic Aspects of Chinese Painting*. N. p.: Kress Foundation Department of Art History, University of Kansas, and Nelson-Atkins Musemn of Art, Kansas City, in association with University of Washington Press.

Topley, Margery. 1975. "Marriage Resistance in Rural Kwangtung." In Margery Wolf and Roxane Witke, eds., *Women in Chinese Society*. Stanford: Stanford University Press.

Tsai, Kathryn A. 1981. "The Chinese Buddhist Monastic Order for Woman: The First Two Centuries." in Richard W. Guisso and Stanley Johannescn, eds., *Women in China: Current Directions in Historical Scholarship*. Youngstown, N. Y.: Philo Press.

Tun Li-Ch'en. 1965. *Annual Customs and Festivals in Peking*. Trans. and ed. Derk Bodde Hong Kong: Hong Kong University Press.

Twitehett, Denis 崔瑞德. 1962. "Chinese Biographical Writing." In W. G. Beasley and E. G. Pulleyblank, eds., *Historians of China and Japan*. Oxford: Oxford University Press.

Unschuld, Paul U. 文树德, trans, and annot. 1990. *Forgotten Traditions of Ancient Chinese Medicine: The "I-hsueh Yuan Liu Lun" of 1757*, by Hsu Ta-Ch'un. Brookline, Mass: Paradigm Publkations.

Veith, Ilza, trans, and ed. 1972. *The Yellow Emperor's Classic of Internal Medicine*. Berkeley: University of California Press.

Wakeman, Frederic, Jr. 魏斐德. 1970. "High Ch'ing, 1683—1839." In James B. Crowley, ed., *Modern East Asia: Essays in Interpretation*. New York: Harcourt, Brace & World.

——. 1985. The Great Enterprise: *The Manchu Reconstruction of Imperial Order in Seventeenth Century China*. 2 vols. Berkeley: University of California Press.

Waley, Arthur 1956. *Yuan Mei: Eighteenth Century Chinese Poet*. New York: Grove Press.

——. 1961. *Chinese Poems*. london：Unwin Books.

Waltner，Ann 王安. 1986. "The Moral Status of the Child in Late Imperial China：Childhood in Ritual and in Law." *Social Research* 53.4：667—687.

——. 1987. "T'an yang tzu and Wang Shih-chen：Visionary and Bureaucrat in the Late Ming." *Late Imperial China* 8.1：105—133.

——. Forthcoming. "Breaking the Law：Family Violence，Kinship and Gender in the Legal Code of Ming Dynasty China." *Ming Studies*.

Wang Chun 王纯. comp. 1816. 二南训女解（Instructions for women from the "Er Nan," explained).

Wang Huizu 汪辉祖. (1794) 1970. 双节堂庸训（Simple precepts from the Hall Enshrining a Pair of Chaste Widows). 台北：华文书局重刊.

Wang Shunu 王书奴. (1933) 1988. 中国娼妓史（The history of prostitution in China). 上海：三联书店.

Wang Zhong 汪中. (1815)1970. 述学(An account of learning)，台北：广文书局 *313* 重刊。

Watson，Rubie S. 华如璧. 1986. "The Named and the Nameless：Gender and Person in Chinese Society." *American Ethnologist* 13：619—31.

——. 1991，"Wives，Concubines，and Maids：Servitude and Kinship in the Hong Kong Region，1900—1940." In Rubie S. Watson and Patricia Buckley Ebrey，eds.，*Marriage and Inequality in Chinese Society*. Berkeley：University of California Press.

Wei Qingyuan 韦庆远，Wu Qiyan 吴奇衍，and 鲁素，comp. 1982. 清代奴婢制度（The slavery system in the Qing dynasty)，北京：中国人民大学出版社。

Werner，Edward T. C. （1922）1986. Ancient Tales and Folklore of China. London：Bracken Books. Originally published as *Myths and Legends of China*.

——. 1961. *A Dictionary of Chinese Mythology*. New York：Julian Press.

Wheeler，Candace. 1921. *The Development of Embroidery in America*. New York：Harper.

Widmer，Ellen 魏爱莲. 1989. "The EpistolaryWorld of Female Talent in Seventeenth-Century China." *Late Imperial China* 10.2：1—43.

——. 1992. "Xiaoqing's Literary Legacy and the Place of the Woman Writer in Late Imperial China." *Late Imperial China* 13.1：111—155.

Wiesner，Merry E. 1986. *Working Women in Renaissance Germany*. New Brunswick，N. J.：Rutgers University Press.

Wile，Douglas，1992. *Art of the Bedchamber：The Chinese Sexual Yoga*

Classics, *Including Women's Solo Meditation Texts*. Albany: State University of New Fork.

Will, Pierre-Etienne. 1990. *Bureaucracy and Famine in Eighteenth-Century China*. Trans. Elborg Forster. Stanford: Stanford University Press.

Will, Pierre-Etienne, and R. Bin Wong, with James Lee. 1991. *Nourish the People: The State Civilian Granary System in China, 1650—1850*. Ann Arbor: Center for Chinese Studies, University of Michigan.

Williams, C. A. S. 文林士. 1976. *Outlines of Chinese Symbolism and Art Motives*. 3d rev. ed. New York: Dover.

Williams, Edwald T. 1935. "The Worship of Lei Tsu, Patron Saint of Silk Workers." *Journal of the North China Branch, Royal Asiatic Society*, n. s. 66: 1—14.

Williams, S. Wells. 1900. *The Middle Kingdom*. 2 vols. New York: Scribner's.

Wolf, Arthur P. 武雅士. 1970. "Chinese Kinship and Mourning Dress." In Maurice Freedman, ed. , *Family and Kinship in Chinese Society*. Stanford: Stanford University Press.

Wolf, Arthur P. and Susan B. Hanley. 1985. "Introduction. " In Hanley and Wolf, eds. , *Family and Population in East Asian History*. Stanford: Stanford University Press.

Wolf, Arthur P. and Chieh-shun Huang. 1980. *Marriage and Adoption in China, 1845—1945*. Stanford: Stanford University Press.

Wolf, Margery 卢蕙馨. 1972. *Women and the Family in Rural Taiwan*. Stanford: Stanford University Press.

——. 1975. "Women and Suicide in China. " In Margery Wolf and Roxane Witke, eds. , *Women in Chinese Society*. Stanford: Stanford University Press.

Wolfe, Barnard. 1980. *The Daily Life of a Chinese Courtesan: Climbing Up a Tricky ladder*. Kowloon, Hong Kong: Learner's Bookstore.

Woloch, Nancy. 1984. *Women and the American Experience*. New York: McGraw-Hill.

Woodside, Alexander Barton. 1971. *Vietnam and the Chinese Model: A Comparative Study of Vietnamese and Chinese Government in the First Half of the Nineteenth Century*. Cambridge, Mass. : Harvard University Press.

——. 1983. "Some Mid-Qing Theorists of Popular Schools: Their Innovations, Inhibitions, and Attitudes Toward the Poor. " *Modern China* 9. 1: 3—36.

314

Wright，Mary Clabaugh 芮玛丽. 1957. *The Last Stand of Chinese Conservatism*：*The T'ung-Chih Restoration，1862—1874* . Stanford：Stanford University Press.

Wu Pei-yi 吴百益. 1990. *The Confucian's Progress*：*Autobiographical Writings in Traditional China*. Princeton：Princeton University Press.

Xiangyan congshu 香艳丛书 (Collection of feminine flagrance). 1914. 国学福轮社版,上海：中国图书公司。

Xinxiu Yin xian zhi 新修鄞县志 （Gazetteer of Yin county， newly compiled). 1877.

Xiong Bingzhen，见熊秉真(Hsiung Ping-chen).

Xu Dixin 许涤新 and Wu Chengming 吴承明主编. 1985. 中国资本主义萌芽(The sprouts of capitalism in China). 北京：人民出版社.

Xu Kuichen 许夔臣. comp. （1804）1914. 香咳集选存(Collection of selected "fragrant writings"). 载《香艳丛书》1914，8：4/1a—40b.

Xu Guangqi 徐光启. (1639)1900. 农政全书（The complete book of agricultural policy). 上海：上海文化书局重刊.

Xu Shichang 徐世昌. 1929. 晚晴簃诗汇（The Wanqing poetry anthology).

Xu Xinwu 徐新吾. 1981. 鸦片战争前中国棉纺织手工业的商品生产与资本主义萌芽问题 （ Commercial production in China's cotton spinning and weaving protoindustry before the Opium War and the problem of the sprouts of capdalism). 南京(原书中写作扬州——译者注)：江苏人民出版社.

Xuzuan Jurong xian（Jiangsu）zhi,续纂句容县志（江苏）（Gazetteer of Jurong county,continued). (1904)1974. 台北：成文出版社重刊.

Yamazaki Jun'ichi 山崎纯一. 1986. *Kyoiku kara mita Chugoku joseishi shiryo no kenkyu* 从教育看中国女性史的资料研究（A documentary study of Chinese women's history as seen from education). Tokyo：Meiji shoin.

Yan Ming. 严明. 1992. 中国名妓艺术史（A History of the courtesan's art in China). 台北：文津出版社.

Yan Xiyuan颜希源. comp. 1755. 画谱百美图并新咏合编(Combined edition of the illustrated register of one hundred beauties with new verses). 序言日期为1787，1790,1792,1804.

Yang，Lien-sheng 杨联升. 1952. *Money and Gredit in China*：*A Short History*. Cambridge，Mass. ；Harvard University Press.

Yin Huiyi 尹会一,comp. 1748. 四鉴录(Record of four mirrors). 丛书集成简编本，卷一四八,台北：商务印书馆.

315

Yu，Chun-fang 于君方. 1990. "Images of Kuan-yin in Chinese Folk Literature."载《汉学研究》8.1：222—285.

——. 1992. "P'u-t'o Sham Pilgrimage and the Creation of the Chinese Potalaka." In Susan Naquin and Chun-fang Yu, eds. , *Pilgrims and Sacred Sites in China*. Berkeley：University of California Press.

Yu Huai 余怀. (1697) 1966. A Feast of Mist and Flowers：The Gay Quarters of Nanking at the End of the Ming. Trans. Howard Levy. Yokohama：published privately Originally titled 板桥杂记 (Diverse records of Banqiao).

Yu Ying-shih 余英时. 1981. "New Evidence on the Early Chinese Conception of Afterlife — A Review Article." *Journal of Asian Studies* 41.1：81—85.

——. 1987. 中国近世宗教伦理与商人精神（Religious ethics and the entrepreneurial spirit in modern China). 台北：联经出版实业公司.

Yuan Dinghua 袁定华. 1973. 宁波七夕的绮丽风光 (The beautiful atmosphere in Ningbo on Seventh Night). 载张行周主编：《宁波习俗丛谈》(Collected anecdotes about the customs of Ningbo). 台北：民主出版社。

Yuan，Tsing. 1979. "Urban Riots and Disturbances." In Jonathan D. Spence and John E，Wills, Jr. , eds. , *From Ming to Ch'ing：Conquest，Region，and Continuity in Seventeenth-Century China*. New Haven：Yale University Press.

Zhang Dai. 张代. (1877) 1935. 琅环文集 (The Langxuan prose collection). 上海：上海杂志公司重刊本.

Zhang Xingzhou 张行周. 1973. 定海秋令习俗（Autumn festival customs in Dinghai). 载张行周主编：《宁波习俗丛谈》.

Zhang Xuecheng. 章学诚(n.d.)1922. 章氏遗书 (The bequeathed works of Master Zhang). 嘉业堂本.

——. (1832)1964. 文史通义(A comprehensive analysis of literature and history). 香港太平书局重刊本.

Zhang Yingchang 张应昌，comp. (1869)1983. 清诗铎(Anthology of Qing poetry, classified by topic). 初版名为《国朝诗铎》第二卷,北京：中华书局重刊本。

Zhang Yufa 张玉法 and Li Youning 李又宁主编. 1975. 近代中国女权运动史料 (Documents on the feminist movement in modern China,1842—1911). 第二集, 台北：传记文学社.

Zhao Yi 赵翼. (c. 1775)1957. 陔余丛考(The step-by-step collection of studies). 上海：商务印书馆重刊本.

Zheng Guangyi 郑光仪，comp. 1991. 中国历代才女诗歌鉴赏辞典(A connoisseur's dictionary of poems and songs by talented women writers through Chinese history，arranged by dynasty). 北京：中国工人出版社。

Zhong Qi 钟琦，comp. (1897)1970. 皇朝琐屑录 (Recorded fragments of our time). 近代中国史料丛刊本，no. 532. 3 vols.

Zhou Wu 周芜，comp 1988. 中国版画史图录 (Illustrated record of the history of Chinese woodcut illustrations). 2 vols. 上海：人民美术出版社。

Zhou Xun 周汛 and Gao Chunming 高春明. 1988. 中国历代妇女妆饰 (Adornments of women throughout Chinese history). 香港：三联出版社.

Zhu Yun 朱筠. (1815) 1936. 笥河文集 (The collected writings of ［Zhu］ Sihe ［Yun］). 上海：商务印书馆重刊本.

Zong Li 宗力 and 刘群. 1986. 中国民间诸神 (Popular gods in China). 石家庄：河北人民出版社.

Zurndorfer, Harriet T. 1992. "The 'Constant World' of Wang Chao-Ynan：Women，Education，and Orthodoxy in Eighteenth-Century China—A Preliminary Investigation."台湾"中央研究院"近代史研究所编 *Family Process and Political Process in Modern Chinese History*，vol 1. 台北："中央研究院"近代史研究所.

译后记

曼素恩(Susan Loise Mann)教授对中译本第二版的翻译工作给予了慷慨的肯定和支持。曼教授不仅在多封往来邮件中解答了译者就原文所提的问题，而且为寻找相关资料亲自联系其他美国汉学家。程玉瑛(Yu-yin Cheng)教授拨冗提供了关于书内译名的宝贵线索。马丽娜(Maura Elizabeth Cunningham)博士为使中国读者更好地了解本书，从美国亚洲学会的档案中调阅出1998年列文森奖授予本书时的颁奖词并不惮烦冗将全文打字录入电脑。译者由衷感谢各位学者的帮助。

"明清妇女著作数字档案与数据库计划"(https://digital. library. mcgill. ca/mingqing)、"中国哲学书电子化计划"(https:// ctext. org/zhs)和"国学大师"门户网站(http://www. guoxuedashi. net/)使译者能够通过最便捷的方式重新核对了出自《国朝闺秀正始集》、《国朝闺秀正始续集》、《兰闺宝录》、《随园女弟子诗选》、《随园诗话》、《皇朝经世文编》、《章氏遗书》、《香艳丛书》、《清代闺阁诗人征略》和《皇朝琐屑录》的引文原文。对于所有无偿开放嘉惠士林的学术数据库的建造者和维护者，译者始终怀有深深的敬意。

中译本第一版的翻译工作曾得到北京大学历史学系99级秦川（西）、陈默、邓波、吴楠、方诚峰、钱铂（旧版译后记误为珀字，特此更正）、李丹婕、刘青诸君以及中国社会科学院历史研究所的贺晓燕、邱源媛二位的协助。借此再版之机，再次向他们致意。

颜宜葳 谨识

2022 年 2 月 22 日星期二

"海外中国研究丛书"书目